◆学校心理辅导实务丛书◆　丛书主编　吴增强

怎样上好心理课

Zenyang Shanghao Xinlike

蒋薇美　主编

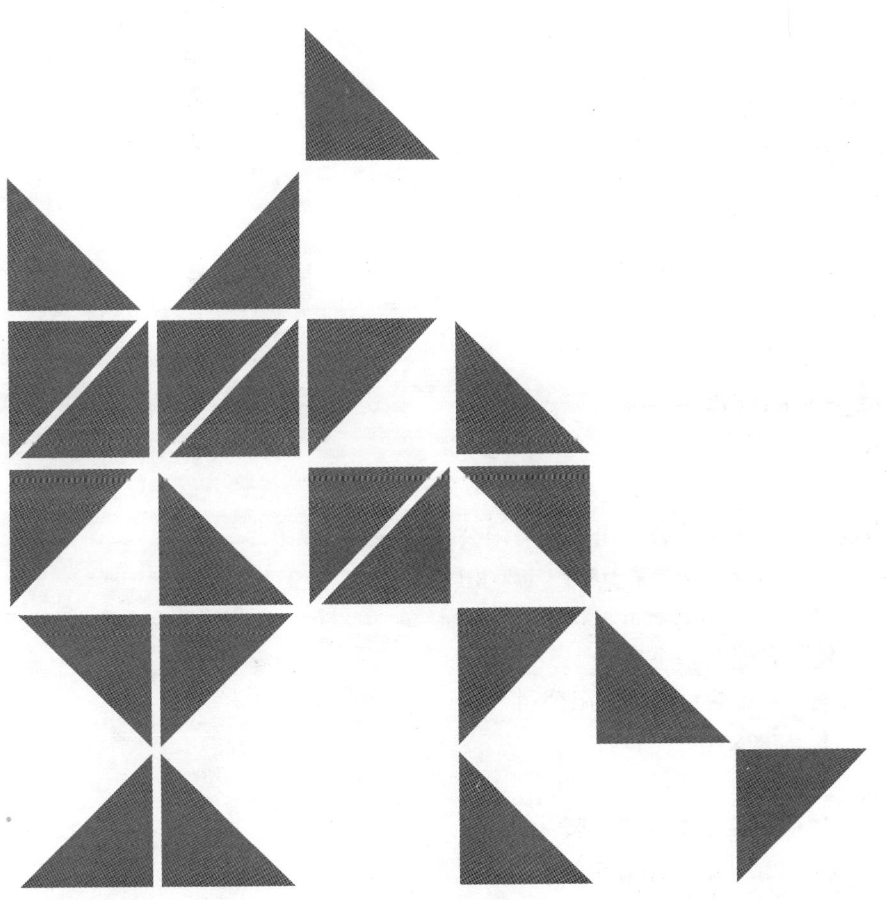

上海科技教育出版社

图书在版编目(CIP)数据

怎样上好心理课 / 蒋薇美主编. —上海:上海科技教育出版社,2016.7(2021.5重印)

(学校心理辅导实务丛书 / 吴增强主编)

ISBN 978-7-5428-6420-8

Ⅰ.①怎… Ⅱ.①蒋… Ⅲ.①心理健康—健康教育—教学研究—中小学 Ⅳ.①G479

中国版本图书馆CIP数据核字(2016)第116100号

责任编辑 冯 冲 刘世洁

封面设计 李梦雪

学校心理辅导实务丛书

吴增强 主编

怎样上好心理课

蒋薇美 主编

出版发行 上海科技教育出版社有限公司

(上海市柳州路218号 邮政编码200235)

网　　址 www.sste.com www.ewen.co

经　　销 各地新华书店

印　　刷 合肥皖科印务有限公司

开　　本 787×1092 1/16

印　　张 18.5

版　　次 2016年7月第1版

印　　次 2021年5月第5次印刷

书　　号 ISBN 978-7-5428-6420-8/G·3664

定　　价 58.00元

《学校心理辅导实务》编委会

主　编

吴增强

编　委（按姓氏笔画排列）

王洪明　朱仲敏　杨彦平　吴增强　蒋薇美　廖静瑜　鞠瑞利

丛书总序

随着学校心理健康教育不断推进，心理辅导教师作为一支重要的专业队伍正在逐步形成和发展。我国的心理健康教育起步于20世纪80年代中期，经历了30年的发展，从无到有，从教育、卫生系统等专业机构的积极探索到政府部门的大力推进，取得了很大的进展。但同国外发达国家乃至台湾地区相比，我们学校心理辅导教师的专业化水平还是比较低的。一方面职前专业训练体系不完善，国内目前高校设立的临床心理学、咨询心理学、学校心理学专业方向的历史还不长，专业课程和专业训练也不尽成熟，致使进入学校的心理学背景毕业生的专业能力先天不足；另一方面职后继续教育与督导体系不完善。在美国或者我国台湾地区，一个新手心理咨询师做临床个案时需要接受资深心理咨询师的督导，而在国内特别是中小学心理辅导教师接受督导的机会少之又少。这与广大中小学心理辅导教师对专业的高度热情和强烈学习愿望又形成了巨大的反差。目前，各种心理咨询与辅导的专业书籍琳琅满目，使读者目不暇接。但是结合本土实践的学校心理辅导操作手册尚不多见。上海科技教育出版社凌玲副总编数次和我商议，可否为一线的中小学心理教师、班主任写一套既有专业性又有操作性的心理辅导丛书，并委派宁嘉炜、张蕊编辑前来策划丛书编写方案。

学校心理辅导教师主要任务是：承担心理健康教育课程教学、学生个别辅导、学校心理健康教育活动，学校心理辅导室建设与运作等等。据此，本丛书包含以下四本：《怎样上好心理课》《怎样做好个别辅导》《怎样开展学校心理健康教育活动》《怎样运作学校心理辅导室》。

《怎样上好心理课》，以学生成长为主线，由八个专题模块组成，包括生命意识、生活适应、人际交往、情绪管理、学习发展、青春健康、自我认识、生涯发展。从理论与实务和专题与教案两方面，对心理健康课教学的重点、难点进行了梳理、分析，给广大心理辅导教师提供教学指导意见。

《怎样做好个别辅导》，在简要介绍个别辅导的基本程序和注意要点之后，将中小学生常见心理困惑的辅导按照专题分章讨论，具体包括：自我与人格辅导、情绪辅导、学习心理辅导、青春期心理辅导、人际关系辅导、行为问题辅导和青少年危机辅导。结合具体个案，与广大读者分享对中小学生个别辅导的经验。

《怎样开展学校心理健康教育活动》，介绍了中小学开展的各种形式的心理辅导活动，包括学校心理健康活动周、小组辅导、心理社团、心理剧、朋辈辅导等。对中小学如何开展学校心理辅导活动进行了分析探讨，并给读者提供了具体的学校心理辅导活动案例和具体操作方法。

《怎样运作学校心理辅导室》，介绍了中小学心理辅导室的规划、建设使用和制度建设，学生心理测评和心理档案管理，以及学校心理辅导伦理。目前各地许多中小学都建有心理辅导室，但是如何发挥心理辅导室的功能，使之成为学校开展心理健康教育的中心，本书为读者提供了具体的、可操作的实例和建议。

这套丛书的共同特点是融科学性、专业性与实践性、通俗性于一体。它是为广大中小学心理教师提供辅导理论和实践的桥梁。一是，把心理辅导的理论通过案例、课例转化为心理辅导教师可以实际操作的手册。二是，参与丛书编写的人员大多数是来自一线的心理辅导教师，通过丛书撰写对丰富的实践经验加以理性提升，为读者提供有益的启示。

本丛书得以出版，理应感谢丛书编委会的各位老师和参与各册撰写的各位老师，也感谢凌玲副总编，宁嘉炜、张蕊编辑，她们为本丛书的出版付出了很多辛劳。

希望丛书的出版受到广大读者的欢迎，也希望大家多提意见，以便今后不断修改与完善。

吴增强

2016 年 2 月于上海

前言

国家教育部颁发的《中小学心理健康教育指导纲要(2012年修订)》指出,心理健康教育的总目标是提高全体学生的心理素质,培养他们积极乐观、健康向上的心理品质,充分开发他们的心理潜能,促进学生身心和谐可持续发展,为他们的健康成长和幸福生活奠定基础。而“利用地方课程和学校课程开设心理健康教育课”是开展心理健康教育的重要途径。如何利用学校的课堂阵地对学生进行心理健康教育指导,如何提高心理健康教育课的质量已成为非常迫切的问题。

从20世纪90年代中期开始,我们进行了学校心理健康教育课的探索与研究。近20年的实践,我们经历了一个漫长而艰辛的摸索过程:从对心理健康教育课的“一无所知”到“理解透透”;从心理健康教育课教材的“一片空白”到“硕果累累”;从对心理健康教育课实施的“一知半解”到“经验多多”。借此书的编写出版,与大家分享我们的感受与体会,提供我们的经验与成果,希望能给老师们有所启发和帮助。

近20年的探索,加深了我们对心理健康教育课的理解。心理健康教育课程是指学校按学生心理发展的规律和特点,以团体心理辅导及其相关的理论与技术为指导,以班级为单位,通过各种辅导活动,有目的、有计划、有步骤地去培养、训练、提高学生的心理品质,激发潜能,增强社会适应力,帮助学生解决成长中的各种心理问题,维护心理健康,达到塑造和完善人格的团体心理辅导活动的形式。教育部的纲要指出,“心理健康教育课应以活动为主”,让学生在参与活动中,获得体验与感受，促进分享与感悟，从而达到心理健康教育课的目标。通常我们把心理健康教育课也称之为心理辅导活动课。

本书包括《理论与实务篇》和《专题与教案篇》两大部分。《理论与实务篇》含心理健康教育课程导论和心理健康教育课程实务，重点阐述心理健康教育课程的基本概述与理论基础，心理健康教育课的教学过程、技巧策略与评价，分析了教材编写的依据并介绍推荐了实用的教材。《专题与教案篇》则着重对心理健康教育课程所包含的八大专题（生命意识、生活适应、人际交往、情绪管理、学习发展、青春健康、自我认识、生涯发展）进行了详尽的分析，并提供了相应的可借鉴的优秀教案。通过本书的阅读和使用，将有利于教师自我的学习和提升、观念的更新和把握；将有利于教师对加深心理课的理解，清晰明白心理课的构架与内容体系，提升心理课的质量和效果；将有利于教师熟悉学生的心理特点和需求，提高心理课的针对性和有效性；将有利于教师准确把握心理辅导活动的意图和目标，规范操作提供的各种活动和游戏。

本书最大的突破是将中小学各学段作为一个整体来分析。每个专题在对不同学段学情分析的基础上，制定教学目标和内容充分考虑到各学段之间的区别和联系，体现由浅入深、层层递进的衔接，打破了传统各学段互不相干的割裂的呈现，对每个专题都从纵向的角度，从各个学段学生的年龄、心理特点出发，具体提出了不同的目标、内容与合适的活动形式。

本书最大的特点体现在“新、清、情、适、实”五个字上。

"新"即新颖——新理念、新思路、新视角、新设计;"清"即清晰——目标聚焦、立意具体、思路清楚;"情"即情感——从情入手、注重分享、氛围感染;"适"即合适——贴近学生、亲近学生、富有内涵;"实"即实用——可操作、可借鉴、有实效。

本书的编写,根据中小学生生理、心理发展的特点和规律,把握不同年龄阶段学生心理发展的任务与需求,运用心理健康教育的知识理论和方法技能,结合近 20 年实践积累的经验和成果案例,对培养中小学生良好的心理素质,促进其身心全面和谐发展有借鉴作用。参与本书编写的作者,都是心理学专业毕业、多年从事中小学心理健康教育的专职心理教师。他们有扎实的功底和多年的实践经历。他们对中小学生的心理特点与需求、对青少年成长过程中可能遇到的困惑和问题,有深入详尽的了解,有具体有效的指导,积累了丰富的经验,形成了创新的课例。

本书的《理论与实务篇》由蒋薇美撰写,《专题与教案篇》由来自中小学一线的 7 位专职心理老师共同参与,全书由蒋薇美统稿与审稿。

感谢参与撰写本书的各位老师:桑生华、谢晓敏、马晓燕、徐娟、朱雅勤、曹琳珠、蔡素文。各位虽然来自不同学校,分别执教不同的年级,但大家是一个整体,一起探讨学段的区别与联系,商讨学段之间的衔接,有了团队的睿智,才有了本书的突破与新意。

感谢提供优秀教案的众多老师:徐晶、刘诗薇、朱雅勤、姜企华、桑生华、陈瑾瑜、刘章、孔庆雯、谢晓敏、魏超波、蔡素文、张莹、曹凤莲、姚俊、邬海君、孙文冲、马晓燕、吴俊琳、戴雯、吕大为、朱炜、朱晓蕾、侯萍、徐琳、王晓群、徐娟、杨琳琼、甘志筠、赵晓英、秦青、张晓冬。一群在中小学心理课堂探索实践了10多年的年轻老教师，一批在上海市教委组织的心理课大赛中获得一等奖的出彩教师，一个个在学校里被学生评为最受欢迎和喜欢的优秀教师，带着深受学生们欢迎的课，奉献了自己多年心理课堂实践探索的成果。这些教案为本书增添了色彩，也为心理老师执教心理课提供了可借鉴的素材，相信大家会从中有所收益和帮助。

本书的出版凝聚了老师们的辛劳，集体的智慧，实践的成果，教学的成效。希望本书能对上心理课的老师有所帮助，能对提高心理课的针对性、有效性与创新起到一定的启示作用。建议老师在使用本书过程中，请一定紧密结合本校学生的特点和实际需求，有选择地使用提供的教案，切忌生搬硬套，更希望有自己的创新。

虽然我们的实践和探索已走过了近20年，但作为一门新的课程，我们还有许多不足的地方，还需要我们继续努力、不断探索，去达到新的高度。由于时间仓促，水平有限，必定会有不尽如人意之处，恳请学术界前辈、专家和同行批评指教。

拥有一种自信，保持一份激情，培养积极心态，提升自身魅力，做学生喜爱的心理老师！

蒋薇美

2016年4月于上海

CONTENTS

目录

理论与实务篇

专题与教案篇

CONTENTS

理论与实务篇

LILUN YU SHIWU PIAN

第一章

心理健康教育课程导论

第一节　心理健康教育课程概述

心理健康教育课程又称心理辅导活动课程，是我国学校的心理健康教育工作者在实践中创造出来的一种发展性辅导形式。近20年的实践表明，心理健康教育课程是我国学校开展心理健康教育的重要途径，对于推动我国现阶段的学校心理健康教育发挥了重要作用。

国家教育部印发的《中小学心理健康教育指导纲要（2012年修订）》（以下简称《纲要》）中指出："中小学心理健康教育，是提高中小学生心理素质、促进其身心健康和谐发展的教育，是进一步加强和改进中小学德育工作、全面推进素质教育的重要组成部分。"同时，《纲要》还指出，学校应将心理健康教育始终贯穿于教育教学全过程，开展心理健康专题教育，可利用地方课程或学校课程开设心理健康教育课，再一次强调了心理健康教育课程是不可或缺的。

一、心理健康教育课程的本质与价值

（一）心理健康教育课程的本质

什么是课程？课程指功课的进程，《朱子全书·学六》中有"宽著期限，紧著课程"。广义的课程是指学校为实现培养目标而确定的教育内容的范围、结构和进程安排。狭义的课程是指教学计划中设置的一门学科。

课程本质上是由一定的育人目标、基本文化成果及学习活动方式组成的，用以指导学校育人的规划和引导学生认识世界、了解自己、提高自己的媒体。[1]

从课程的本质我们可以看出，组成课程的三种基本成分是育人目标、学习内容和学习活动方式。这三种成分相互依存，相互制约，其内涵为实现教育目标、学习教育内容和通过教育途径达到适应社会发展的要求。

学校心理健康教育课程就是依据课程本质的要求，从心理健康教育课程的目标、辅导内容、辅导活动的方式这三种基本成分来规范和设计的。心理健康教育课程的本质体现了学生成长所需要的各种经验要素。

1. 育人目标

心理健康教育课程的最终目标是培养学生健全的人格、良好的社会适应性和良好的心理品质。根据这一要求，该课程的目标又分为发展性目标和预防性目标。发展性目标侧重

于学生心理潜能的开发、心理品质的培养，帮助学生完善自我、健康成长；预防性目标侧重于帮助学生及时发现自己在成长中的各种困惑和问题，学会调节心态，及时纠正和改变不健康的心理，确立积极健康的情绪，培养正确的自我意识和良好人际适应能力。总之，心理健康教育课程的目标在某种程度上是育人的社会目标，是培养人、重视人、实现人的根本目标。

2. 基本的文化成果

心理健康教育课程的学习内容，涵盖了人类在学习、生活、工作、交往、社会、健康等各方面心理的各种理论和方法，以适应学生心理年龄特征为出发点来组织内容，以学生成长的需要为依据来选择内容，使课程内容更具有针对性。心理健康教育课程的内容可以根据学生年龄特点事先设定，也可以根据学生的需求及心理发展中可能产生的问题制定。

3. 学习活动方式

心理健康教育课程是以经验为载体的，学习方式是个体的自觉接纳。它没有强制性的接受要求，更没有系统地传授心理学知识的要求。该课程主要是以活动的方式，在教师的设计和指导下，让学生在活动中去体验、感受，从而发现自己和发现别人，认识自己和认识别人，学会学习、学会生活、学会交往，这就是真正以学生为中心的学习方式。

综上所述，心理健康教育课程是指学校按学生心理发展的规律和特点，以团体心理辅导及其相关的理论与技术为指导，以班级为单位，通过各种辅导活动，有目的、有计划、有步骤地去培养、训练、提高学生的心理品质，帮助学生激发潜能，增强社会适应能力，解决其成长中的各种心理问题，维护学生心理健康，达到塑造和完善学生人格目标的团体心理辅导活动的形式。

（二）心理健康教育课程的价值

《纲要》指出："在中小学开展心理健康教育，是学生身心健康成长的需要，是全面推进素质教育的必然要求。"

心理健康教育课程的功能在于：探讨学生成长中的共性问题，如学业成就、学习适应、社会交往、青春健康、自我意识、情绪调适、升学择业等；学生通过自我探索，不断积累积极的经验；开发朋辈群体资源，增强团体动力，形成班级自我教育的机制。

心理健康教育课程的首要价值是面向全体学生，着眼于发展性目标，以学生的自我探索为主线，以学生的成长经历与需求为主题，是真正意义上的学生自我探索、自我教育活动。近20年的实践证明，心理健康教育课程深受学生欢迎，学生从中获益匪浅，课程促进了全体学生的心理健康。

第二，心理健康教育课程体现了现代学校的教育理念。心理健康教育课程以个体发展的取向为主，以个体的经验为载体，以活动为中介，学生通过参与、体验和感悟，认识自己，开发自己的潜能，获得自助能力。它可以极大地调动学生的主动性，完全体现了学校教育以人为本、以学生发展为本的现代化学校教育理念——尊重人性，发展个性，挖掘潜能，为学生健康人格的形成打基础，从而帮助学生更好地成长。

第三，心理健康教育课程可以提高全体教师关注师生心理健康的意识，逐渐转变教师的教育教学行为。从培养学生健康人格的角度来看，学校的每一位教师都有责任去关注学生的心理健康发展，关心学生心智的成熟。心理健康教育课程的开设，不仅使广大学生受益，而且吸引了广大教师的关注和投入,例如班主任可以借助心理健康教育课程的理念和技巧,开设以心理健康为主题的班会。除了心理老师以外,有更多的教师参与心理健康教育课程的学习和探索,在学习实践中,逐步理解、掌握心理辅导的理念、方法和技术,从而提高教师教育教学的能力与效果,也利于教师自身心理健康的发展。

二、心理健康教育课程的基本构架与课程体系

(一) 心理健康教育课程的基本构架

1. 课程目标

根据心理健康教育课程的概念,其课程目标应该定位于面向全体学生的发展性心理辅导。发展性心理辅导,着眼于每个学生的健全人格培养与潜能开发,根据儿童、青少年心理发展各个阶段的特点进行辅导,为他们的终身发展奠定内在的基础。具体体现在如下三方面:其一,心理健康教育注重每个学生的健康成长和心理素质的提高,强调学生是潜能有待开发的生命体,帮助他们在智能、积极的自我信念与价值观、积极的情感与意志品质、人际交往、社会适应等方面获得发展;其二,心理健康教育强调从不同年龄阶段学生的身心发展特点与需求出发,进行有针对性的有的放矢的引导,不求统一与"一刀切",重在每个学生的自我探索与自助发展,有利于学生的自我收益与提高;其三,心理健康教育也关注学生在成长中的困惑和问题,充分认识社会在转型期的变化对儿童青少年的影响,帮助学生解决心理成长中的"一过性"的问题,如课堂学习行为问题、交往不良、情绪失调等,增强学生的自助能力和应对问题的能力,以减少学生心理问题的发生率,达到预防的目的。

《纲要》指出,学校"心理健康教育的总目标是:提高全体学生的心理素质,培养他们积极乐观、健康向上的心理品质,充分开发他们的心理潜能,促进学生身心和谐可持续发展,为他们健康成长和幸福生活奠定基础"。《纲要》明确提出心理健康教育课程目标应该以发展性心理辅导为导向,注重学生健全人格的培养和潜能的开发。具体体现在如下方面:

(1) 培养学生积极的自我意识

从本义上说,人格是指个体稳定而有倾向性的对己、对人、对事的认识,是情感态度和行为方式的总和。在人格结构中,自我意识始终是一个核心成分。心理健康教育课程从本质上就是一门认识自我、管理自我和完善自我的科学。"自我"是一个复杂的人格系统,是人类生命体不断发展的重要部分,它不是与生俱来的东西,而是在社会经验过程和社会活动过程中出现的。"自我"的确立离不开社会和人际环境,个体往往在对他人、对自己的态度和评价中,产生自信、自尊或者自卑等心理。同时,"自我"不是本能、欲望的奴隶,而恰恰是它们的主人。一个具有积极的自我意识的学生,会有良好的适应性和自主性。一个感到自己没有价值,对于自己没有自信的学生,他的许多情绪和行为问题,其根由很可能就来自于消极的自我意识。

(2) 培养学生的健康情绪和情感

健康情绪和情感是学生人格和谐发展的纽带。人格的健全发展,是指在生理、心理与社会文化(即道德素养和文化素养)三个层面的和谐发展。身心和谐发展的纽带是健康情绪,

而心理与精神和谐发展的纽带是健康情感。

积极的情绪状态可以用六个字来表述,即平和、稳定、愉悦。平和,是指心境宁静、安怡,不浮躁;稳定,是指情绪平稳,不大起大落;愉悦,是指心情快乐,不烦躁、不怨天尤人。

中小学生处于心理迅速发展时期,情绪波动性大,容易冲动,表现外露。随着年龄增长,每个学生的情绪发展的特点也有所不同。发展性心理辅导着重于帮助学生觉察自我情绪,学习调节情绪,从而有效管理情绪。

健康情感是促进心理与道德和谐发展的纽带,这是一个以前不大受人重视,现在越来越受到关注的问题。学校的心理健康教育不仅要重视情绪辅导,更要发展情感辅导,培养中小学生积极健康的情感,如温柔、同感、爱、责任感和正义感等等。

中小学生逐渐具备这些积极的情感,就不会产生双重人格,不会表里不一,不会戴着假面具,其人格才会和谐发展。

(3) 引导学生发现和发挥其潜能

每个人都有潜能,只是大小不同。每个人的智慧和才能水平都有两个状态,一个是潜在的状态,这就是我们所说的潜能;另一个是实际表现的状态。潜在状态不等于实际表现状态,在这两个状态之间还存在一个空间,这就是维果斯基讲的"最近发展区"。学校的心理健康教育要开发潜能,就是要让学生发现自己具有潜能,并尽可能让自己的实际表现接近或者达到潜在的能力水平。积极人格因素是学生发挥潜能的内在动力,引导学生发挥潜能,使其自我实现,是学生人格发展的主要目的之一。

(4) 建立个人与社会的和谐关系

学校的心理健康教育,首先是要让学生懂得个人是社会中的一分子,个人生命质量是与社会发展水平密切相关的,和谐社会、美好生活需要每个人用力量与智慧去创造。

其次,要让学生学会积极地适应环境。既要让学生用与时俱进的眼光看到社会环境的变迁,让自己不断顺应变革的社会;又要增强其抵制不良社会风气的道德判断力和承受挫折的意志力。

再次要让学生明白,个人与他人关系的和谐是个人与社会关系和谐的一个重要部分,社会和谐的基础是人与人之间关系的和谐。现代社会一个人的成功,需要良好的人际关系来支持。而我们要培养学生的人际沟通能力,就要从他们幼小的时候,让他们学会与同伴、父母、教师,以及周边的其他人群和谐相处,培养他们的合群性和合作性。

2. 内容结构

发展性与预防性相结合的心理健康教育课程,应形成与学生的成长历程相对应的内容体系,引领学生创造健康幸福的人生。具体来说,心理健康教育课程的内容可以分为:学习辅导、人格辅导、生活辅导和生涯辅导。

(1) 学习辅导

指教师运用学习心理学及相关理论,辅导学生的学习活动。辅导可以是智力因素发展性辅导,包括智力各要素的发展和训练,如对于小学生,重要的是注意力、观察力、想象力、记忆力等的训练;对于中学生,重要的是记忆方法和逻辑思维能力、空间想象能力、创造性思维能力的训练等。辅导还可以包括非智力因素发展性辅导,主要有学习需要、学习动机、学习习惯、学习方法、学习情绪等辅导,提高学生的学习心理品质与技能,并对学生可能产生的各种学习心理问题进行辅导。

(2) 人格辅导

指着重对学生的自我意识、情绪和情感、人际交往、青春期性心理等进行辅导,培养其良好的个性心理品质和社会适应能力。

(3) 生活辅导

包括生活适应辅导和休闲、消费辅导,引导学生顺利度过人生路上的各种变化和动荡,培养学生健康的生活情趣、乐观的生活态度;通过对不同学校环境的熟悉和了解,提高学生的生活适应能力。

(4) 职业辅导

职业辅导属于生涯辅导。生涯辅导的目的不仅是帮助人确定某个职业或职业发展的目标,而且还要帮助他们实现自身价值,使其未来拥有更加愉快、幸福的生活。升学与择业是人生发展的必然过程,是事关个人前途的重大事件,也是生涯辅导中的重要内容。职业辅导是为学生未来的生活作准备的教育活动,旨在帮助学生在了解自己的能力、特长、兴趣和社会就业条件的基础上,确立自己的职业意向,进行职业选择和准备,为今后顺利地踏上社会打下良好的基础。

根据小学、初中和高中学生不同的年龄特点,这四项课程内容有不同的要求(具体内容在第二章第三节有详细阐述)。

(二)心理健康教育课程体系的构建

从课程体系建设的角度探究心理健康教育课,是在 20 世纪 90 年代后期开始的。姚本先、方双虎认为,心理健康教育课程体系包括独立型和融合型两大类。其中独立型课程可分为心理健康教育学科课程、心理健康教育活动课程和心理健康教育环境课程;融合型课程可分为学科课程中的融合、活动课程中的融合和环境课程中的融合。[2]

心理健康教育学科课程是较为系统地传授有关心理发展和心理健康基础知识的一种课程形式,它能够使学生获得必要的心理健康知识和心理发展知识,是心理健康教育课程体系的基础部分。

心理健康教育活动课程是教师根据学生心理发展的规律和特点,有目的、有计划、有组织地通过学生主体性的活动方式,旨在提高学生心理素质、促进心理健康、开发心理潜能的一种课程形式,它具有活动性、主体性、互动性、体验性等特点。它是面向全体学生开展心理健康教育的有效载体,是心理健康教育课程体系的核心部分。

心理健康教育环境课程是学校通过教育环境潜移默化地影响学生心理发展,促进学生心理健康的课程形式。它与前两种课程形式相比,是一种隐性课程。

融合型心理健康教育课程是指在学校常规教育教学活动中,在传递知识,培养学生掌握技能、形成良好行为习惯的同时,注重挖掘学科课程、活动课程和环境课程中的内在心理健康教育资源,并引入心理健康教育的方法和技术,帮助学生提高心理素质的课程形式。它是心理健康教育课程体系的重要部分。学校的各科教学以及班级团队活动、科技文体活动中蕴含着丰富的心理健康教育资源,需要教师充分挖掘其隐性的教育价值。

也有学者从课程取向角度提出了综合课程的构想。叶一舵认为,目前国内的心理健康教育课程大致可以分为三种取向：第一，学科取向的心理健康教育课程，即把心理素质所包含的内容作为构建课程的主线，强调心理学知识的系统性、完整性；第二，以经验取向的心理健康教育课程，即把让学生获得经验和体验作为课程的支点，强调活动、实践和心理训练；第三，以问题取向的心理健康教育课程，即把学生所面临的心理问题作为课程的切入点，强调心理辅导与心理咨询。[3]

不少学者赞成将三种取向融合为“问题—经验—学科”三位一体的综合课程。其中，强调“问题”旨在突出它的针对性，强调“经验”旨在加强它的活动性，强调“学科”旨在提高它的系统性。当然，三者之间不是平均分配，而要视具体学生对象和目标而定。首先，应该考虑不同学段学生的心理发展水平和心理需要。小学生，应以经验取向课程为主，中学生以问题取向课程为主，并逐渐增加学科取向课程成分。其次，应该考虑学生的不同心理发展任务。例如，青春期辅导，既要有经验课程，也要授予学生相应的青春期身心发展的知识，同时帮助这一阶段的学生解决他们面临的共性问题。

上述课程体系的构建，表明人们认识到心理健康教育课程是一种综合性课程。这种综合体现为独立型课程与融合型课程的综合，显性课程与隐性课程的综合，经验取向课程、学科取向课程与问题取向课程的综合。心理健康教育课程应该是多渠道、全方位的综合性课程体系。

三、心理健康教育课程的特点与原则

（一）心理健康教育课程的特点

心理健康教育课程主要是一种活动课程。该课程是学生进行自我探索的过程，强调学生的参与、体验和感悟，以帮助、互助、自助为机制，以达到培养学生健康人格的目标。心理健康教育课以全班学生为对象，运用适当的辅导策略和方法，借助团体互动，协助学生评估自己的想法、情感和行为，帮助学生调整认知与增进适应能力，激发学生潜能，使其感受生活的快乐与美好。

心理健康教育课程的特点明显表现在：参与性，强调学生的全员参与，参与游戏、活动，参与讨论分享；互动性，注重师生、生生之间的互动，小组与小组之间的互动；开放性，主张学生张扬个性，积极大胆参与游戏活动，敞开心扉分享自己的心理感受和真实想法；操作性，强调学生参与活动要动脑、动口、动手，强调学生自己尝试和实践；体验性，贴近学生的生活实际，关注学生曾经的经历，引发学生的感受与思考；情境性，从发生在学生身边的人或事切入，创设学生有亲历经验或感受的情境；多样性，学生参与的活动形式多样，游戏、故事、视频、实验、角色扮演、辩论等，活动丰富多彩；感染性，创设一种情境，营造一种氛围，让身处其中的学生受到熏陶和触动。

心理健康教育课程的这些特点，与其他相关的教育辅导课程相比，有比较明显的区别。

1. 心理健康教育课程与思想品德课程的区别

心理健康教育课程与思想品德课程在某些方面有交叉，但两者不能等同。

（1）从课程功能看

思想品德课主要关注学生的世界观、人生观、方法论等问题，关注学生的政治立场、观点、方向问题，关注学生的法制意识、道德意识、社会规范等问题；而心理健康教育课程关注的是学生的个性发展、人格完善及社会适应性问题。

(2) 从课程内容看

思想品德课注重“高、大、全”的英雄和榜样人物的事迹、理念、原则、规范，重视英雄和榜样人物的引领和示范；而心理健康教育课程注重“小、近、实”的人物和事件，切入口小，从学生的经历和实际出发，关注学生身边的同龄人和具体事件，贴近学生的生活实际，让学生有亲切感和亲近感，从中得到触动和收获。

(3) 从课程实施形式看

思想品德课侧重由外向内、自上而下的理论灌输和道德教育；而心理健康教育课程侧重由内向外的自我体验、自我感悟，以及情绪的释放和个性的张扬。

(4) 从操作技巧看

思想品德课依据知识传授的教学规律进行运作，讲究的是教学常规和教学方法；而心理健康教育课程依据团体动力学规律，讲究的是运用倾听、关注、同感、反馈、引导、面质、具体化等辅导技巧与艺术。

当然，思想品德课与心理健康教育课在具体内容上有许多交叉，目前思想品德课也借鉴了心理辅导的理念和技巧，有了较大的发展和变化。

2. 心理健康教育课程与主题班会课的区别

心理健康教育课程与主题班会课有相似之处，一是都以班级为单位开展活动；二是都有一个明确的主题；三是都具备一个大团体情境。

但是两者还是有明显的不同。

(1) 两者的目标与功能的不同

主题班会更倾向于德育目标，如解决班风问题、维护集体荣誉、结合时代要求的爱国主义教育、革命传统教育等，活动的设计和目标强调的是与主流社会的道德标准、政治标准和纪律规范保持一致；而心理健康教育课是解决同一年龄段学生的身心成长的问题，它注重的是个体和人格的发展。

(2) 两者的实施形式不同

主题班会往往由班主任或班级干部策划和导演，部分学生主持或参与，师生之间缺少一种完全融为一体的互动状态和心灵感应，活动的形式有一种事先已设置答案的程序化感觉。而心理健康教育课，强调的是学生的全员参与，学生处于开放状态，通过师生、生生的平等互动，达到心灵的沟通和情感的交流，在轻松快乐的活动中，在和谐宽松的气氛中，每个学生都能获得感触和提升。

(3) 两者运用的方法不同

主题班会往往更多运用规范、示范和权威的影响力；而心理健康教育课更强调运用团体动力学的辅导技术，如关注、倾听、同感等。

3. 心理健康教育课程与学科教学课程的区别

心理健康教育课程作为一门“活动课程”，它不同于传统意义上的学科课程，它有如下的鲜明特点：

（1）引导学生进行自我探索

一个比较完善的学校教育体系应该教给学生三方面的知识:关于自然的知识、关于社会的知识和关于自己的知识。前两项在现行的学校课程里都得到了落实,唯独第三项知识在学校课程中很少体现。心理健康教育课就是让学生进行自我探索,认识自我、调节自我、完善自我,并解决自己成长中的各种问题,这是第三种知识的获得,它主要不是靠教育者的灌输和说教,而是引导学生经过自我探索,获得经验,得到真正意义上的成长。

（2）强调体验和感悟

学科教学每节课有学科的知识点要求,通过教师的讲授让学生去理解和掌握,而且对所有同学有相同的要求。而心理健康教育课是解决个体自身的问题,它需要以个体的经验为载体,以学生的情感活动为主要内容,不是向学生传授心理学的学科知识,而是为学生提供各种社会生活的模拟场景,让心理健康教育课成为学生自我体验、自我发展、自我超越、自我实现的重要学习方式。它强调的是学生的自我体验,包括情感体验、价值体验和行动体验,而这些体验需要通过在心理健康辅导活动中创设一定的情境、营造一定的氛围来实现。学生从体验中获得有意义的东西,这就是感悟。心理健康教育课程是一种自我教育活动,它没有说教和灌输等显性教育的痕迹,但它可以通过学生的自己体验和感悟,潜移默化地影响其自身的成长。

（3）以互助、自助为机制

学科教学将学生看作教育的对象、接收知识的容器,常常会忽略学生的主观能动性。而心理健康教育课是学生的自我教育活动,它必须积极地调动学生自身的资源,学生是教育的主体,辅导是一种积极的人际互助过程。在互助过程中,学生既是受助者,又是助人者。这种互助可以增进学生对自信自尊的体验,从而达到自助。

（二）心理健康教育课程的原则

为了达到心理健康教育课程的目标,体现心理健康教育课程的特点,教师在执教心理健康教育课时必须遵循如下原则:

1. 发展性原则

心理健康教育课以发展性辅导为主,以学生成长中的需求为主题,以学生的自我探索为主线,着眼于全体学生良好心理素质的培养、心理潜能的开发,促进学生整体素质的提高和个性的和谐发展。其辅导目标要高于学生现有的心理发展水平(第一发展水平),使学生向心理上的“最近发展区”(第二发展水平)前进。

2. 主体性原则

在心理健康教育课中要尊重学生的主体地位,激发和调动学生自我心理发展的自觉性和积极性。切忌“我教你学,我说你听”的旧教学模式,要突出学生的主体地位,提供舞台,让学生“唱主角”,让学生有话可说、有话能说、有话敢说,能理直气壮地倾诉自己的心声、宣泄情绪、发表观点、探索办法;而教师则要以引导者、协助者的姿态出现,用杜威的话说:“教师是一个引导者,他掌着舵,学生用力把船划向前方。”

3. 活动性原则

心理健康教育课是以活动为中介,通过活动来促进学生感悟与自助的过程,而活动是主体与客观世界相互作用的过程。心理健康教育课活动的设计,要充分考虑到让每个学生都可以参与、都愿意参与、都能够参与,尽可能让每个学生在活动中都获得感受和体验,接受训练和启示,得到领悟和发展。

4. 全体性原则

心理健康教育课是面向全体学生、为全体学生服务的,在制定课程计划时要着眼于全体学生,在确定教育内容时要考虑全体学生的共同需要及共性问题,在活动的安排上要注意给每个学生机会,做到全员参与。我们的着眼点是所有的学生,并尽量避免只有那些活跃的学生"出头露面",而应当让那些平时不大引人注意、没有机会"表现"的大多数学生成为关注的焦点,给予他们足够的机会。当然,在注重全体的同时,也不可忽略个别有特殊需求的学生,要关注并给予及时、具体的帮助,而且这种帮助应是不露痕迹的,以维护他们的自尊。

5. 体验性原则

按照杜威的观点,儿童的成长就是个体的经验由坏变好的过程。这种经验既然是个体的,那么个人的自我体验就显得特别重要。心理健康教育课要以个体的经验为载体,就必须遵循体验性的原则。对学生有意义的自我体验包括情感体验、价值体验和行动体验。因此,在课程设计中要充分考虑这些体验,要通过创设一定的情境、营造一定的氛围、提供一定的时空来实现。学生从体验中获得的有意义的东西,就是学生的感悟。这个过程没有显性教育的痕迹,而是通过学生自己的体验和感悟,潜移默化地促进他们自身的成长。

6. 相容性原则

心理健康教育课的相容性体现在师生、生生之间人格上的平等、情感上的相容,创造出无拘无束、畅所欲言的氛围,形成师生、生生之间最佳的"心理场"。相容必须要尊重,尊重学生的人格与尊严,尊重学生的权利和选择;相容必须要坦诚,对所有的学生一视同仁、真诚接纳;相容必须要信任,让学生获得安全感而自愿投入,真情袒露,增进自信,得到收获。

第二节　心理健康教育课程理论基础

一、心理健康教育课程心理学分析

(一)团体动力学基础

从学校辅导的形式来看,心理健康教育课程主要以班级为单位进行团体辅导,因此它的心理学基础主要是团体动力学的相关理论。

1. 团体动力学的主要思想

团体动力学是研究团体生活动力的学说,由心理学家勒温建立,它是团体辅导的重要的理论基石。

团体动力学的主要思想如下:

(1) 团体不是个体的简单相加

团体不是各个互不相干的个体的集合，而是有共同的目标、有一定的结构和规范、有成员之间的互动，每个成员的状况与行动都同其他成员的状况与行动密切相关，它会产生一种归属感，一种凝聚力。

（2）团体具有改变个体行为的力量

团体具有较强的整体性，对个体具有很大的支配力。要改变个体应该先使其所属团体发生变化，这远比直接改变个体来得容易。

（3）团体决策的动力作用

团体决策是联系动机与行为的中介，是团体促进个体变化的一种动力。

由上可知，团体具有吸引各个成员的内聚力，这种凝聚来自于成员们对团体内部建立起来的一定的规范和价值的遵从，它强有力地把个体的动机需求与团体目标结构性地联结在一起，使得团体行为深深地影响个体的行为，团体内有个体所没有的动机特征。这为调动同伴群体的教育资源，开展心理辅导活动课提供了理论依据。

2. 团体辅导的功能

团体辅导是指，在团体领导者的带领下，团体成员围绕某一个共同关心的问题，通过一定的活动形式与人际互动，相互启发、诱导，形成团体的共识与目标，进而改变成员的观念、态度和行为。但是并不是所有的团体活动都能对人产生积极意义，只有团体活动本身具有成长性，才能促进团体中的个人的成长。因此，团体辅导活动应该具有以下的功能：

（1）在积极的互动中增进相互了解与自我提升

在团体辅导中，成员通过人际互动，可从他人的意见中反省、了解自己；也可从互相倾诉、表露中，了解别人和让他人了解自己；同时还可以通过丰富的接受反馈的机会，有效改变自己的想法，这对培养同情心、同理心，与他人建立良好的人际关系都非常有益。

（2）多元价值观和信息的冲击

团体中的成员各自有不同的背景和经验，对问题有不同的观点与理解。不同视角、不同立场的多元信息，无疑为团体成员提供了丰富的背景资料，开启了他们的思路。当然，多元观念的冲击也有一个适度的问题，过于开放，难以形成共识，也不会达到辅导的目的。

（3）经验与感受的分享

成员之间感受的分享，可引起每个成员的反思和感悟。有些情绪和想法，因大家都有或“差不多”，会降低个人的无助与孤独感，可以消除自责、自卑、退缩等不良情绪，增加成员之间的相互理解与支持。成员之间经验的分享，可给予每个成员以启发和借鉴，可以使成员学习面对与处理困境，有利于提高团体成员在现实生活中的能力。

3. 影响团体的基本因素

团体是由人组成的，它是一个有机体，也有一个从不成熟到成熟的发展过程。在这一过程中，规范、沟通和内聚力这三个因素发挥了重要作用。

（1）规范

在社会群体中，规范主要是指风俗、文化、语言、时尚、舆论和规则，以及各种不同的价值标准。规范是群体成员必须做到或遵循的行为准则。个人若违反了群体规范，就会受到群体的排斥和拒绝，得不到其他成员的认同。规范对群体及其成员的作用是非常广泛的，它深深地影响着社会群体中的每个成员，使他们在社会生活中遵守共同的行为准则，从而更好地沟通思想,交流感情,共同生活、工作与学习。

学校里的辅导团体也是社会群体的一个缩影。团体规范集中反映了团体期待的动力和团体的价值观。团体辅导中,规范作为社会控制的主要手段,强有力地控制着成员的行为,促进团体目标的达成。

团体规范的作用表现在三方面:

一是维持团体的作用。团体的存在形式是它的整体性,而这种整体性就表现在团体成员的认知、情感和行为上的一致性。团体规范是这种一致性的标准,它统一着团体成员的意见和看法,调节着他们的行为。

二是认知的标准化作用。规范就像一把尺子,要求每个成员对问题的认识和评价有一个统一标准,从而形成共同的看法和意见。

三是行为的定向作用。规范不仅约束着团体成员的认知和评价,而且还约束着他们的行为。规范对行为的定向作用,主要是为成员制定活动范围,制定团体活动的行为方式,也就是告诉人们应该做什么,不应该做什么,如何去做等等。

(2)沟通

团体中成员之间的互动是以沟通为纽带的,沟通是人际之间的信息交流和传递。而信息之所以能起到交流思想和感情的作用,主要在于它是具有意义的符号。因此,人的社会互动正是在符号沟通的基础上实现的。团体中沟通双方互为主体,这就要求个体在沟通过程中,既要考虑自己的需求和动机,也要考虑对方的需求和动机,这样才会产生有成效的沟通,才能调整双方的关系。

(3)凝聚力

团体凝聚力是以团体中的人际吸引为基础的,即成员之间的相互吸引,以及团体对成员的吸引力。对成员有吸引力的团体,通常能满足其需求,因此,团体目标是否与成员的期待和需求一致,是产生凝聚力的一个重要条件。另外,团体的凝聚力还与领导者及其成员的个人吸引力有关,诸如身份、地位、人格魅力、才能等。凝聚力是团体发展的动力机制,又是团体发展成熟的标志。

(二)发展心理学基础

心理健康教育课程重在发展与预防相结合,首先强调以发展性心理辅导为主。教师只有了解并熟悉儿童青少年发展心理学,才能把握学生成长过程中不同阶段的发展主题,引领学生走过充满曲折与坎坷的人生成长之路。埃里克森的心理社会发展期理论,是一种人格发展理论,对心理健康教育课程有很大的启示。

1. 埃里克森的心理社会发展期理论的主要观点

埃里克森认为,个体在出生以后依靠与环境的接触和互动而发展成长,人的一生就是一个连续不断的人格发展过程。但是,这个成长过程充满了种种矛盾和困境,一方面是个体有自我成长的需求,另一方面是社会环境不允许个体按其本性毫无限制地自然发展,于是便形成了自我需求与社会限制之间的矛盾冲突。这种矛盾冲突必然使个体在心理上产生适应困难的感觉,埃里克森称之为"发展危机"。这里的"危机"一词并非都是负面的意义,相反,对个体而言具有重要的正面促进作用。当个体出现"发展危机"时,如果个体适当地调适自我,使自我能够符合社会对他的要求,那么“危机”就转化为发展转机;反之就会形成个体成长的发展障碍。

埃里克森还提出,个体的自我发展,在不同的年龄阶段会产生不同性质的心理危机,并会遇到不同性质的社会适应问题。只有前一阶段危机得以解决,才能顺利发展到第二阶段。他将人生全程按照危机性质的不同,划分为八个时期,又称“人生八段”。个体在不同的时期学习适应不同的困难,化解不同的危机,而后逐期上升,最终完成他整体性的自我。

埃里克森认为,个体经历人生发展的每个阶段时,都会对社会生活形成某些基本的态度,任何一个阶段内出现的问题都会导致进入下一个阶段的困难;每个阶段都有一个主要的挑战性任务,这个任务就是解决一个由生物学的成熟与社会环境、社会期望之间的矛盾冲突所带来的发展危机。这个心理社会发展期理论,为班级团体辅导发展性和预防性功能的重要意义做了最好的理论诠释。学校的心理健康教育课程就是这样一种在学生最需要引导的时候,引领学生去主动适应发展危机、提升社会适应能力,帮助学生将“危机”转变为“转机”的最有效的教育与辅导的方式。

2. 埃里克森人格发展理论对心理健康教育课程的启示

根据埃里克森的人格发展理论,心理健康教育课程应该以学生的人格发展为第一任务。课程不仅要关注和帮助学生解决在发展过程中面临的各种实际问题,更重要的是在此基础上培养个体面对和处理各种问题或危机的积极态度和能力,促进他们人格的健全发展。因此,该课程的辅导主要关心的是人格的发展,帮助个人汇聚智能、探索自我及其环境,以创造人生的意义、成就人格为目的,每个学生的内在世界是心理健康辅导的主要课题,一切辅导的目的,就是要让学生自行掌握其经验、态度和意义,从而帮助学生获得健全的人格发展。

根据埃里克森的人格发展理论,心理健康教育课程应该是一个持续的辅导历程,并且有一个连贯的主题。人格的发展是一个既有连续性又有阶段性的过程。学生的发展始终存在着两种可能性:或者是解决矛盾,形成积极的个性品质;或者是解决不了矛盾,形成消极的个性品质,并影响下一阶段任务的完成。因此我们应该坚持在各个年龄段持续开设发展性心理健康教育课程,只有确保心理健康教育课程的阶段性和连贯性,才能给中小学生以系统的、具体的帮助和引导,使学生能完成每个阶段的发展任务,顺利度过一个又一个“危机”。

根据埃里克森人格发展理论,心理健康教育课程应该着眼于学生发展的关键期,重在抓好危机的预防。人格发展的各个阶段是按不变的顺序展开的,而这个顺序是生物学上成熟的结果,是儿童青少年社会心理发展的需求。学校的心理健康教育要尊重学生的这些需求和心理发展的规律,抓好每一个成长的关键期,才能获得较好的效果。心理健康教育课程主要是一种发展性而非调适性的辅导,它通过调整个体对周边环境的认识,增进个体对自我与社会价值的了解,运用团体互助的力量解决学生在发展中遇到或将要遇到的困难和问题,它强调长期的自我成长重于短期的自我了解,因此必须突出每一个阶段对个体未来有重大影响的关键性问题。所以,心理健康教育课程应是一个有计划、有系统、有目的的辅导,切忌“头痛医头、脚痛医脚”与“就事论事”,要从发展与预防的角度有一个通盘的考虑和安排。

二、心理健康教育课程社会学基础

由社会系统的观点看,学校中的班级团体就像一个小的社会系统。在这个小社会系统中,班级团体成员的行动相互影响,形成一个人际行为的网络。班级作为一个社会系统,其中的社会角色及社会规范,反映了一个小系统与外在大社会系统之间的关联性。每一个学生作为团体中的一员,必定要对自己的社会角色与行为规范进行反思与回应。这些人际关系的处理和行为规范的执行状态,都对心理健康教育课程的实效产生或积极、或消极的影响。

(一)师生关系对学生个体成长的影响

师生关系及其互动方式是影响辅导效果的主要因素之一。心理健康教育课程的实施过程也是这样,辅导教师的师生关系及其互动风格与班级社会心理环境之间存在非常强的关联。教师的互动风格是所有影响班级环境的因素中作用最大的。如果教师的辅导倾向于指令、说教、提示、训诫等"控制型",学生对于团体活动的参与就会表现出被动、冷漠、对抗或消极服从等态度;若教师的辅导倾向于对学生的接纳、认同、赞赏、协助等"民主型",学生对于团体活动的参与就会表现出积极、自发、主动、合作等态度,而且也乐于为团体的发展贡献力量。

在以班级为单位的心理健康教育课程的辅导过程中,教师在与学生的互动中,主要通过交往沟通了解彼此的思想和情感,进而形成和谐的人际关系。教师若能全心倾听学生说话,有效运用"专注""接纳""反馈"等技巧,就利于促进师生互动。而且教师与学生之间的互动,不仅仅是对话与交流,而且还会潜移默化地对学生的行为准则、价值观念产生深远的影响,因为教师在组织团体活动、分享感受体验、进行价值引导、处理冲突抗拒的同时,还把自身的道德、心态、个性以及理想、世界观、需要、兴趣、能力等方面的修养和素质显露给学生,并潜移默化地影响学生。

班级是一个由师生组成的正式教育组织,是一种"社会体系"。每个学生的个人情绪、认同感与归属感都影响着班级活动,而教师的指导又与自身的价值取向有关。教师若能与学生维持良好的师生关系,则学校的教育环境、课堂的教育活动,对学生而言是吸引人的,是振奋与愉悦的,教师对学生人格成长等方面的影响力也相对提升;反之则相反。

总之,班级是一个社会组织。根据动力模式"输入—整合—输出"的要求,若期望最后输出的是班级凝聚力强、心理效应理想、气氛和谐、辅导效果良好,则教师输入的人格、态度、价值观、敬业精神和专业素养的品质都应该尽可能的高,师生互动的辅导过程自然会呈现出一种正面而理想的伦理关系。

(二)朋辈互助对学生个体成长的影响

个体进入青少年时期之后,必然要疏远成人而热衷于同伴交往,并对同伴倾注越来越多的感情。同伴团体是青少年成长过程中重要的生活背景。同伴对青少年成长的影响作用大大增强,青少年的社会化主要是在同伴团体中完成的。同伴关系尤其是同伴团体对青少年的发展具有无可取代的独特作用。

1. 同伴关系对学生情绪情感的健康发展极为重要

同伴群体中的关系基本上是平等关系，是在自愿基础上结合而成的，即使有领导和服从，也是自然协商的结果，是个体愿意接受的。同伴之间的交往，不仅可以满足青少年社交的需要，而且是其获得社会支持、安全感、亲密感的重要源泉。高质量的同伴关系是青少年情绪情感健康发展的需要。

2. 同伴关系有促进学生认知发展的功能

同伴关系是个体认知最为重要的共同构建者。只有在平等互惠的同伴关系中，个体才得以检验自己的思想，体验冲突以及协商不同的社会观点。学生有不同的角色经历，同伴能够为其提供丰富的信息反馈，能极大促进其认知建构与发展。

3. 同伴关系具有文化传递和行为发展的功能

青少年学生愿意接受来自同伴的影响，因为年龄相当的同学、伙伴通常享有共同的价值观念、生活经验和生活方式，具有年龄相近、关注问题相同等特点，从而形成一种特有的“同伴文化”。“同伴文化”影响着个体的价值观、态度、行为习惯等的形成和发展，起着“同伴导向”的作用，“从众行为”就是这一时期“同伴导向”的突出表现。总之，同伴是个体重要的榜样源。

4. 同伴群体是青少年自我同一性发展的源泉

置身于同伴团体，青少年学生有着不同的角色经历，同伴可以为个体提供丰富的信息反馈，这必将极大促进青少年自我同一性的建构。同伴经历是自我同一性形成过程中必不可少的一部分。同伴群体促进个体达到自尊的体验。在同伴群体里，个体作为这个群体的成员，体验到同伴之间的团结和友爱，不仅有助于他们脱离成年人自立，而且可以让他们得到同伴的爱戴、尊重，从而增强其自尊和自信。

同伴之间的心理互助对于学生的成长、解决学生遇到的心理问题有重要的意义。虽然同伴之间自然产生的心理互助是非专业的，但它提供的是一种具有心理辅导功能的人际间的帮助。若在班级团体中，在专业教师的正确指导下，同伴之间发生积极的观点碰撞、讨论分享的互动，对学生个体成长会产生良好的影响。

（三）班级气氛对学生个体成长的影响

班级气氛是指一种团体的社交气氛，它可以是温暖、友善、轻快、和谐、宽松，也可以是冷淡、敌对、紧张、严肃、控制。团体气氛影响团体成员的感受，并左右成员参与的积极性与主动性。学生会将班级群体视为一个参照系，积极主动建构自我，因此班级气氛在一定程度上也强制塑造自我，这种影响作用在心理健康教育课上就表现得相当明显。

心理健康教育课为学生提供了一种较之平时更为广泛的社会化交往，使学生得以利用一个新的更大的信息来源，而这些信息通过群体中的互动对学生的成长发挥潜在的影响和作用。但是，这些群体互动产生的效果，可能是积极的，也可能是消极的，这就与班级的气氛有很大的关系。

班级气氛影响着参与者的心态，参与者的心态影响讨论的方向和结果。一个有利于群体互动和学生个体成长的班级气氛应该是相互支持、安全而无威胁的，学生身在其中可以平等分享各自的信息。讨论是开放的，并以对话交流为特色，每个学生都可以自由、坦诚地表达自己的想法和感受，不论是一致还是相反，是正向还是负向，即使有分歧和冲突，都能在和谐、友善、宽容的氛围中，以建设性的方式得以解决。因此，辅导老师要努力营造一种真正民主的班级气氛，使个人的见解得到鼓励和尊重，学生有较高的参与性和创新精神，打消班级成员的消极防卫心理和消极从众心理，使每一个成员都敢于说出自己的真心话，这是心理健康教育课能否取得实效的极为重要的一环。

心理健康教育课程的开设，建立在师生关系、朋辈互动以及班级气氛的影响上；另一方面，心理健康教育课程对班级集体的成长也起到了促进作用。心理健康教育课程本身的自我探索性、隐性教育力量、积极的人际互动等特点，对班级集体的建设和形成有动力作用、规范作用和认同作用。

三、心理健康教育课程课程论分析

心理健康教育课程是一种活动课程，它属于涵括了“显在课程”与“潜在课程”的赋予学习者“学习经验的总体”的广义课程论范畴，体现了教育的社会功能的多样性，而不属于传统的“把力点置于学科的知识内容这一客观侧面”的狭义的课程范畴。

（一）现代课程论的发展与变革

近百年来，课程理论的变革基本上是围绕着学科主义课程与经验主义课程的批判、反思和重构进行的。学科主义课程按照以逻辑组织起来的教育内容来进行学科划分，注重教育内容的价值与结构；经验主义的课程是依据学习者的需求，以生活经验为基础来组织教育内容的课程。20 世纪初，改造旧有教育的新教育运动在世界范围内展开，从课程设计的角度看，可以说是从学科主义课程走向经验主义课程的改革。而 20 世纪 50 年代末 60 年代初的世界性课程改革运动，要求教育内容现代化，倡导“学问中心课程”，是从经验主义课程回归到注重学科结构以追求卓越知性的学科课程改革。20 世纪 70 年代以来，课程改革的基调不再一味强调“学科”“学问”“卓越知性”，取而代之的中心概念是“人性”“个性”“自我实现”等等，似乎又在向经验主义课程回归。

从 20 世纪末到 21 世纪初，课程的含义不断扩大、发展和延伸，其基本的走势是：“课程是知识”——“课程是经验”——“课程是活动”，以下对课程理论的变革作简要介绍。

杜威的“经验主义课程”是一种儿童中心课程，以儿童当下的直接经验、儿童的需要和动机、儿童的兴趣和心理发展作为课程整合的核心，其目的是促进儿童的经验生长和人格发展。

学问中心课程的目的是强调帮助学生发展智力。布鲁纳说：“所谓教育，终究是要发展心智能力和感受性……教育必须使智能发挥作用，借助个人超越自身的社会世界的文化方式，去开辟哪怕是微小的新局面，创造出自身的文化来。”该课程的特点主要是学科化、专门化和结构化。学科化，即学科知识是课程的唯一源泉，教学要根据学科的逻辑与结构展开；专门化，即强调学科之间的独立性，反对教育内容的融合化、广域化；结构化，即着眼于知识结构的把握。

人本主义课程是在对学问中心课程的“非人性化”的批判浪潮中应运而生的。人本主义课程一方面仍旧强调培养卓越的智力,一方面指向学生人格的整体的教养,构成以人为中心的课程。

社会本位课程是在对学问中心课程的批判与反思之中,对于课程理论更趋于理性的重构,不是简单地回归到经验主义课程,而是融合各家之长。其中,重视社会需求取向的课程理论也得到了发展,社会本位课程论注重社会功能性知识,即着眼于使学习者掌握社会生活所必需的知识、技术和技能。

(二)现代课程论发展的启示

心理健康教育课程的价值取向不是认知的,而是经验的、活动的、生成性的、隐性的。心理健康教育课程的属性是以经验主义课程为主,社会本位课程、学科课程为辅。

纵观课程理论的变化与发展,拓宽了我们对心理健康教育课程设计的视野和思路,从中我们可以得到如下启示:

1. 经验比知识更重要

由心理健康教育课程的界定和内涵可见,它的课程属性是经验主义课程,因为它是以解决学生成长中的问题为主线,促进学生人格发展为宗旨的课程,更强调学习者的经验,而不强调心理学知识的获得。

2. 满足学生的心灵世界与生活世界的需求,是21世纪课程改革的主题

现代课程理论的变革,使我们认识到,对现代社会"技术理性"的批判,是对人文精神的呼唤。面对人类的价值危机、青年人的精神迷惘,现代课程要承担重建人类精神家园的文化使命。心理健康教育课程在帮助学生心智成长方面,反映了这种时代精神。

3. 着眼于自我教育,要发扬教育的民主性

心理健康教育课程的主要目标之一,就是帮助学生"认识自我、悦纳自我、完善自我",应该更加需要发扬教育的民主性。按照心理辅导的原则,通过帮助、互助,最后达到自助,自助就是学生的自我教育。在辅导过程中,教师不再是知识权威的角色,而应该是学生的朋友,与学生一起探讨儿童青少年成长的课题。

4. 建立和谐关系,为幸福人生奠定基础

心理健康教育课程主要是帮助学生建立个体生命与自我的和谐、个体生命与社会的和谐。其中个体与自我的和谐,就是指人的身心健康,个体生命融于社会之中,生命才会有意义,生活才会更精彩;生命与社会的和谐,是指个性化与社会化的协调,个人自由和社会责任的协调,个人与他人关系的协调。

5. 重视价值导向,帮助学生树立正确人生观

现代课程呼唤人文精神,人文精神本质是对人的生命价值和意义的追求。心理健康教育要引导学生建立积极的价值观和人生态度,鼓舞学生走向光明人生。

6. 培养学生积极的人生态度是心理健康教育课程的基本目标之一

(1) 培养学生乐观豁达、胸怀宽广的品格

任何事物都具有积极和消极的两面性,为人处事要更多地看到积极的一面,追求美好的生活目标。但这并不等于可以无视生活中的消极因素,遇到问题,要努力把事物中的消极因素转化为积极因素。一个乐观豁达的人会有更多的朋友,能够获得更多的社会支持,以应对

各种挑战。

（2）使学生志向远大、有抱负

按照马斯洛的需要层次理论，当人的基本生活需求得到满足以后，就会更加关注心理需求、精神需求，它包括归属感和爱的需求、自尊的需求、求知的需求、审美的需求，以及自我实现的需求。确立人生目标和理想，并在人生道路努力实践，可以满足人的精神需求，同时也实现人的生命价值。

参考文献

[1] 廖哲勋.课程学[M].上海：华东师范大学出版社，1991.

[2] 姚本先，方双虎.学校心理健康教育导论[M].安徽：中国科技大学出版社，2002.

[3] 叶一舵.现代学校心理健康教育研究[M].北京：开明出版社，2003.

第二章 心理健康教育课程实务

第一节　心理健康教育课程的教学过程

教学过程是指教师和学生为实现教学目标共同进行的动态活动过程，由相互依存、相互作用，同时不断展开的教和学两方面构成。[1]心理健康教育课的教学过程不同于传统的学科教学过程，其特点是强调学生的自我探索、自助发展。因此，心理健康教育课的教学过程，不是一个灌输过程和说教过程，而是一个讨论过程、心灵沟通过程、情感交流过程。心理健康教育课以尊重为基础，以同感为前提，意在以心灵的沟通来强化学生自我反省与自我完善的意向，促进其健康成长。简而言之，心理健康教育课的教学过程以平等尊重关系为前提，以讨论沟通为基本手段。[2]

一、心理健康教育课的教学组织

心理健康教育课的教学组织是指为完成特定的心理健康教育任务，师生按一定要求组合起来进行的活动。教学当然有一定的活动结构，所谓教学有法。但心理健康教育课的教学是一种创造性的教学过程，其效果取决于师生双方的创造性的活动，从这个意义上来说，教无定法。[3]

心理健康教育课的教学组织中要体现以人为中心的教学思想。关于教学设计问题，罗杰斯对传统教师与新型教师的作用作过一番比较。他认为，在教学设计中，一个优秀的传统教师考虑的问题是："如何针对不同年龄阶段和发展水平的学生设计出最适合的课程？""我能为学生设计出一套好课程吗？""怎样培养学生对该课程的学习动机？""用什么方式能使学生学到知识？"而这些问题都集中在获得知识方面。另一方面，作为学生学习的辅助人员的新型教师要考虑的问题则应该是："学生希望学习什么？什么事情使他们困惑？他们希望解决什么问题？"显然，罗杰斯强调要从学生本身的需要出发，努力引导他们进行自我思考、自我指导和自我评价，力图把课程变成满足学生成长和个性整合需要的自由解放过程。[2]因此，承担心理健康教育课的老师要确立"尊重学生人格""助人自助""完整接纳每个学生"的教育理念，在心理健康教育课中，努力实现"参与、体验、分享、感悟、自助、发展"的境界。从这样的教育理念和教学境界出发，心理健康教育课的教学组织要抓好以下的环节：教学准备、教学进行和教学结束。

（一）教学准备八要素

上好一堂心理健康教育课，课前准备显得尤为重要，具体包括了解学生、建立关系、制定规范、组建小组、安排座位、确定目标、选择内容、设计活动等八个要素。

1. 了解学生

了解学生是上好课的前提，是有效进行教学组织的基础。优秀教师常说“备课不仅要备教材，更要备学生”。只有充分了解学生，才能有的放矢地设计教学活动和得心应手地驾驭教学过程，以提高教学效果。从心理健康教育课的特点和要求来说，首先，要了解学生的年龄特点、心理特点和该年龄段学生易产生的心理矛盾和心理期待；其次，要了解学生近阶段关注的热点和需求，以及已经产生或可能产生的困惑；第三，要了解学生对心理健康教育课的要求，学生在这方面有哪些需要，有什么具体问题，有什么期待，迫切程度如何，以及喜欢的活动形式，有什么意见等；第四，要了解发生在学生身边的、引起大家关注的，或可讨论和引导的典型案例。以上这些要了解和收集的素材都有利于提高教学效果。了解的方法可以有观察、访谈、聊天、小型座谈、问卷调查和书面了解等。

2. 建立关系

师生之间融洽的关系是心理健康教育和辅导活动取得良好效果的基础。教师要在课前利用一切可能的条件和机会，与学生接触、熟悉，让学生喜欢、信赖你，愿意与你接近、聊天，这将有助于课程教学活动的开展。由于心理健康教育是一个讨论问题、沟通心灵的过程，师生之间的彼此尊重、相互理解是沟通的前提和条件，因此，师生关系应该是平等的、民主的和相互尊重的。教师与学生的良好关系是上好心理健康教育课的重要基础。从某种意义来说，这种关系甚至比找资料、选题、设计活动等更重要，更需要贯穿在一切与学生的接触当中，包括语言和非语言的接触。因而建立关系并不仅仅在课堂上，更应该在课堂以外的一切时空当中。美国心理学家、教育家罗杰斯认为，教师对学生抱真诚（表里如一）、接受（无条件的积极的关心）和理解（移情地理解学生）的三种情感和态度，是让学生感受到自尊、自信，从而增强其行为责任感的重要条件。教师的任务是以人道主义精神创设一种真诚、坦率、赞扬、鼓励和主动投入的课堂气氛，以引导学生从课程中获取个人自由发展的经验。因此，他认为，应该把教师的名称改为学习的促进者。这非常精辟地说明了师生关系的重要性，它也是上好心理健康教育课的课前准备的必要内容。

3. 制定规范

要上好一节心理健康教育课程，必须要在班级制定团体规范，实施“社会控制”。

“社会控制”是指，团体成员获得团体顺从，以使团体能有秩序运作的过程。一个团体如果没有得到团体成员相当程度的顺从，就会无法运作，互动就会变得一团乱，并且无法预测，而社会秩序与安定是形成与维持一个团体的必要条件。规范是团体共同达成的适当的期待、想法或行为。规范是行为的准则，由团体成员共同建立，以维持行为的一致。规范指明了团体中“应该”做的或“不应该”做的，因此具有价值判断的意义。团体有了规范，辅导教师就可以降低其个人权力及控制的使用力度，而运用规范协助团体建立有效、适当的行为，以达到团体的目标。心理健康教育课是一个团体辅导的过程，必须要有一个大家认同的团体规范。现介绍两则中小学心理健康教育课的“活动须知”，即团体规范，可以作为辅导教师与学生协商规范内容的参考。

中学心理健康教育课学生活动须知[4]

一、坦率真诚

在团体活动中，应以坦率、真诚、信任的态度展示自我，敞开心扉，吐露心声，表达自己的真情实感。

二、保守秘密

在团体活动中，对了解到的各种信息，必须共同保守秘密，课后不传播、不评论，不做任何伤害他人利益的事。

三、认真倾听

在团体活动中，认真聆听每一位同学的发言，设身处地去体会他所表达的看法或情感，并诚恳地作出相应的反馈。

四、相互尊重

在团体活动中，任何同学的自我表达都应受到尊重。不管这些同学表达的观点或情感在你看来是对的还是错的，我们都应表示充分的尊重。当然，你可以表达自己的不同观点或情感，但任何人都不可因此去取笑或嘲讽他人。

五、和谐有序

在团体活动中，应保持一种民主、平等、宽松、和谐的气氛，人人都可以自由发表自己的见解，也可以有幽默感。但在我们发表意见或倾听他人看法时，切勿开一些庸俗的玩笑，或进行一些无聊的调侃。

六、参与交流

积极参与小组与班级的活动或讨论。

团体活动的主要目的是促进同学之间的交流，通过交流，使我们更好地了解别人，并使别人更好地了解我们自己。

七、助人自助

以爱心关怀他人并接受他人的关怀，体谅他人的苦衷，并感谢他人对你的理解。在互帮互助中探索解决问题的办法，摆脱以往的心理困惑，改变自己不恰当的思考方式和行为方式。

八、促进成长

在团体和同学的帮助下，使自己成长得更快一些，发展得更完善一些。

小学心理健康教育课学生活动须知[4]

一、坦率真诚

把老师和同学当作自己最真诚的朋友，诚恳地向大家说出自己的真心话，不必担心会不会讲错。

二、保守秘密

在活动课上听到的事情，要为同学保密，不到其他地方乱说，以免伤害了跟你说真心话的那位同学。

三、认真倾听

在别的同学发言时，要认真听清他的意思，并表示你很理解他说的是什么。

四、相互尊重

不管别人说的话是对还是错，你都应该让他把话说完，即使人家讲错了，也绝不去嘲笑或讽刺他。

五、和谐有序

你想说的话，你可以尽管说，但不要随便拿别人开玩笑，更不要伤别人的心。

六、参与交流

积极参加讨论，和别人交流自己的各种想法，并进一步了解别人对一些问题是怎么想的。

七、助人自助

用爱心关怀你的同学，使他能在你的帮助下解决自己的问题，同时你也必定会得到同学们给你的建议和帮助。

八、促进成长

天天努力，快快成长，让自己的明天比今天更进一步。

在实施“社会控制”的过程中要注意，心理健康教育课的规范应是动态的、发展的、因地制宜的，而不是一成不变的；班级团体的“社会控制”不能过于严厉，否则会削弱团体的吸引力，并导致团体成员的不满与冲突。

4. 组建小组

以班级为单位的心理健康教育课，因为班级成员人数很多，团体的互动活动往往要划分小组来进行。心理辅导活动小组的人数以4~6人为宜。两人小组形成不了多向交流的气氛，讨论也不可能深入持续；3人小组容易出现其中两人滔滔不绝，另一人被冷落的尴尬局面；8人小组则因人数较多而难以控制，或互相等待甚至相互推诿。小组组合的方式应尽可能做到随机分组，如数字抽签分组、动物抽签分组、拼图分组、诗句分组、英文字母分组、扑克牌分组、以组长为核心自由分组等。小组可以基本固定，经常变换更好。可以根据每一节课的主题和内容，采取不同的方式分组。当然，在同一节课上，也可以变换分组方式，但要注意一切以主题内容与学生实际为依据。通过多形式多途径分组，小组成员不固定，可让每个学生都结交到新的伙伴，以便将团体的互动功能发挥到极致。若图省事而不讲究分组技巧，可能会让学生每次活动都碰到老面孔，没有新鲜感，很难碰撞出新的思想火花。

5. 安排座位

上课伊始，教师的主要任务是激发学生参与活动的积极性，让同学们提高兴趣和有所期待。在座位的安排上，若教室许可的话（有条件的学校，可以安排心理健康教育课的专用教室，不用固定的课桌椅，而放置一些小巧、轻便的桌椅，搬动方便，以便留出空间开展活动），最好打破传统的秧田式座位。在心理健康教育课的实施中，采用得比较多的座位形式有环形、矩形、马蹄形、梅花形等（见下图）。如果班级人数比较多的话，可以采用双环形、多矩形、双马蹄形、多朵梅花形等座位形式。这样的座位，方便学生面对面进行交流，也便于实现学生与教师无阻隔式的分享，有助于促进课程的展开。

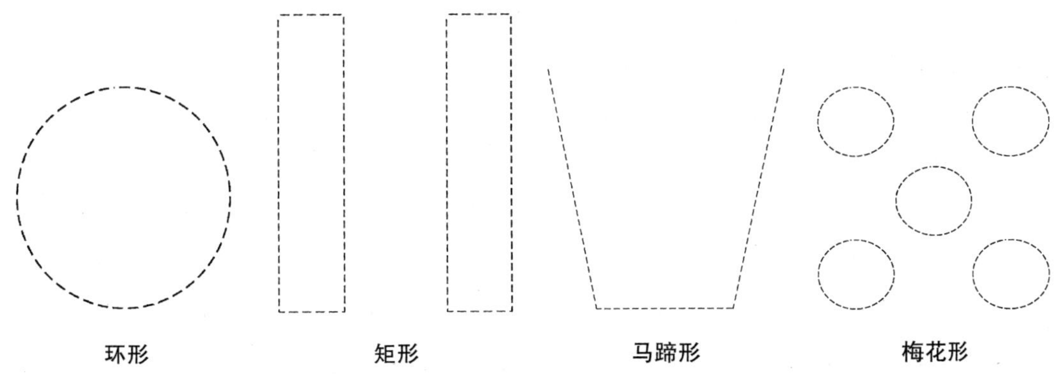

有的时候教师为图方便，往往习惯于让前后两排的四位学生组成小组。这种分组让学生反反复复转身太麻烦，一次次扭头很吃力，结果经常是活动走走形式，草率结束，使讨论无法获得应有的效果。

6. 确定目标

（1）确定话题

制定目标之前，首先要确定专题或话题。在具体实施上课时，要根据学生的情况，将一个大的专题（或模块）分解成若干个小话题。话题的确定，不能按照教材按部就班地进行，更不能拿着教材照本宣科，它需要从学生的实际出发去选择。教师要根据对学生的了解，选择学生感兴趣的话题，要符合学生的年龄特点与心理需求，既生动、吸引人，富有情趣，又有丰富的内涵，引人咀嚼，并富有兴趣性、时代性和启迪性。

（2）制定教学目标

话题确定后，就要从学生实际和需求出发，制定话题的教学目标。

教学目标的制定要注意“小”和“少”。

①“小”是指目标的切入口要小。

一堂课要让所有学生在参与中有收获，必须贴近学生的实际，制定切实可行的目标，才能让学生有所思、有所悟，从而使教学达标。

请看一节初中预备年级（小学六年级）的心理课话题，这节题为“好奇进行曲”的课，教师的选题与目标的制定都由学生的现状与需求来确定。

◎ 观察——学生中发生了什么？

学生中出现了一些“不正常”的现象，如：

上课时老师若说到“做”“要”这些最普通不过的词语，会引起学生的性联想而哄堂大笑。

男女同学相处，会以“输了你就要亲一个男生”，或者“你敢不敢抱一个女生”之类的筹码来打赌。

男生走过女厕所时会被同伴恶作剧地推进女厕所。

男生打闹的时候有拉别人裤子的举动。

有男生喜欢解女生的内衣搭扣。

◎ 调查——这是普遍现象吗？

教师通过对同年龄学生的调查与分析,发现这些现象是这个年龄段学生出现的较普遍的情况,在各个学校都有出现。

◎ 分析——折射怎样的心理?

老师通过学习和分析,认同进入青春发育期的学生对性的好奇与探索心理,明白了学生的关注热点与困惑。

◎ 聚焦——大话题小切口

该年龄段学生关心和关注这些问题,是因为他们出于自身生理发展的需求,特别关注同龄人青春期的发育与变化,但在课上该如何引导,需要将大话题聚焦。教师在学生需要了解什么与学生需要被引导了解什么之间,搭建学生需求与社会要求之间的桥梁,在接纳学生的基础上进行价值观的引导。

因此教师确定将课题表述为“好奇进行曲”,制定了2个教学目标:一,理解、接纳青春期萌发的性好奇;二,了解获取性知识的正确渠道和需要遵守的道德准则。

② “少”指目标的数量要少。

要保证目标的达成,就要注意量的控制,目标太多,只能导致走过场而无法落实。而且,即使是量“少”的目标,也要体现每个目标之间的联系与衔接,层层递进,由浅入深,引导学生逐渐思考,最终有收获。请看如下的教学目标:

◎ 小学四年级——“玩中有‘心’意”的教学目标:

感受与伙伴“玩”是集体生活必不可少的活动之一;

体会“玩”中带来的乐趣与产生的“心”意;

体验伙伴间融洽的人际氛围带来的愉悦感。

◎ 初中一年级学生——“I Believe I Can”的教学目标:

了解每个个体都是有价值的;

引导学生知道自身的价值是需要发现的;

指导学生尝试发现自身价值,看到自身的无限可能。

(3) 话题的表述要用确切的语言。

标题是一节课的中心或“灵魂”,好的标题不但能起到“画龙点睛”的作用,还能有效调动学生参与的积极性,引发思考。标题的表达要清晰、简洁、生动、贴切,并尽可能采用学生的语言和口气,让学生一看到专题,就有一种要参与的欲望。

具体来说,定标题要注意以下几点:

① 非灌输式的标题。

在题目的设计上,教师要注意改变自身的立场和思维方式,即进行角色置换,从学生的认识角度提出问题,以学生喜欢的方式和语气,避免以成人对问题的理解来代替学生的思维,要打破以往教育中常见的那种生硬的、灌输式的标题设计,如“早恋的危害”“远离聊天室”等,这样的题目不容易接近学生。

② 趣味性的标题。

标题设计要把“有意义”变得“有意思”,能吸引人的注意,使人一看即感觉“有意思”“这正是我想知道的”,从而产生浓厚的兴趣,调动学生参与的积极性。如果一个标题让学生感到无非是老生常谈,或与自己无多大关系,那么,他们就不可能积极投入。

③ 探索性的标题。

标题的表述能拓展学生的想象空间，调动学生思维的积极性，而不是直白的说教，不是“一眼就能看明白的”。

请看如下比较有特色的标题：

小学：会拐弯的毛毛虫
会流动的情绪
桌上有颗棉花糖
自己的色彩

初中：我的I“疯”7
我欣赏的男生女生
兔斯基变“行”计
我的幸福指数

高中：我最在乎的……
毛毛虫的等待
如果爱……
书桌前的“力”

7. 选择内容

成功的教学标题可以吸引学生的注意，引起他们的兴趣，但要让学生能始终保持这种注意和兴趣，教学内容的选择和组织就显得非常重要。心理健康教育课程可以不受教材和传统教学方法的限制，教师可以根据社会的发展和学生的不同情况，充分发挥自身的创造性，自行确定教学内容和方法，使课程从形式到内容都充满新意和活力，富有吸引力。教学内容的选择要做到选材适宜，紧扣主题，贴近生活，亲近学生。

选择具体内容时着重把握以下几点：

（1）选择与学生成长有密切关系或已引起学生普遍关注的内容

如与性成熟有关的性别角色、异性相处、自我定位问题；与同学相处、师生关系、与父母的代沟问题；关于自我评价、自我期待的问题等。

（2）选择与学生经历有密切联系的，且符合学生思维水平的内容

建议以学生心理发展的形式或内容为纵向的“经”（如以自我认识、自我体验、自我调节或生理自我、社会自我、心理自我为“经”），而以各年龄段的不同表现或特征为横向的“纬”，来“编织”一张个体心理发展的“全景图”。这样，心理健康教育课程即使在不同年级同时进行，在具体内容上也不会出现简单重复的现象。

（3）选择对学生心理品质优化有积极意义，培养学生乐观进取精神的内容

心理健康教育课程的内容应避免为引起学生的好奇或重视，而故意夸大或渲染各种心理问题、心理障碍的范围和影响，尤其要注意避免给学生以不良的暗示，使之疑虑丛生，“对号入座”。我们的教学应该带给学生积极的影响，让学生对自己的状态和发展有信心，提高学生对生活的满意度和幸福感，对自己在成长过程中所获得一切关爱和帮助抱有由衷的感恩之情，增强学生的自我价值感和自我效能感。

8. 设计活动

活动的设计要紧紧围绕教学目标和教学内容，选择或设计全员参与的活动。不仅要让所有的学生都参与、投入，而且要从适合学生的年龄、心理特点出发，有一定的内涵，活动完成以后能引起学生思考与分享，能引起学生的真情表露。如小学四年级的一节心理健康教育课，题为“玩中有‘心’意”，整堂课教师就设计了一个游戏，这个游戏贯穿全过程，但教师对这个游戏的运用有变化、有新意。在一节课中，学生反复玩这个游戏，从 2 个人玩到 4 个人玩，从 4 个人玩到整个小组一起玩，最后发展到全班同学一起玩。不断变化人数的组合玩同一个游戏，并在一次次变化的玩法中，引导学生思考分析，最后得出完成游戏的秘诀——在“玩”中要相互商量，要乐于接受他人的意见和建议，要顾及他人的感受，这就是“玩”中的“心”意。活动的设计巧妙而新颖，学生玩得开心，收获也颇丰。

因此，活动的设计不能仅仅为了引起学生的注意和兴趣，而片面追求设计的形式、步骤和具体环节的丰富，以为越热闹越好、越离奇越好；更不能单纯以活动形式的丰富程度、新奇程度和学生表现的活跃程度、兴奋程度来评价一次活动的优劣和成败。这种片面的认识会把心理健康教育课引向形式主义的歧途，使之变成一场矫揉造作、浅薄的闹剧。有鉴于此，心理健康教育课程活动的设计须注意以下几个问题：

（1）活动有创意，有动感

活动的设计要有教师自己的想法，有创意，而不是照抄、照搬教学参考资料，原封不动地依样画葫芦。若活动是教师结合教学目标和自己的创意创作出来的，那么操作起来便会得心应手、流畅自如；活动形式要生动活泼，但活动也不宜太多，要注意活动之间的衔接，注意将不同活动安排得清晰有序。

（2）讲求实效，不搞花架子

活动的设计要根据教学目标的要求，依据内容的需要来进行，而不是为了活动而活动、为了形式而形式。在实际教学中，常常会看到这样的现象：在教师的刻意编排下，课内充满着既不能反映教学内容、也难以达到教学目标的活动安排。如缺乏事先的充分了解、不能真正畅所欲言、了无生气的所谓“问题讨论”；一个又一个填满了教学时间，学生看似玩得高兴却又毫无内涵的游戏活动；并非出自学生的经历而由教师来“图解”有关知识而编导的小品或角色扮演等等。这些看似丰富多彩、令人目不暇接的“活动”形式，由于缺少内在的积极思维、探究活动的支撑而显得空洞和肤浅，无助于实现该节心理健康教育课的教学目标。

（3）从学生实际出发，不超越学生现有的水平

活动的设计非常重要的一点，是要依据学生的年龄心理特点，即学生现有的思维水平和接受能力，千万不能为了图新鲜、创新颖而别出心裁地设计游戏和活动，却将学生的现状和能力抛在脑后。笔者曾听过一堂小学高年级的心理健康教育课，教师组织了两个关于价值澄清的游戏，学生只是在游戏中被动地跟着老师的要求去做，全然不知其内在含义，更不要说有所收获、有所启发了。课后，笔者曾问老师为什么采用这样的游戏，她说，参加培训时觉得这个游戏很不错，就未考虑学生的接受能力和思维水平而照搬了。她还说，其实在上课游戏的过程中，自己已经发现了这个问题，学生不理解，也就谈不上效果了。若脱离学生的实际情况，活动设计得太深，会让学生茫然而不知所措，太浅则会让学生感到无趣而“消极怠工”，这是在活动设计时必须要考虑和重视的问题。

(4) 面向全体学生,不忽略学生的个体差异

在心理健康教育课的教学中,教师不是指点迷津的权威,而是肩负着促进和指导学生获得发展的重任的引导者。学生是有个体差异的,只有面向全体学生,重视其个体差异,才能更好地引导他们。因此,在活动设计中,要想办法创设让所有学生都能积极主动参与学习和活动的机会,可以设计集体活动、小组活动和个别活动等环节,以便调动不同层次的学生的兴趣和参与的积极性。

(5) 发挥多媒体辅助作用,但不让它"喧宾夺主"

多媒体手段能展现丰富的视听形象,具有生动有趣性、资源丰富性和资料易取性等特征,为活动的设计开拓了极大的空间。教师要充分发挥其多方面的功能,但不能过度依赖它,不能让它取代学生的主体地位、代替学生的活动和思考。在实际教学中,有的教师过分依赖多媒体,整段教学时间都让学生观赏没有经过事先处理和剪辑的视频,最后只是非常简单地让学生说说看后的感想,很不利于学生的积极思考和充分交流。而且大多数多媒体课件在交互性方面有明显的不足,它只是单向的灌输,而不是双向甚至多向的互动,不利于学生的即时反应和灵活应变。

(二)教学进行三环节

要上好一堂心理健康教育课,教师要组织学生积极参与游戏和活动、讨论和分享,上课过程中要抓好三个主要的环节:话题的导入、主题的展开、教学结束的表达。

1. 话题的导入

教学过程的开始很重要,也就是说话题的导入很重要。时间不能花费太多,但又要在很短的时间内,能吸引学生的注意,激发学生参与的积极性和兴趣。笔者在多年的实践中,积累了一定的经验,形成了一些有效的方法,现介绍如下。

(1) 热身活动

顾名思义,让学生"热"起来、"动"起来,好比是运动员参加比赛之前的准备活动。热身活动的目的是让学生尽快地兴奋、活跃起来,积极地投入到接下来进行的各种形式的活动中,尽情地参与,大胆地开放自己。热身活动的设计可以根据学生的年龄特点,可以没有什么明确的目标,只是让学生开心、兴奋;也可以围绕教学目标而设计。它是一个序曲,或是一个前奏,它不求"最好",但求"投入",创设宽松的心理氛围,激活学生参与的积极性和热情,让学生注意力集中,精神振奋。热身活动的形式不限,完全可以根据学生的年龄和场地的条件来设计。一般来说,对低年级的学生,可以安排跳健身操、听音乐歌曲、做游戏;对高年级的学生,可以通过故事、歌曲、录像等方式来进行话题导入。

(2) 开门见山

教师以生动有趣、简洁清晰的话语作为开场白,一开始就直截了当地引出要讨论的主题,以解除学生的困惑,增强其活动的意识性和目的性。

如一堂高中的题为"天生我材"的心理健康教育课,教师在上课一开始就说:"你生来就是冠军,一出生你就成功了。在你的人生道路上,你一步一步走向更大的成功,这就是今天这节课的主题:天生我材。请说说你对成功的理解,你认为什么是成功?"

又如一位教师在初中低年级的题为"我的生日活动"的心理健康教育课中设计了这

样一段开场白:“同学们,在一个人的生命历程中,每个人都有一个十分重要的纪念日——生日。老师十分想知道你们是怎样庆祝生日的,希望分享你们的欢乐。”这段话亲切自然,又提及学生最熟悉的事情,自然就引发了学生的兴趣。

(3) 提问导入

通过提出与主题有显性或隐性联系的问题导入。

如一堂初中的题为“思维陷阱”的心理课。上课开始,教师提问:“什么老鼠用两条腿走路?”学生马上就回答:“米老鼠。”老师接着问:“什么鸭子用两条腿走路?”学生又立刻回答:“唐老鸭。”话音刚落,学生马上就发现了问题,很多学生还发出了笑声(因为所有的鸭子都用两条腿走路)。老师就在同学们的笑声中引出了本节课的标题:思维陷阱。

又如一堂高中的题为“谈情说爱”的心理课,老师首先提问:“人与人之间有多少‘情’?”学生回答:“友情、亲情、爱情。”老师接着说:“今天我们就讨论爱情。”学生一下子就兴奋活跃起来,因为这是他们现在最感兴趣的话题。

(4) 案例引入

教师可选择发生在学生身边的事情,可通过教师讲述,或事先用摄像机拍下部分场景,或让学生用小品形式表演等方式来表达,从而引入话题,要尽可能用发生在与学生同龄的人身上的事情(但要稍作处理,避免“对号入座”“无意伤害”)。

(5) 视频导入

教师可借助同学们熟悉或不熟悉的故事,制作多媒体视频(配音图画或漫画),或者播放事先剪辑好的电影片断,通过动感的画面吸引学生的注意,播放完即提出一些与主题相关的问题。也可在观看之前就提出思考的问题,让学生带着问题观看也很有效。

(6) 自我袒露

教师讲自己的故事,向学生真诚袒露曾经发生在自己身上的事情以及感受。

如一位小学教师问同学:“你们是否已经注意到老师这几天的情绪不太好,想不想知道我的心情为什么不好?”学生回答:“想!”教师说:“说实话,我已经第三次去参加普通话考试了,因为前两次都没有通过,心里一直很紧张,不知道自己这一次能否通过,心情很不好。有谁能帮助我吗?”在同学们给教师出了各种主意之后,教师说:“非常感谢大家帮助我,解开我的心结。今天我们的活动主题就是‘解心结’。你们是否也有与我一样的烦恼和困惑呢?”

另有一位初中的女教师是以这样的话语导入的:“我先和大家分享我上初中一年级时候的一段经历。一天,在上自修课之前,我觉得自己的脸太干了,就在座位上拿出润肤霜对着镜子擦脸。在我用润肤霜搽脸的时候,我听到坐在前排一侧的男生说‘长得又不怎么样,还要在脸上涂啊抹的’,然后他还向坐在旁边的另一男生求证说‘你说她是不是长得不怎么样啊?’当时我一下子就脸红了,很尴尬,心里觉得特别难过。从那以后,我有很长的一段时间都因为对外表不满意而不那么爱自己了。我当时因为对自己外表非常不满意,以至于忽略了自己的其他方面,而变得很不喜欢我自己了。”在同学们惊讶、关注的目光中,老师引出了本课的话题:“喜欢我自己”。教师的自我袒露,既吸引学生的关注,更让学生感受师生之间的平等与亲切、和谐与融洽。

除此以外，还有“引导回忆导入”，让学生回忆曾经有过的生活经历；“自我测试引入”，组织学生进行与主题有关的、有兴趣的简单测试题等。

总之，在心理健康教育课开始阶段，教师应力求营造一种平等、轻松、和谐、愉悦、开放、欢快的课堂气氛，让学生从中感受到本课程的特点和吸引力，使其带着期待和希望去进入角色。“好的开始是成功的一半”，学生能够从一开始就对课程形成一种良好的印象和“乐之”“好之”的态度，对以后的学习及其效果，都有重要的影响。

2. 主题的展开

心理健康教育课没有固定的教学模式，也没有规定的教学方法，但它特别强调学生的参与、体验、感受和领悟，在主题展开过程中，教师一般采取组织、引导与学生活动、分享相结合的方法，以活动、讨论、素材欣赏、团队作业等多种形式，为目标的实现服务。在多年的教学中，教师积累了一些常用、有效、受学生欢迎的教学方法：

（1）情景体验

心理课教学是一种情感体验过程。情景体验是指通过教师的设计，让学生进入模拟情景、实际情景或想象情景中去体验、思考、分析，了解自己的心理反应，获得情感体验，培养适应能力的一种方法。情景是心理课达到理想效果的重要载体。华东师大杜殿坤教授认为，“情景带有教育者有意识地为儿童及心理全面发展创设一种最佳场合的意思”。心理辅导教师在创设情景时要注意三点：第一，要充溢情感，以心造境，情境合一；第二，创设情景是一种暗示、一种渲染、一种陶冶，要关注师生、生生之间的心理相容程度，要注意师生、生生之间的和谐平等；第三，要精心策划、周密组织，在内容的选择、程序的设计、载体的运用、手段的更新等方面，以至具体细节上都力求围绕主题，严密有效。

（2）游戏体验

游戏体验是指以游戏作为中介，让学生通过参与游戏活动，在轻松、愉快、和谐、活跃的氛围中自由表露自己的情绪，投射自己的内心世界，体验与反思自己的行为，分享同伴的经验与感悟，从而达到某种建设性效果的心理辅导活动。福禄培尔曾经说过，游戏是儿童内心活动的自由表现，是儿童最纯洁、最神圣的心灵活动的产物。正是这种“自由”，使学生摆脱了某种外在的控制和约束，可以尽情地展露自我。这样既便于心理教师与学生进行心灵的沟通，更能大大激发学生参与活动的动机和兴趣。因此，作为学生喜欢的游戏，它不仅可以带来欢乐，而且也是学生智力、情感、社会性发展的一种有效途径。关于游戏对儿童青少年心理健康发展的作用，国内外许多学者都有论述，如美国学者B.D.戴伊认为：“游戏对于儿童情感的满足和稳定具有重要的价值。游戏是他们表现自己情感的一种方法，与其他人一起进行表演游戏和艺术性活动使他们的情感得到了表现。如果创造性成就欲望得到了极大的满足，那么就可以为自我约束和自制提供一种动机作用。游戏对心理保健是必要的……游戏是克服情绪紧张的一种手段。”美国学者K.S.舒斯特则指出：“在维持儿童和成人的情感平衡或积极的心理健康方面，游戏成了一个必不可少的条件。”[5]

在心理课的游戏活动中，学生不知不觉地流露出真实的喜怒哀乐，也显露出存在的问题。在游戏活动中，学生可以满足平时无法满足的欲望，宣泄被压抑的情感，揭开人格的面具，使自己变得真实、豁达，进而促进人格的自我完善。教师可以根据学生的需求和教学目标设计不同的游戏。例如，竞赛性游戏可以培养学生的竞争意识和团队合作精神；非竞赛性游戏可以减轻学生的紧张或焦虑，获得轻松愉快的情绪体验。学生在游戏的欢乐气氛中可以感受友爱、合群的快乐，减轻或消除交往障碍；游戏还能培养学生的竞争和合作精神，改善学生人际交往的状态。在游戏中，学生会感受到同伴之间是相互依赖的，只有相互支持和合作才能实现团队的目标和自己的目标。同时，在与对手的游戏对抗中，学生的竞争意识得以增强，耐挫力得以提高。游戏可以帮助学生认识规则，遵守规则，学生在游戏中不知不觉地学习了规则，懂得了遵循规则的重要性，在欢声笑语中培养了良好的习惯，提高了助人和自助的能力。

（3）讨论分析

讨论分析是所有教学活动中最普遍使用的方法。讨论分析是指，在老师的引导和组织下，学生对某一专题各抒己见，经过互动分享或辩论，集思广益，交流想法和感受，促使问题得到解决。从形式来说，通常采用小组讨论和全班讨论，小组讨论的形式更多见，而且效果比全班讨论好。

小组的产生可以是随机组合，也可以是学生的自愿组合，一般以自由组合为主。这样的组合有利于学生的广泛交往，有利于学生畅所欲言。从内容来说，除了集中讨论一个专题以外，还可以采取围绕一个专题从不同角度进行讨论的方法。实践证明，分题讨论法较好，能让学生充分表达自己的想法，因为从不同角度讨论，学生得到的信息更多，收获更大。

分题讨论就是把一个大的主题分成若干个不同的小专题，每一个小专题均围绕主题而设，是主题的组成部分。主题和小专题需要教师事先精心设计，而且它们应该是学生最关心、最困惑、最迫切想解决的问题。题目设计得新颖有趣，学生就会感到有话可说、有话能说，不吐不快。只有这样，他们才有充分参与和表现的欲望，他们才会感到自己是自己思想和行动的主宰者，他们的自主性和选择性才能得到增强。

全班讨论时，可采用头脑风暴法，运用集体思考和讨论的方式，使学生的思想观念相互激荡，发生连锁反应，以引出更多的意见或想法。教师要注意营造一种自由、民主的氛围，让学生真正畅所欲言，容许他们异想天开，并且想法越多越好，不容许批评别人的意见，但可以将别人的意见加以组合和改进。

在采用讨论分析法的过程中，教师要做到导而不牵，循循善诱，并要注意引导学生，变被动的听众为主动的演说者，变片面为全面，变注重结论为注重过程。在讨论过程中，让学生共同分享的不仅仅是感受，还有彼此的关怀与支持。学生的每一个观点都会得到同学们真诚的关注，大家会极其耐心地倾听，设身处地地理解，积极主动地补充与修正。小组（或全班）这种新型的人际交往模式，不仅能增进大家的亲密感、信任感，还能促进同学间的接纳与关怀，增强学生的自信。

（4）角色扮演

角色扮演主要指个体在想象中扮演他人的角色，即试图把自己想象成他人，以他人的观点来看待问题，理解他人的处境和感觉，预测他人可能采取的行动及对自己行动所做出的反应。通过让学生扮演或模仿一些角色，重演部分场景，使学生以角色的身份，充分表露自己或角色的人格、情感、人际关系、内心冲突等心理问题。通过这种方式，达到消解个体的心理困扰，促进其心理正常发展的目的。角色扮演是心理辅导中“心理剧”的一种形式，它能让扮演角色和进入角色的学生忘却自我，尽兴表演。

角色扮演生动有趣、简单易行，恰当运用角色扮演技术，对于消解学生的心理困扰，促进学生的心理素质发展有重要意义。第一，角色扮演可以让情感得到充分宣泄。学生借助角色，当众把自己的苦恼和焦虑讲述出来，可以把自己的不满和委屈倾诉出来，无所顾忌地宣泄自己的内心世界，以消除思想上的压力和自卑感，宣泄和释放压抑的情感，从而达到排除心理困扰和排解不良情绪的目的。第二，角色扮演可以促进学生对他人的理解。让学生学会站在别人的角度上考虑问题，消除与他人之间的误会和不必要的猜疑，有利于学生摆脱自我中心，全面认识和理解他人。第三，角色扮演可以使学生获得创造性的生活。在角色扮演过程中，学生可以创造性地扮演理想中的自己，他们不仅在心理发展上得到了提高，而且可以根据自己的需要，能动地适应环境，创造性地生活。第四，角色扮演是即兴表演，可以增强学生对环境的适应能力和随机应变能力，帮助学生克服羞怯和自卑心理，培养学生的交往能力，提高其生活质量。

（5）心理自述

心理自述是指让学生自由地表述自己心理状况，即自己述说事情的经过和感受的一种形式。这既是情绪宣泄的合理方法，也是引导学生深入思考有关问题的方法，它可以激发学生运用心理学的相关内容认识自己，分析自己的兴趣。一般情况下，学生喜欢把喜悦与人同享，忧愁与人分担。活动一般以学生自愿为原则，讲述自己对事件的感受、自己的某次经历、自己成长的过程、自己的家庭、自己的朋友等。低年级学生还可以通过“自画像”的方式，让大家认识自己。学生用自述使大家被其情绪感染，产生情感共鸣，有利于辅导获得良好效果。这种形式可以培养学生的语言表达能力，培养学生的自信、自我反省、自我认识的能力，锻炼学生的思维能力，促使学生克服害羞心理。心理自述是学生参与心理辅导活动的基本方式，所以活动课要求每位学生通过自述认识自己、了解别人。在具体运用的过程中，教师固然要善于引导学生表达自己的内心，但也应注意尊重学生的人格，不强制，不触及学生的个人隐私。

心理自述还可以从课内延伸到课外。这种方式尤其适合小学高年级以上的学生。对有些话题而言，如果仅靠课内的讨论和交流，由于时间、空间的限制，有的学生会觉得言犹未尽，有的学生则觉得回味无穷。这时教师就可以及时将课内的讨论思考延伸到课外，让学生将未来得及讲完的感受、思考，或深层次的启发和领悟，写在特定的本子上，并给本子起一个自己喜欢的名字，如有的学生将其命名为“内心独白”“心灵轨迹”“心底语音”“心声回想”“回音壁”等等。这也是心理自述，不同的是，它是通过笔来述说的，可以弥补课堂时间、空间不足的缺陷。至于该本子是否要交给教师，可让学生自己决定，愿意交给教师的话，教师可运用该阵地与学生进行坦率真诚的书面交流和沟通，这种交流方式深受学生的欢迎。

（6）说明讲解

说明讲解是教学中经常会用到的方法。它是教师运用口头语言，或借助其他手段（如漫画、图片、照片、音乐），通过生动有趣、内涵丰富的讲解和演示、暗示来启迪和指导学生，以影响学生的认知和行为的一种教学方法。说明讲解既可以是教师的口头讲解，也可以采用多媒体的教学手段；既可以是简短的说明，也可以是系统的理论传授。值得注意的是，说明讲解不能简单地理解为教师发出信息、学生接受信息，教师讲、学生听，而应当是在讲解过程中，重视师生之间思想、情感的交流，因此，互动就显得尤其重要。教师可以根据学生的需求、专题的需要和学生的年龄特点，适当地采用一些说明讲解的方法，尤其是对高中的学生，有时还需要对学生参与的活动和游戏作一些深入浅出的理论讲授、辨析，分析一些心理现象，讲解心理实验，帮助学生理解和接受，提高他们的认知水平。当然，心理健康教育课程教学的说明讲解，必须依据事实，善于归纳学生的内心世界，帮助学生分析自己、认识自己，从而完善自己。

类似于说明讲解方法的还有阅读与讲故事。教师可以向学生推荐有针对性的读物，让他们在阅读中交流想法，讨论不同观点，既可益智、怡情，又有助于学生态度的改变与人格的发展，是一种轻松学习、深切领会的教学方式。同时，利用儿童青少年喜欢听故事的心理特点，教师可以讲述一些有趣而又有内涵的故事，让学生从中受益。

3. 教学结束的表达

心理健康教育课的结束通常不必如学科教学那样，对所讲所学的知识进行归纳与总结，但它也要有一个结束的表达。一般表达的内容包含以下方面：

（1）回顾与反省

师生共同回顾刚才进行的讨论和活动，引出最有感受的部分，并提出自己的看法和建议，可以是每人用一句话表达自己最被触动的内容，或以小组为单位，讲述大家共同的心声；也可检讨一下刚才活动的过程中有什么需要改进的地方。这不但可以培养学生的责任感，而且可以加强学生对心理课的参与感，提高学习的积极性。

请看一位教师在一节高一的题为“我的声明书”的心理课后所作的结束语。教师在学生分享该课的感触后，借助学生的收获，进行了回顾和归纳：“今天这堂课的活动到这里暂时告一段落。在今天，我们了解了自己的时间管理状态，我们也感受到了时间的一种紧迫感，同时我们探索了一下自己的价值观和人生观，然后我们又了解了时间管理的原则。最后，我们完成了个人的声明书。我们每个人都十分有感触，可能你的感触就如×××同学那样有个性，可能你也像×××同学那样感受到要珍惜时间，也可能你像……我希望每个同学都将这份感触带回去，带到你的日常生活中，感受时间的紧迫和管理的重要。”

（2）计划与展望

教师可引导学生对自己在课后（或今后）进行规划和展望，激发其改变和实践的积极性，也可以让学生对以后的课程内容和方法提出希望和建议。这样做，有助于促进学生对学习的个人意义的发现，让学生在一定程度上参与选择有关的学习活动内容，更体现了心理健康教育的“以人为本”的基本指导思想。

生活是多彩的，表情是丰富的。一堂小学一年级的心理课，主题是“有趣的表情”，老师的结束语是这样的：“愿每一个小朋友学着去观察身边人的表情，希望大家每一天都能拥有微笑，用自己的微笑给周围的人带来快乐。”

又如一节初中的题为“赞美行”的心理课，结束语很简单，就两句话：“每天多一份赞美，生活多一份美丽”。这样的结束语，不管是长还是短，都能激发学生改变和实践的积极性。

（3）祝福与激励

师生之间、生生之间，可以自制一些小卡片、小礼物互相赠送，也可以互相讲一些祝福语等以资鼓励。

这些都是为了巩固教学效果,给学生留下美好回忆;也是为了启发学生思考与发现,促进其健康成长。在进行教学结束语时,教师可以运用提问式、期盼式、阅读式(发放一些阅读资料给学生)、活动式、强化式、点题式、暗示式和归纳式等方法进行。

请看一位教师的结束语。这是一节高一的题为"生命的色彩"的心理课,教师通过激励与祝福来结束课程:"愿每一个同学,都在自己的性格里放上一些优雅的紫色、深沉的蓝色、稳重的绿色、朝气蓬勃的青色、明快的黄色、开朗的橙色,最后再来一些奔放的红色,那么,这样的你会发现高中三年的生活将不再那么枯燥乏味,脚下的路将会变得十分的绚丽,生命将更加灿烂。"

此外,教师在主题展开过程中,还要注意一些问题,如情景的构建、环境的布置、时间的把握、主题的渐进,对学生的欣赏、平等、公正,以及善于观察、适当参与和表现幽默等。

一般来说,一节心理健康教育课,单用一种方法进行是极少的,通常要综合运用多种方法进行教学和引导。这是由学生心理现象的多变性、辅导方法的多样性、心理活动的差异性、学生参与的兴趣性决定的。综合法不是一种简单的组合,不是形而上学的搬用,而是要求老师根据学生的年龄特点和心理发展的规律,根据辅导内容的内涵和需要,根据不同班级学生特点和班风的不同,有目标、有计划的进行合理的选择和组合,以提高辅导活动课的实效。

需要说明的是,在心理健康教育课上究竟选用哪些方法为佳,要综合考虑各方面的因素,如活动专题的内容、学生的年龄特点、学校和班级的条件、时间场所的许可等。如小学生对游戏、讲故事等较感兴趣;初中生对辩论、竞赛、角色扮演等较感兴趣;高中生对自我测试、理性分析、讨论等较感兴趣。在选择方法时,应当考虑以上种种因素,尤其是根据学生的年龄、心理特征而灵活运用。[3]

二、心理健康教育课要掌握的重要技巧

心理健康教育课的教学过程中,在学生积极参与活动时,教师要尽可能给予鼓励式的评价。教师要注意观察、及时引导、善于欣赏、表达认可,让课堂形成一个开放、欢快、接纳和尊重的氛围。

心理健康教育课活动后,要让学生充分表达感受与尽情分享,教师的引导是至关重要的,心理课的互动性和开放性特点要在此得到充分的体现,心理课的"参与、体验、分享、感悟、自助、发展"的境界也要在此得到切实的贯彻。对教师来说,重点和关键是掌握发问和反馈的技巧。

(一)提问的要求与技巧

一般来说,心理健康教育课在如下各种情况之后需要教师的提问:导入主题、创设情景、游戏活动、角色扮演、引导学生讨论或思考、出现"冷场"的时候、教学结束后的归纳与延伸等。

教师的提问在心理健康教育课中的作用很重要,教师不能为了提问而提问,而应围绕教

学目标来提问。提什么问题、如何提问,没有固定的模式,但有基本的原则和要求。老师的提问,要能引发学生的思考和讨论,而且,只有学生愿意思考和愿意探讨的问题,才能提高教学目标的达标度。因此,教师的提问要注意以下要求:

1. 重在情感(而不是重在认知),慎用"为什么"

教师提问的着眼点在于引导学生感受心理变化,表达情绪、情感,并充分考虑和尊重学生的感受,避免伤害和触及隐私。心理课要"让学生向你倾诉衷肠","明白感受要比明白真相更重要",这就要求教师在提问时慎用甚至不用"为什么",因为我们知道,当教师提出"为什么"后,学生的回答就不再在情绪、情感上,而转向了认知和讲大道理了。

2. 有针对性,有一定的深度

问题涉及的内容应该符合"最近发展区"的要求。苏联心理学家维果茨基结合教学活动提出了"最近发展区"的概念。他认为,为了使教学能真正促进学生的发展,至少应该确定儿童两种发展水平:一种是已经达到的发展水平,表现为儿童能够独立解决智力任务;另一种是儿童可能完成的发展水平,表现为"儿童还不能独立地解决任务,但在成人的帮助下,在集体活动中,通过摹仿,能够解决这些任务"。在这两个水平之间的区域就是"最近发展区"。维果茨基认为,教学提出的任务要求只有落在"最近发展区"内,才能有效地推动人的发展。[6]也就是说,教师提出的问题不是学生一下子就能回答的,但又是经过思考讨论以后能够回答的,这就是"最近发展区"的问题。要避免或尽可能少问"好不好""要不要""有没有"之类的简单、封闭式问题;同时也要注意,提问要符合学生的基础,充分考虑学生的感受程度、接受程度与认知水平;提问内容要来自学生生活中的体验、感受或困惑。

3. 内容具体、明确、有效

提问的内容要避免空洞说教,一般可选择开放式的提问方法,并且可在问题的前面加上一定的范围,如"通过这个活动,你想到了什么"和"这个活动,对我们与父母的沟通技巧方面有何启示"这两个问题,后者就比前者要来得具体。表面上看起来,这给同学们的感悟加上了限制,但实际上是给了他们引导,使他们找到了方向,又让这种感受分享促进了教学目标的实现。提问要有效,是指所提的问题应该是学生看到、听到或能悟到的,是能够引起他们兴趣的。比如,围绕"面对异性交往中的困惑……"的专题,老师要事先对同学们的困惑进行收集和整理,总结出几个颇具代表性的问题,如"高中生不谈恋爱是不是落伍?""我觉得我喜欢上了一位女生,我是否要向她表白?"这些学生关心和困惑的问题,才可以引起他们的共鸣,使他们更积极地参与讨论,这样的提问才是有效的。

4. 注意语言的言简意赅,语气的亲切婉转

心理健康教育课的引导更多是通过提问和归纳来完成的,教师提问的语言不要啰嗦,不要"兜圈子",一般情况下,要尽可能做到"直截了当""一针见血"(有时也可有例外),让人"恍然大悟",而要做到这些,不仅要求教师有精深的专业知识,还要求教师有深厚的语言功底和严谨、敏锐的思维能力,需要教师学习、再学习和实践、再实践。提问的时候,要让学生感受到教师对他们的信任和期待,感受到教师对他们的关爱和理解,这就需要教师特别注意自己讲话的神态、语气、表情和肢体语言。

5. 尊重学生的感受

教师要用尊重、平等、理解的心态来营造心理课的氛围,进而强化师生之间的尊重、平等和理解，这将有助于学生的心理健康和教学目标的良好实现。心理课上，学生的发言以自愿为主，老师的提问也不是传统教学中要求学生回答、有是非对错的提问，而是为了提出话题，引发学生自由讨论的提问。所以，提问要充分考虑学生的感受，能带给学生平等交流的感觉。教师的提问不要有对立性，更不要居高临下、咄咄逼人，避免让学生感到有压力而难以回答，或不愿回答。请看如下的提问：

"你认为是否有必要向他人表达你对他的欣赏，即赞美他人？"

"为什么？"

当同学站起来回答了第一个问题之后，又紧接着追问为什么，这第二个问题就有了一些强加的意味，也很可能让学生因为感到意外而不快。有些同学就会回答："没有理由。"这样既无法达到提问的目的，又破坏了课堂的氛围。所以，在课堂上，要注意把这种先问"是否"，再问"为什么"的问法转变为"你对……怎么看""……是这样吗"的提问，从而让学生感到教师对他的尊重，并能引导学生充分发表自己的见解。

6. 根据班级、学生的情况而选择不同的方式

不同的班级有不同的班风，不同的学生有不同的性格，比如有的班级气氛活跃，很容易引起讨论，那么可以直接给他们一些开放性的问题，让他们自由发言、讨论；而有的班级比较沉闷，就可以先用封闭式的问题，让同学选择，然后再找到同学之间观念上的分歧，"刺激"他们展开讨论或者辩论。比如在讨论高中学生的性格色彩时，可以先问学生"你觉得高中生暖色调的热情性格和冷色调的沉稳性格哪个更好呢？"而后请有不同看法的学生分组，讨论后双方分别阐述理由，引起争议与思考。

心理课上提问的技巧还有很多，许多技巧与其他学科有共通之处，无法归纳周全，但要提醒的是，心理课的主要目的是促进学生的心理健康、人格健全，所以，要注意提问面的广泛性，给予每一个学生，尤其是较内向的、不善言谈的学生更多的鼓励、认可和机会，使他们在参与中完善自我。

（二）反馈的要点与方法

一般来说，心理健康教育课有如下各种情况的反馈：学生分享交流后，游戏活动之间的连接，"突发情况"的应对，教学结束的回顾与归纳等。

教师的反馈同样也在心理健康教育课中有重要的作用。反馈就像一面镜子，可以清楚、真实地把学生的情感和想法反映出来。这面镜子也给学生提供了自觉、自动修改自己意见、观点的机会。因而，教师的反馈要注意以下要求：

1. 注意及时效应

教师要及时、正确地把握学生所表达的内容和情感，并将其反馈给学生，使学生知道教师和同学是关注他、接纳他、理解他的；同时，也让学生能更好地了解和澄清自己的思想。

2. 用询问、征求意见的语气

反馈是一种认可，更是一种引导。通过教师询问式的反馈，让学生可以进一步去思考、去分析、去比较、去判断、去选择。如，在学生交流分享了自己的感受后，教师可以问"×××，你是说……对不对啊"，也可以请另一个同学来概括前一个同学的想法，等等。

3. 适度的“明朗化”与“面质”

“明朗化”是指教师的反馈，除了反馈学生所说的话或者表明的情感外，有时还需要进一步将学生想要说而没说清楚的情感和领悟“明朗化”，也就是说，教师要把学生模糊隐含、未能明确表达的情感和想法充分地表达出来，以帮助学生了解自己，增进同学们之间的理解和沟通，有助于师生之间的情感沟通和融洽。

“面质”是指教师帮助学生觉察自己的感觉、态度、观念和行为上不一致或欠缺协调的地方，促使其自我思考、分析、判断，勇敢面对现实。有时学生会回避自己的真实想法和情感，或逃避自我应负的责任，或为自己的不当行为寻找各种借口，在这种情况下，教师有必要面质学生。当然，在面质时，教师要注意语言和语调，要建立在对学生理解、尊重和接纳的基础上，既要肯定学生已有的思考和想法，又要用平等、商量的口吻来点出学生不愿面对的现实和问题，切忌以居高临下的姿态、自上而下的语气去指责或批评学生。教师可以用假设的态度、缓和而有弹性的语气来提问，如：“事情会不会是这样的，你(你们)想成为……但并不一定都能梦想成真?”“刚才，你们(或×××同学)已经说出了自己的想法，可是，老师似乎觉得还缺少点什么，能否对……大家再深入思考一下，再想一想，再议一议，你们一定会有新的想法和认识。”

4. 适当运用教师的“自我表露”

学生在交流分享过程中，有些感受与领悟可能与教师自身的经历有相似之处，但学生的思考又不够深入，比较肤浅，教师可以用反馈的方式向学生分享自己的亲身经历与感悟。这体现了师生之间真诚平等的交流，更可以启发学生深层次的思考和领悟。教师运用“自我表露”时，要做到确有其事，不要虚假编造；要适当、适度，不要喧宾夺主。

5. 运用连接的方法

连接方法犹如以线穿珠，即在教学过程中，教师要把零碎的资料、素材，通过连接、归纳、总结等方式，形成较为完整的资料进行反馈，以帮助学生获得完整而系统的经验。另外，在活动或游戏之间也要注意自然的衔接和引导，以便于学生感悟。在学生思考问题前后，教师可以用诸如“你是说×××”“你觉得×××”“你相信×××”等话语，引导学生思考并充分表达其情感和想法，以促进团体的分享和沟通。教师的作用是促进讨论和对讨论活动进行调节和深入，保证讨论不离题、不冷场。教师可用如下的语言和方法来引导学生深入讨论：“让我们看看，我们正在讨论的……对于×××同学刚才提到的想法，你的看法如何呢?”“我看到有些同学似乎有不同的看法，能与大家说一说吗?”“我觉得，这个观点只看到了问题的一个方面，谁想到了另一个方面?”通过这些语言，力求激发学生的思考活动，并使其充分表达自己的思想情感，以促进团体内开放性的沟通。

6. 注意教师情感投入的“三情”：真情、激情、“煽情”

心理课非常注重师生之间的心灵沟通和情感交流，非常强调师生之间的真情表露和浓浓分享，这些都集中在一个“真”字和一个“情”字上。因而，对于教师来讲，特别要注意真实情感的投入，教师要有真情，而不要虚假；要有激情，而不要冷漠；要善于“煽情”，而不要无动于衷。而这些，就要体现在教师对学生的反馈之中，只有这样，心理健康教育课才有感染力、吸引力，才会真正受到学生的欢迎和喜爱。

（三）引导、分享、反馈的三步曲

综合以上所说的提问与反馈，在心理健康教育课的教学过程中，要注意把握好以下引导、分享与反馈的三步曲，也就是说，在具体引导学生思考、讨论、分享的过程中，教师的发问和反馈可分成如下三步进行：

1. 发生了什么

游戏活动过程中团体成员的互动情况，目标是怎么达到的，任务是怎么完成的等等。

2. 所以怎么样

从刚才的游戏或活动中，从团队整体中发现了什么，学习、领悟到了什么等等。

3. 现在又怎么样

回想所习得的、所感受的，与实际生活有无联系、帮助和启发，如何运用等等。

教师在进行提问和表达反馈的过程中，应善于引导学生投入角色、投入活动之中，积极参与讨论。同时教师要注意调整自己的身份（通常是扮演一个较为次要的角色）；注意自己的站位或坐位（教师要融入到学生当中，面向全体学生，与他们"平起平坐"）；注意自己的语言、语调，有亲和力、亲切感，用商量、尊重、接纳的语言来引导学生。

请看一节初一年级的题为"I Believe I Can"的心理课，教师在引导学生完成"色团的秘密"游戏之后，引导学生分享与思考的提问：

① 你对自己闭着眼睛作画有信心吗？

② 你觉得这些画有用吗？

③ 你认为这些信息的传递、帮助判断的色彩是否有价值？

④ 它的价值就只有这些吗？

⑤ 再看看自己的画，满意吗？如果下次再请你作画，你有信心吗？

⑥ 你是怎么发现"色团"中的图形的？发现后心情如何？

⑦ 如果你开始或中间就认为"不可能"而放弃了，还能发现这么多秘密吗？

⑧ 你曾经让自己惊叹过吗？说说你曾经做过的让自己惊喜的事情。

教师的提问由浅入深，层层递进，既让学生回顾自己在游戏活动过程中的情况，又引出其进一步的思考，并为引出下一个环节作了准备。

三、心理健康教育课优化教学策略的建议

总结20年的实践经验，我们认为，要上好心理健康教育课，老师需明白自己不是道德、价值观的灌输者，而是引导者；不是让学生接受一些观念，而是引导学生参与一个过程，在过程中学会分析、判断和选择；要注重学生的参与意识和情感体验，要观察学生的观念和行为，走进学生心里去。

具体实施操作时，要特别注意把握以下几个方面。

（一）要重视宽松和谐的课堂氛围的营造

成长中的学生渴望得到他人的理解和尊重。心理课能否真正做到师生、生生间的真情

流露、心灵交融,有赖于一种彼此信任、宽松、和谐的课堂氛围。而体现这种和谐关系的核心是教师自身的人格特质——真诚、关注、共情。教师要以自己的人格魅力去影响学生,让成长中逐渐成熟的学生有一种安全感,可以从容地开放自己,让每一个学生都有话说,每一个学生都想说话,从而在平等、互相尊重的关系的前提下,在讨论沟通的形式中,真正落实学生的自我探索和自助发展。

(二)要让每一个学生充分"动"起来

心理健康教育课的"命根子"在于"动"。活动是构成辅导的基本环节,要以学生的活动构成辅导过程的基本环节,精心设计好活动形式是辅导成功的关键。心理课要让每一个学生都"动"起来,其一,是强调全员参与各种活动,如游戏、角色扮演、情景体验等。只有"动",才能打破课堂环境中长期以来存在的"知识本位""教师中心""灌输为主"的固有模式,有效地调动学生的主体参与性,让他们更好地敞开自我的内心世界;只有"动",才能在教师提供的模拟生活场景、动态生活经验中,帮助学生体谅当事人的情感,澄清问题的实质性情境,发现解决问题的办法,促进青少年的成长和提高。其二,是注重团体内部的交流互动。互动分享,可以满足学生交往、喜群的心理需求,使其产生归属感和安全感;可以让学生深化对自己的认识,客观评价自己;可以协调学生之间各自的行为,使其保持良好的人际关系。每个学生认知的矫正或重建、情感的体验或迁移、行为方式的改变或强化,都依赖于生生间的交流和互动。

(三)要重视现场生成

教师要有现场生成的辅导意识和准确捕捉辅导素材的能力。以学生为主体的心理课,学生内在的潜力会被极大地激发,老师有一定机敏性的话,就会在整个活动过程中发现源源不断、丰富而生动的辅导资源。实践表明,在心理课中,真正能够震撼学生心灵、引导学生深入思考、激发学生强烈的情感体验、进一步发掘辅导主题内涵的辅导素材,往往不是教师事先预设的,而是在辅导活动的现场即时生成的。真正具有生命活力和生活气息的辅导资源,最生动、最感人、最富有教育启示意义的素材,往往来自于团体互助及全班反馈的过程中,存在于辅导现场和辅导过程之中。当这种难得的辅导素材突然在班级团体活动中闪现时,教师必须紧紧抓住,随机应变,调整原有的活动方案。此时教师要注意的问题是,如何把学生引导到自己的辅导目标上,是硬要按照预设的路子牵着学生的鼻子走,还是根据课堂生成的情况,顺其所思,予其所需,教师要善于根据学生的情况,改变自己原先设计好的方案,顺着现场生成的辅导素材,把学生的话题引向深入。学生有许多想法需要倾诉,有许多委屈需要宣泄,有许多思考需要表述,教师要敏锐察觉到这一点,及时改变原来的思路,让学生互相诉说自己的感受、收获或困惑,让大家都参与进去,以加深每一个学生的体验,再适时抛出预设的问题,学生会自然而然地去思考,一堂课的目标也就水到渠成了。要做到这一点,教师要做到全神贯注倾听学生,善于觉察学生的"弦外之音"和"话中之话",挖掘学生发言中有价值的内容;还要注意,不要急于给出现成的结论,要尽可能将解决问题的自主权交给学生,因为学生具有解决自身问题的潜能。

（四）要把握操作的“三要四重”

1. 注意“三要”

根据学生的年龄和心理特点，总结多年来众多教师执教心理辅导活动课的经验和教训，我们认为，要提高心理课的实效，首先要注意“三要”：

（1）目标的确定要清晰、具体

教学目标是一堂课的灵魂和核心，要适应时代需要，符合学生的年龄特点和实际状况。制定目标要做到切入口小，这样才会具体，才能在短短的一节课中得以贯彻和达成。目标要少而实，如过多过空，会导致“赶任务、走过场”，更会形成无中心、无主题的情况。

（2）内容的选择要适宜、贴切

依据教学目标选择相应内容，求精勿滥，体现适应性、针对性、即时性和有效性，要贴近学生的生活，亲近学生的心灵，让其产生亲切感、兴趣感，从而让学生思维活跃、讨论热烈，提高辅导实效。

（3）教学的形式要适合、多样

形式并不是越新颖越好、越离奇越好、越“花”越好，同样要注意符合学生的年龄心理特点，吻合学生的需求和喜好。教师可采用生动活泼、富有情趣的游戏、竞赛、角色扮演等活动为主要手段，强调全员性参与和体验性学习，注意动静相宜，把握好节奏和形式的变化，以避免学生因单调而感到乏味。

2. 注意“四重”

心理辅导活动课的操作还要注意“四重”。

（1）重感受，不重教导

学生正在从幼稚走向成熟，他们的认知结构、情感体验、行为方式在不断进行调整、重组、统合，这个过程是一个主动的过程，而不是单纯依靠外力实现“塑造”“教育”的过程。因而心理辅导的过程不是说教，不是教导，不是灌输；而是情感的体验，心灵的碰撞，让学生在体验感受的过程中，审视自己的内心，反思自我的成长。教师要根据本地本校学生的实际情况与需求，利用学校现有的场地，从发生在学生身边，或学生曾经有过的亲身经历着手选材，设计活动，创设情境，让学生在真切的生活体验中，受到视觉、感觉的冲击，引发深层的思考和提升。教师不对学生作强制性的说理和武断性的要求，而是要抓住契机，注意分寸，及时提出一些有内涵的问题，引发学生思考，而不是直接告诉学生“应该怎么样”或“不应该怎么样”，力求做到“随风潜入夜，润物细无声”。

（2）重分享交流，不重书面活动

心理健康教育课通过师生、生生之间的互动、分享、碰撞，引起学生的分析、判断、选择和提供。老师要把重点放生生之间的交互作用上。团体的交流分享，可以帮助学生通过群体产生的影响力来调整自己的认知、态度、情感和行为，使学生得到相互的理解和支持，让学生宣泄压抑，重塑自我形象。分享交流是非常重要的教学手段，因而教师要善于引导学生提出问题、大胆分享自己的想法；善于回应学生的问题，尤其是课堂上生成性的资源和问题；要有教育的机敏性，反应敏捷，善于临场应变，以适应学生的需求，并作出及时的指导。当然，有时根据需要，采用适当的书面活动的形式也是必要的，但要注意不可用得太多。学生动笔过多,花时过长,会冲淡整个团体的氛围,影响活动过程的动态气氛。

(3)重讲真话,不重有无错话

老师要给学生提供一个安全、宽松的平台,创设讲真话和实话、不讲套话的氛围,让学生想说、能说、敢说,不必有太多的防卫和隐藏。教师只在乎学生讲真话,而不重学生有无错话。当然,讲真话时难免会讲出一些糊涂话或错话,教师要给学生以真心诚意的宽容和谅解,并通过引导学生讨论提升,让学生获得改变和成长。教师的多元包容,可给学生提供自我分析反思的空间,师生、生生之间的真情袒露、真诚相待,有利于辅导活动产生效果。

(4)重灵活应变,不重原定设计

在心理课上,教师面对的是一群充满活力和动感的学生,活动过程中,学生的心态和情感又是千变万化的,各种奇思妙想、生动有趣的生活经历,会在瞬间奔涌而出,学生会妙语连珠、才思横溢,整个教室会变得生机勃勃,充满智慧的挑战、童趣与青春的活力。活动的过程是轻松快乐的,学生的参与是主动积极的,讨论分享是投入热烈的,在此基础上,教师要灵活把握活动的发展势头,不可刻板地死守原定的活动设计,要注意随机引导,尤其是一些大多数学生都关注的问题,更要及时抓住,充分展开,甚至宁可舍弃原先的活动设计,也要让学生有充分的时间来讨论共性的问题。

第二节　心理健康教育课程评价

心理健康教育课如何评价,什么样的一堂课才称得上是好课,要强调的不是讲清楚知识点和理论知识,而是看学生是否感受强烈;不是要求学生正襟危坐,认真听讲,而是要求学生积极主动、喜悦参与;不是要评估学生掌握了多少道理,而是要看学生是否在原有基础上有所感触和思考。心理辅导课的目标与内容不是依据成人的意愿与教师的主观设想来选定的,而是要依据学生的实际情况与心理需要。心理健康教育课的开设不仅仅是为上级领导负责,更是对学生的健康成长负责。以上就是我们评价一堂课的出发点。

一、课程评价的范围和原则

心理健康教育课作为专门的课程,也有课程的评价问题。一般来说,对心理健康教育课程的评价要注意以下问题:

(一)评价目的

作为一门课程,就有一个根据教学目标来评价学生的活动情况和教师的教学效果的问题。但更重要的是,心理健康教育课不同于一般的学科教学,它的评价不是落足于教师知识点的传授和学生对知识的掌握,而是着重于学生心理素质的增强和教师教学水平的提高,这是它的独特之处。因而,心理健康教育课程评价的重点,是检查其课程教学能否达到目标及达到目标的程度有多大,即课程教学活动是否改善了学生的自我概念、是否增强了其自我教育和自我完善的意识与决心、是否提高了学生行动的积极性和自觉性，以及明确为了更好达到目标需要做些什么改进，改进则是为了更好地促进学生健康心理的发展等。

（二）评价范围

一般而言，心理健康教育课程评价大致可以分为对教学活动的评价和对学生活动的评价。对教学活动的评价以教师的教学指导思想和对心理健康教育课程的组织管理为主要内容；对学生活动的评价则以学生参与教学活动的态度和表现为主要内容。具体来说，对教学活动的评价可以包括：教师的教学指导思想与设计，教学目标的达成，教学内容的适切，教学方法的多样，教学组织的合理、顺畅和灵活，教学准备的充分和恰当，以及教师自身的能力和素养等。对学生活动的评价可以包括：学生对参与活动的态度，学生对教学活动的反应，学生情感和能力的表现等。

（三）评价原则

心理健康教育课程评价的原则，是指开展课程评价时所要遵循的基本要求。这些要求既反映了教育评价的一般规律，也体现了心理健康教育课程的特点。心理健康教育课程是以促进学生健全人格的发展为宗旨的，因此心理健康教育课程的评价要以人为中心，既要关注教师，更要关注学生。

心理健康教育课的评价原则主要有：

1. 客观性

评价要客观公正、科学合理，不能主观臆断、掺杂个人情感。

2. 过程性

心理健康教育课程的终极目标是提高学生的心理素质，培养学生的健全人格。而心理素质的提高不是一朝一夕的事，要经历一个较长的发展过程，因此，心理健康教育课程的评价不能追求“立竿见影”的效果，而要让学生在活动中去逐渐领悟，看重的是学生参与的过程，而不是仅仅关注其参与的结果，即“不以成败论英雄”，注重学生的主动投入、积极思维。

3. 发展性

评价应着重于教师教学理念的转变，教学水平的提高，学生精神面貌的振奋、心态的良好和对课程的兴趣性、参与度等情况。

4. 指导性

评价是为了不断提高教师执教心理健康教育课的水准，能更好为提高学生的心理健康水平服务，因此，评价要对教师专业化水平的提高有指导意义。

根据以上的目的和原则，心理健康教育课程评价主要是过程性的评价（或称形成性评价），也就是说是在过程进行中实施评价，要通过收集教师和学生两方面的信息，对照教学目标，检查效果。看目标的达成度，主要看学生参与活动的情况，学生对活动课的满意程度和兴趣，在活动课上学生的情感体验、心灵沟通、观念认同、情绪调节和心态把握的情况等等，通过对这些方面的评价，及时总结经验教训，为更好改进教学过程、提高教学质量服务。

二、课程评价的指标

心理健康教育课不追求活动结果与结论的一致性，也不追求活动情景的“一刀切”，因为“标准答案的唯一性”不符合该课程的特点与规律。心理健康教育课追求的是师生、生生之间人格上的平等、情感上的和谐、观点上的包容，这样才能创造出一种安全、和谐、民主的心理氛围，构建一个团体辅导必不可少的“心理场”，并对学生的人格发展起到积极的作用。正因为如此，一堂有效的心理健康教育课，应该体现的是教师的辅导理念基本正确、活动设计思路清晰、活动过程氛围和谐、辅导技巧运用得当、辅导目标基本达成。

具体来说，对一节心理健康教育课的评价，大体包含以下指标。

（一）教学目标的达成——目标要清晰、具体

教学目标是一堂课的灵魂和核心，一节成功的心理健康教育课必须有明确和清晰的目标，而且目标要适应时代需要，要符合学生的年龄特点和实际状况，要具体和有层次，切入口要小，并贯穿在整节课的全过程，这样才能在短短的45分钟中得以贯彻和达成。否则的话，目标过大过空，就会导致一节课无中心、无主题。

（二）教学内容的适切——内容要适宜、贴切

教学内容是为教学目标服务的，因而教学内容是要围绕教学目标而进行选择的。在选择教学内容时，要注意适应性、针对性、即时性和有效性。具体来说，适应性是指，选材要紧扣主题，有明显的时代特点，符合时代发展的要求；针对性是指，要适合学生的年龄、心理特点，并能为学生所理解和把握；即时性是指，要关注学生成长和发展过程中的需求和现象，选择学生当前迫切需要了解的内容和解决的问题；有效性是指，内容要贴近学生的生活，亲近学生的心灵，让学生有一种亲切感，有兴趣参与，并且因为与自己的生活实际密切相关，学生会思维活跃，讨论热烈，从而提高辅导实效。

（三）教学方法的实效——方法要适合、多样

教学方法应服从教学内容的需要，并为教学内容服务。教学方法的采用并不是越新颖越好，越离奇越好，越“花”越好，同样要注意符合学生的年龄和心理特点，吻合学生的需求和喜好。为了调动学生参与的热情和积极性，教师围绕教学目标，根据教学内容，可采纳生动活泼、富有情趣的活动为主要手段，强调全员参与性和体验性学习，体现生生之间的平等和谐，让学生在轻松、活跃中，在欢声笑语中获得体验和感悟，得到互助、自助和提高。一节心理课中，教学的方法和形式要有一定的变化，注意动静相宜和应用灵活，以免学生因单调而感到乏味，但也不是多多益善，而要根据主题的需要，把握好节奏和手段的变化；教学媒体的制作和选择要恰当，并为教学内容服务。

（四）教学效果的显现——效果要明显、即时

对一节心理健康教育课的当堂评价，重点要看学生参与的积极性和课堂的呈现情况，看学生表现出来的对教学的满意程度。首先，要看学生的关心度，即学生对本课讨论话题的关

注程度和责任感；其次，要看学生的参与度，即学生参与活动的情况，是否全员参与，是否摆脱了事不关己的旁观者角色，带着责任感或兴趣投入活动，并成为积极的行动者，若大多数学生是观众或听众，哪怕这节课的活动设计得再多、再新颖、再有趣，也不是一节成功的课；再次，看学生的进取度，即学生在活动中参与的热情、思维的活跃、兴趣的浓厚、气氛的融洽、真情的袒露、交流的坦诚等，都是评价当堂效果是否明显的指标。除此以外，还可评价一下学生在活动中表现出来的人际交往能力、语言与沟通能力、协调与合作能力，以及学生的自主能力与创新能力等。

当然，整堂课的活动过程氛围是否和谐、宽松、向上，是否有安全、接纳、温暖、尊重的团体气氛，是否建立了民主、平等、合作的关系，是否有广泛的生生、师生之间的互动也是教学效果显现的重要内容。

（五）教学能力的体现——素养、能力、机敏

上好心理健康教育课对教师的要求是很高的。共情、真诚、关注是心理教师应具备的人格特质。教师自身的素养、专业化水平、教学能力如何，在一节课中都会体现出来。评价过程中，首先，要看教师的备课及教学材料的准备是否充分，教师是否了解、熟悉学生；其次，要看教师的教态、辅导技巧是否得当，教师的语言和仪表是否恰到好处，教师能否公正、宽容、平等、有亲和力，教师是否尊重学生，能否取得学生的喜欢和信任；再次，看在组织教学的过程中，教师的思路是否清晰，条理是否清楚，教学环节的连接是否自然流畅，教学过程的组织是否有序灵活，教师是否具有相当的机敏性和应变性，是否有较强的驾驭课堂的能力等。

在具体评价一节课的时候，不但要参考以上五方面的因素，还要考虑它们各自的权重因素才比较合理。以下是将心理健康教育课评价指标与各自权重因素相结合的评价表。

心理健康教育课评价表

学校＿＿＿＿＿＿＿＿　　　　班　　级＿＿＿＿＿＿＿＿

专题＿＿＿＿＿＿＿＿　　　　执教教师＿＿＿＿＿＿＿＿

评价项目	评价要素及要求	评价等第及分值				评价要素总分（满分 20 分）
		A	B	C	D	
目标	目的确切　符合实际 立意具体　贯穿全程	5	4	3	2	
内容	选材适宜　紧扣主题 贴近生活　亲近学生	4	3	2	1	
方法	生动活泼　形式多样 富有情趣　节奏适度	3	2	1	0	
效果	全员参与　真情表露 坦率交流　浓浓分享	5	4	3	2	
能力	教态自然　语言贴切 思路清晰　应变灵活	3	2	1	0	

（续表）

<table>
<tr><td rowspan="2">评价项目</td><td rowspan="2">评价要素及要求</td><td colspan="4">评价等第及分值</td><td colspan="2" rowspan="2">评价要素总分（满分 20 分）</td></tr>
<tr><td>A</td><td>B</td><td>C</td><td>D</td></tr>
<tr><td rowspan="2">总体评价</td><td colspan="5" rowspan="2"></td><td>特色分</td><td>总评分</td></tr>
<tr><td></td><td></td></tr>
</table>

注：1. B、C、D 三项均可有加半分的打法；

2. 确有特色的可另加 1~2 分；

3. “总评分”为“评价要素总分”与“特色分”之和。

评价人__________

年　　月　　日

这样一个形成性的评价工具，注重的是从整体上对一节心理健康教育课的过程性评价，它适用于以班级为单位的心理健康教育课结束后的现场评价和各种意见的即时性交流。虽然它有量化评价的权重设置和计分方法，但最后的结论不一定由评价总分决定，因为仅凭一分或半分之差就判定其为“优秀”或“良好”，甚至于“合格”或“不合格”，有点过于绝对化。量化的计分只是为了帮助评价者形象地把握某一评价维度的实施差异，以便教师能从中反思经验和教训，而不是为了设置一个“泾渭分明”的优劣界限。评价标准是心理健康教育课的指挥棒，但死板、过分统一的评价标准会导致心理健康教育课形式的单一和刻板，从而使团体辅导活动缺乏其应有的生命力。

三、课程评价要注意的问题

心理健康教育课程的评价方法，除了正确运用相关的评价表格和评量工具，以保证评价过程和评价结论的真实可信之外，在具体操作中要注意以下几方面的问题。

（一）不论成败，只讲得失

心理健康教育课的评价对于上课的教师来说，是非常重要、非常敏感的，也是被教师极其看重的一件事情。评价的结果会直接影响到教师的工作情绪、成长环境和个人的专业发展，因此评价时要对具体问题作具体分析，而不是简单草率地对一次辅导课得出“成功”或“失败”的结论。评价教师要认真、全面地做好课堂的观察记录，对其中的重要环节或步骤、语言等进行记录和分析，认真倾听执教教师对自己的辅导设计和辅导过程的说明和反思，然后从团体辅导理论的高度，对整节课的“得失是非”作出分析、概括和提炼，这样才能让教师既看到自己的“成就”，也看到自己专业视野中的“盲区”，从而能较快促进教师的专业成长。

（二）多元互动，集思广益

心理健康教育课的形成性评价，一定要听取多方面人员的意见和想法，要发动各方力量共同参与，更要听取执教教师对评价意见作出的必要说明、解释和反馈，切忌“一言堂”“一刀切”式的单向评价与武断结论。一堂心理健康教育课的评价过程，也是一个探索研讨的过程，对执教与听课的教师来说，有无收获，重要的是取决于课后的研讨。深入的探讨，可以让所有教师不仅“知其然”，而且“知其所以然”，让大家都收益多多，有实质性的提高和成长。当然，要做到这一点，需要营造一个宽松、和谐、安全的氛围，抛掉功利心和功利标准，放平心态、敞开心扉、畅所欲言。

（三）突出重点，注重过程

心理健康教育课的评价不用面面俱到，要“抓大放小”，“突出重点”。对导向性的问题，活动设计与环节要评深评透；对引导达标的活动过程要分析探讨；当然，对学生认知与行为的改变不能急于求成，追求立竿见影，而要关注学生的参与体验过程，只要辅导过程是扎扎实实的，辅导的结果也会慢慢显现。

第三节　心理健康教育课程设置与教材编写

国家教育部《中小学心理健康教育指导纲要(2012 年修订)》指出：“各种有关心理健康教育的教育材料的编写、审查和选用要根据本指导纲要的统一要求进行。”教材编写的依据是《纲要》，教材内容的决定和选择都要依据《纲要》的精神来进行。

一、心理健康教育课程设置

《纲要》指出：“学校应将心理健康教育始终贯穿于教育教学全过程。全体教师都应自觉地在各学科教学中遵循心理健康教育的规律，将适合学生特点的心理健康教育内容有机渗透到日常教育教学活动中。要注重发挥教师人格魅力和为人师表的作用，建立起民主、平等、相互尊重的师生关系。要将心理健康教育与班主任工作、班团队活动、校园文体活动、社会实践活动等有机结合，充分利用网络等现代信息技术手段，多种途径开展心理健康教育。”

心理健康教育课程是实现教育目标、完成教育内容的重要渠道。课程设置是课程实施的组织保证。根据目前我国中小学的实际情况，心理健康教育课程的设置大致有如下三种形式。

（一）心理辅导活动课

这是由心理健康教育专(兼)职教师执教的专门的心理健康教育课的形式。心理辅导教师是学校心理健康教育的核心力量，心理辅导课是学校实施心理健康教育的主要渠道。学校可以以班级为基本单位，以选修课、活动课的形式安排心理健康教育辅导课进入教学计划，将其纳入课表，具体课时和年级安排则可根据各地区、各学校的具体情况决定并调整。一般来说，学校可根据学生的年龄特点和成长的关键期，在相关的年级开设心理健康教育课，如小学低年级阶段、小学中高年级阶段、初中阶段和高中阶段；具体课时可安排每一周或每两周一节。尤其是心理健康教育刚起步的学校，可以此为切入口，对学生进行心理健康常识的普及，帮助学生掌握一般的心理健康知识，培养良好的心理素质。

（二）心理健康教育主题班会

开设以心理健康教育为主题的班会课，是由班主任不定期参与心理健康教育的形式。班主任是学校心理健康教育的主力军，因为班主任具有得天独厚的优势。班主任天天与学生“跌打滚爬”在一起，熟悉学生的秉性特点，了解学生的细微变化，知晓学生的喜怒哀乐，他们可以弥补专职心理教师对学生不够熟悉和了解不足的缺陷。我们在实践中发现，专职心理老师虽然有扎实理论功底的优势，但也有很大的缺陷或“致命伤”，这就是对全体学生了解不深入、不熟悉。有的学校，一个心理专职教师要上一个或两个年级的心理健康教育课，面对十几个班级的五六百个学生（有的甚至更多），每周一个班级就一节课，他们常常会因不熟悉学生而导致教学缺少针对性、实效性，甚至出现了因执教的班级过多而“疲于奔命”的弊端，无法从学生的实际和需要出发来选择专题和设计活动，仅仅完成“任务”而已，甚至出现了备一节课在十个班级重复“放”的现象。机动开设心理健康教育主题班会可以发挥班主任的优势，弥补以上的不足。当然，班主任缺少心理辅导的理论功底和技巧，但这不是“致命伤”，而是可以通过培训学习来提高的。班主任要加强心理健康教育理论、方法和技巧的学习，要提高自身心理健康水准，要了解学生的心理特点和需求，要学习心理辅导的艺术。可以利用班会课的时间，根据学生成长过程中的需要和班级的热点问题不定期地开设心理健康教育主题班会，每学期可开设 2～4 节。实践证明，班主任的心理健康教育主题班会深受学生欢迎，且常常可收到意想不到的效果。

（三）学科融合

这是学科教师在其学科教学过程中，融合心理学的理念和技巧，对学生进行隐性心理健康教育的形式，是心理健康教育理念在学科教学中渗透的形式。

如果说，列入学校课表的心理健康教育课是学校心理健康教育的主渠道，它发挥了“主导性”的功能，那么有意识地渗透了心理辅导的各科教学，就是学校心理健康教育的副渠道，发挥了“濡染性”功能。在西方课程发展进程中，许多学者都致力于“课程心理化”的研究，亦即要把“心理的目标”渗透到课程之中，从而促进学生心理品质的发展。美国学者杜威认为，一个教师如果“考虑的不限于教材本身，他是把教材作为在全部的生长的经验中的相关因素来考虑，这样看来，就是使教材心理化。”[9]因为，从教育时空层面来说，各科的课堂教学是学生和教师占据时空最多的场所，学生知识的获得、技能的掌握、智能的培养、心理的发展（甚至学生所受的心理伤害和压抑），绝大部分都是在这一特定的时空中完成的。如果忽略了这一时空，就等于放弃了学校心理健康教育最主要的场所。

从教育资源层面来说，各科教学本身就包含了非常丰富的心理辅导资源，无论是工具课、人文课，还是自然课、技能课，都有许多显性或隐性的心理辅导内容可供利用。从教育队伍层面来说，学科渗透的心理辅导结合形式，能让更多的教师参与心理健康教育，有利于在学校中营造促进学生心理健康的环境氛围。学校的心理健康教育工作如果仅让心理教师去做，必定孤掌难鸣、势单力薄、难以奏效，而学科渗透是一种全员性策略，教师的职责是教书育人，育人的一项重要内容是育心，因此每一个教师都应该是心理健康教育的参与者。

从教师自身层面来说，学科渗透会促使更多的教师学习心理辅导理论，提高自身的理论素养和教学能力，学会研究学生的心理特点，既培养学生的认知因素，更发展学生的非认知因素，开发学生的学习潜能。苏联教育家赞可夫组织的“教学与发展”实验研究表明，通过各科课程教学能促进学生的“一般发展”。这里的“一般发展”实质就是心理发展。赞可夫指出：“在传统教学条件下，学生的心理发展远不是已到极限，还可能有高得多的发展，有可以视为最理想的一般发展，已经建立的新教学论体系能够达到这个目标。”赞可夫的研究已经蕴含了在课堂教学中渗透心理健康教育的思想，更说明了这种形式不仅是必要的，也是可行的。[3]

二、心理健康教育课程教材的编写

（一）教材编写依据

1. 教材的编写要以《纲要》为主要依据

《纲要》不仅提出了学校心理健康教育的总体目标，还提出了心理健康教育的具体目标，即“使学生学会学习和生活，正确认识自我，提高自主自助和自我教育能力，增强调控情绪、承受挫折、适应环境的能力，培养学生健全的人格和良好的个性心理品质；对有心理困扰或心理问题的学生，进行科学有效的心理辅导，及时给予必要的危机干预，提高其心理健康水平”。根据以上目标，心理健康教育主要内容包括：普及心理健康知识，树立心理健康意识，了解心理调节方法，认识心理异常现象，掌握心理保健常识和技能。其重点是辅导学生在认识悦纳自己和他人，调适控制自己和承受困难挫折，以及学会学习、学会交往、学会适应和升学择业等方面，于自己的原有基础上有提高和发展。心理健康教育课程的教材应该围绕以上内容来编写和组织，并且在教材中充分体现心理辅导的理念、方法的特点。

2. 教材的编写要以学生的“自身变化”与他们所处的“环境变化”为依据

要以学生各年龄段的心理发展、健康水平为目标，通过生动丰富的游戏活动，采取多种形式（包括团体辅导、心理训练、问题辨析、情景设计、角色扮演、游戏辅导、心理情景剧等），注重引导学生心理、人格积极健康地发展，最大程度预防学生在发展过程中可能出现的心理行为问题。教材的编写要避免学科化倾向，避免将其作为心理学知识的普及和心理学理论的教育。

3. 教材的编写要设置分阶段的具体教育内容

从不同年龄阶段学生的身心发展特点出发，围绕让学生了解悦纳自己、认识适应环境、开发自我潜能、学会调节控制、保持乐观进取、培养健全人格的教学目标，紧扣增强心理健康意识、培养积极的自我同一感、学会沟通与交往、学会自我情绪调节、学会有效的学习、提高应对挫折能力、懂得珍惜生命并学会自我保护、形成良好的生涯观念等内容，做到循序渐进。一般来说，可以根据学生学段的不同，分别编写适合小学、初中、高中段各分册的心理健康教育课程教材，根据小学生的特点还可将小学细分为小学低年级和中高年级两段。小学阶段侧重于“对周围环境、对他人的正向感受”，注重“愉悦感”，为整个人生发展奠定积极的心态；初中阶段侧重于“自我发展的独立意识”，满足“成人感”，指导学生在与己、与人、与事的冲突中学会自我调节，建立积极的自我形象；高中阶段侧重于“确立人生目标和积极的人生态度”,发展“成熟感”,培养学生的职业能力,在社会生活中体现自己的智慧与能力,并不断增强成功的信念。

从当前学校心理健康教育的实施情况来看,在组织和编写心理健康教育课程教材时,有两种倾向是值得注意的。一是把心理健康教育课程看作心理卫生课程,侧重于心理困扰或心理障碍防治知识的传授,这种仅仅传授心理卫生知识的做法是本末倒置的;二是将一些与具体学科相关的心理品质内容也放进来,把它当作包罗万象的课程,这种将课程内容无限扩大化的做法也是没有必要的。

(二)各学段教材要把握的内容

“心理健康教育应从不同地区的实际和不同年龄阶段学生的身心发展特点出发,做到循序渐进,设置分阶段的具体教育内容。”《纲要》具体提出了各学段心理健康教育的具体内容,根据《纲要》的精神和要求,现将编写教材时确定的各学段重要主题、目标阐述如下。

1. 小学阶段学生发展的重要主题

根据埃里克森的心理社会期理论,我们可以知道,在整个小学阶段,小学生最重要的发展性主题是能否养成和保持一种勤奋、积极、进取的学习和生活的态度。如何使小学生在小学阶段,无论其分数高低或名次先后,都始终能保持一种旺盛的求知欲和上进心,始终对生活充满了乐趣和自信,是整个小学阶段最重要的发展性任务。该任务的实现,关键在于创设良好的教育环境,使学生不断体验到生活、学习、人际交往等各方面的成功。心理健康教育课程就是促使这些目标实现的重要途径。

小学阶段的重要主题可以分成三个阶段来把握。

(1) 小学低年级

《纲要》指出,小学低年级心理健康教育的内容主要包括“帮助学生认识班级、学校、日常学习生活环境和基本规则;初步感受学习知识的乐趣,重点是学习习惯的培养与训练;培养学生礼貌友好的交往品质,乐于与老师、同学交往,在谦让、友善的交往中感受友情;使学生有安全感和归属感,初步学会自我控制;帮助学生适应新环境、新集体和新的学习生活,树立纪律意识、时间意识和规则意识”。

小学低年级主要的发展性任务和目标,一是帮助学生尽快完成从幼儿园到小学的转变和适应;二是在入学之初就着力培养学生良好的行为习惯、学习习惯和生活习惯,使学生能受益终身。

(2) 小学中年级

《纲要》指出,小学中年级心理健康教育的内容主要包括“帮助学生了解自我,认识自我;初步培养学生的学习能力,激发学习兴趣和探究精神,树立自信,乐于学习;树立集体意识,善于与同学、老师交往,培养自主参与各种活动的能力,以及开朗、合群、自立的健康人格;引导学生在学习生活中感受解决困难的快乐,学会体验情绪并表达自己的情绪;帮助学生建立正确的角色意识,培养学生对不同社会角色的适应;增强时间管理意识,帮助学生正确处理学习与兴趣、娱乐之间的矛盾”。

小学中年级主要的发展性任务和目标,一是要抓住学生智力发展的第二个高峰期,抓好学习辅导,努力促进学生智力(尤其是思维能力和想象能力)的发展;二是满足学生正在迅速扩大的交友和被同伴接受的社会性需求，帮助他们处理好已经出现微妙变化的师生关系和亲子关系，使他们获得成长中必不可少的亲密感和安全感。

（3）小学高年级

小学高年级心理健康教育的内容，《纲要》指出，主要包括“帮助学生正确认识自己的优缺点和兴趣爱好，在各种活动中悦纳自己；着力培养学生的学习兴趣和学习能力，端正学习动机，调整学习心态，正确对待成绩，体验学习成功的乐趣；开展初步的青春期教育，引导学生进行恰当的异性交往，建立和维持良好的异性同伴关系，扩大人际交往的范围；帮助学生克服学习困难，正确面对厌学等负面情绪，学会恰当、正确地体验情绪和表达情绪；积极促进学生的亲社会行为，逐步认识自己与社会、国家、世界的关系；培养学生分析问题和解决问题的能力，为初中阶段学习生活做好准备”。

小学高年级主要的发展性任务和目标，一是进一步培养他们的各种智能，为今后适应初中的学习做好平稳过渡的准备；二是高度关注这个年龄段学生的性格发展，让他们在这一变化无常、严重失衡、矛盾的性格发展关键期中得到正确的引导和帮助，促进他们的性格朝积极的方向健康发展。

因此，概括地说，小学阶段的心理健康教育主要是解决学生“进取或不进取、有能力或失败无能”的发展态势问题，心理健康教育课教材的编写和目标主题的确定，都要把握这样一条主线。

2. 初中阶段学生发展的重要主题

《纲要》指出，初中阶段心理健康教育的主要内容包括：“帮助学生加强自我认识，客观地评价自己，认识青春期的生理特征和心理特征；适应中学阶段的学习环境和学习要求，培养正确的学习观念，发展学习能力，改善学习方法，提高学习效率；积极与老师及父母进行沟通，把握与异性交往的尺度，建立良好的人际关系；鼓励学生进行积极的情绪体验与表达，并对自己的情绪进行有效管理，正确处理厌学心理，抑制冲动行为；把握升学选择的方向，培养职业规划意识，树立早期职业发展目标；逐步适应生活和社会的各种变化，着重培养应对失败和挫折的能力”。

根据《纲要》的精神以及埃里克森心理社会期理论，我们认为，初中阶段学生心理发展性的主要课题，首先是入学适应性辅导，帮助学生完成从小学向初中的转变，包括学习习惯、学习方法、学习策略等方面，让学生的学业发展顺畅；其次是大力开展学习心理的辅导和学习方法、学习策略的指导，针对学习难度加大、学习成绩易出现“两极分化”的趋势，尽可能减少学生因学习失败、成绩不理想而产生的困惑、迷茫、自卑和自我挫败感；再次是开展自我意识辅导，针对进入青春发育期后独立意识和成人感的迅速发展所带来的各种人际矛盾，帮助学生克服处于高峰状态的“自我中心”意识，处理好各种人际关系，逐渐形成自我同一感；第四是异性交往辅导，随着性生理发育、性心理发展，在异性交往中，学生会产生各种困惑和烦恼，要引导他们正确处理异性交往，避免因异性“交往过密”、失却分寸而带来的冲突与引发消极的情绪体验；第五是抗挫折辅导，帮助学生用更强的耐挫力和更切合实际的目标期望来面对人生发展道路上即将到来的一次重大考验。

3. 高中阶段学生发展的重要主题

《纲要》指出，高中年级心理健康教育的内容主要包括：“帮助学生确立正确的自我意识，树立人生理想和信念，形成正确的世界观、人生观和价值观；培养创新精神和创新能力，掌握学习策略，开发学习潜能，提高学习效率，积极应对考试压力，克服考试焦虑；正确认识自己的人际关系状况，培养人际沟通能力，促进人际间的积极情感反应和体验，正确对待和异性同伴的交往，知道友谊和爱情的界限；帮助学生进一步提高承受失败和应对挫折的能力，形成良好的意志品质；在充分了解自己的兴趣、能力、性格、特长和社会需要的基础上，确立自己的职业志向，培养职业道德意识，进行升学就业的选择和准备，培养担当意识和社会责任感”。

根据《纲要》的精神以及埃里克森心理社会期理论，我们认为高中阶段学生心理发展性的主要主题，首先是入学适应性辅导，帮助学生作出恰当的自我评估、自我定位和自我期待，以适应新的学习环境对自己提出的挑战，接纳“适合自己的才是最好的”观念；其次，是在一个新的、充满竞争的人际环境中，学习与人合作、和谐共处的交往技巧，处理各种人际矛盾；再次，是注意学习心理的调适和理性情绪的辅导，制定适合自己的学习目标，增强学习计划性及自我控制能力，发掘自己的学习潜能；第四，是进行爱情、婚姻问题的价值引导，逐渐确立正确的爱情观、择偶观、婚姻观，学会正确的异性交往；第五，是升学与就业辅导，对即将来临的高考，协助学生清楚了解自我，作出适合自己的生涯选择。

需要指出的是，在整个中学阶段，学生对“自我统整”的实现是一个动态、探索的过程。“自我统整”之前很可能出现一段时间的“角色混乱”状态，“自我统整”实现之后，也可能由于新的环境与刺激导致新的“角色混乱”，使学生重新进入一种矛盾与对立斗争的探索之中。正是在这样对立统一与相互转化的过程中，中学生的人格不断得到发展与完善。

三、《学生心理辅导指南》介绍

《学生心理辅导指南》（以下简称《指南》）是由上海市教育科学研究院吴增强主编，上海市科技教育出版社出版的，经过近 20 年实践探索和研究而形成的一套比较系统的、深受师生欢迎的心理健康教育课程的教材。

《指南》的编写，贯彻了以人为本的精神，根据学生的身心特点与发展需求，依据他们所处的环境变化，以培养学生健康身心、和谐发展为目标，体现以学生的成长和健康发展为根本出发点的理念，着重于优化学生的心理品质，开发学生的心理潜能。

从 20 世纪 90 年代中期开始组织编写并出版的教材分为《小学生心理辅导指南》《初中生心理辅导指南》与《高中生心理辅导指南》三套。教材出版后就开始进行实践探索，从小范围的试用，逐渐推广到大多数中小学校。在使用过程中，教材深受学生和老师的欢迎，并收到了良好的效果。随着学校心理健康教育的不断深入，该教材先后在 2007 年和 2014 年进行了两次较大篇幅的修订（各学段教材均包括学生用书和教师用书），力图把学生的新变化、新需求和老师对心理辅导课程的新认识、新成果，最大可能地体现在《指南》中，使这套教材不断焕发出新的活力。新版的《指南》更具时代性、科学性、针对性、操作性。

2014 年出版的《指南》，根据学校使用的需求，改编为以年级为单位，具体包括小学三至六年级共 4 册、初中初一至初三共 3 册、高中高一至高三共 3 册，更方便学校根据各年级的教学计划和教学目标进行教学。《指南》的体例结构包括若干模块，每个模块又分成若干专题。

以下是根据各年级学生特点编写的《指南》目录，从中可见教材的内容及其编写特点。

（一）《小学生心理辅导指南》

小学低年级的学生生长发育迅速，动作协调性增强，好动好奇，天真烂漫，心理正处在一个迅速的发展期，在很多方面有很大的可塑性和发展空间。他们自我意识发展显著，但易受外界影响；他们对情绪的理解力提高，但多变而冲动；他们独立完成任务的能力提高，但意志力不强；他们处于生活与学习习惯养成的关键期，但依赖性较强；他们好奇好动，有强烈的探索兴趣，但注意力、学习动机不稳定；他们喜欢与同伴交往，但人际关系不稳固。中高年级的学生随着生活经历的丰富和社会阅历的扩展，在自我意识、学习能力、情绪调适、人际交往、生活规划等方面均面临较大的发展契机。他们的自我意识进一步发展，在“去自我中心化”的过程中，开始关注、区分、倾听他人的想法，自我评价从幼年时的“自我膨胀”逐步过渡到与周围人的评价相接近；他们的注意力、记忆力、思维能力等认知方面有了进一步发展；他们经历了复杂、矛盾的情绪体验，情感开始由浅显、外露向深刻、内控方向发展，有了较为丰富的情绪表达和初步的情绪调控意识；他们在与人交往中，逐渐开始考虑了解他人的感受。《小学生心理辅导指南》根据小学生的发展特点与需求，主要围绕自我篇、人际篇、情绪篇、生活篇和学习篇等模块，创设有指导性的体验情境，提供有针对性的活动和讨论话题，营造关注内心成长的氛围，实现心理的成长，呈现自信、乐观、积极的精神状态，让学生喜欢自己、快乐做人、快乐交往、快乐生活、快乐学习。

三　年　级

你好，自己

1. 我的能力图谱
2. 不一样的你我
3. 男孩 VS 女孩

开心你我他

4. 问候变奏曲
5. 我们一起玩
6. 走到一起来

情绪万花筒

7. 我有点害羞
8. 请你原谅我
9. 太紧张了，怎么办？

生活交响乐

10. 玩转小岗位
11. 我能，我可以
12. 网络的妙用

学习小乐园

13. 听课的学问
14. 我也可以很专心
15. 记忆有妙方
16. 秘密大搜索
17. 想象的天空
18. 有题不会做

四 年 级

自我篇

1. 我的千万种可能
2. 男生 VS 女生

交往篇

3. 你的心思我来猜
4. 说到和做到
5. 沟通达人
6. 特别的语言

情绪篇

7. 真的可以吗?
8. 我是开心果
9. 我也想要有

生活篇

10. 我的数学世界
11. 我爱阅读
12. 我是游戏大师
13. 小鬼当家
14. 做做小导游
15. 我是大富翁

学习篇

16. 知识越学越有趣
17. 脑力激荡
18. 不同的学习通道

五 年 级

你好,自己

1. 我是谁
2. 我的偶像
3. 职业初体验

开心你我他

4. 听的学问
5. 一句话的力量
6. 竞争协奏曲
7. 我和父母
8. 走近老师

情绪万花筒

9. 我看见彩虹
10. 转角又一村

生活交响乐

11. 倾听自然的声音
12. 青春的风采
13. 我的乐趣
14. 小小志愿者

学习小乐园

15. 故事里的逻辑
16. 我要发言吗?
17. 我的学习习惯
18. 学习的理由

六 年 级

你好,自己

1. 走过我的小学时光
2. 我和我的好朋友
3. 我行、我秀
4. 明天,我来了

开心你我他

5. 世界上的另一半人
6. 帮父母减减压
7. 真情一刻
8. 下一站相聚

情绪万花筒

9. 打败“烦恼虫”
10. 我会更好的

生活交响乐

11. 特别的朋友
12. 给生活加点糖
13. 给头脑充电

学习小乐园

14. 解决被困的思维
15. 我的知识树
16. 独家复习秘籍
17. 考试大作战
18. 一点也不晚

（二）《初中生心理辅导指南》

初中生正处于人生发育、成长、发展的重要时期，个体在生理、心理、社会适应性等方面都发生了巨大的变化。他们的生理发育十分迅速，较短时间内就能达到身体各方面的发育成熟。而与此相对的是，其心理发展的速度则相对缓慢，尚处于从幼稚向成熟发展的过渡时期。因此，这一阶段的个体较多地表现出心理冲突和矛盾，具有明显的不平衡性的特点，主要表现为自我意识的反抗性与依赖性，情绪表现的丰富性与不稳定性，人际交往的闭锁性和开放性，他们的身心发展充满着各种错综复杂的矛盾性。他们精力充沛、纯真敏感、兴趣广泛；他们正在走向成熟，但又远未成熟；他们在自我意识、人际交往、学习适应、情绪管理、青春健康、生涯发展等方面都有很大的成长需求和困惑。本套教材从学生的年龄特点和终身发展需求出发，每一册的内容分别围绕自我对话篇、人际沟通篇、情绪快乐篇、青春健康篇、精彩生活篇、智慧学习篇等模块，引导学生认识自己，开发潜能，挖掘和发展内心积极向上的一面，指导学生树立积极的心态，发展健康的人格，提升个体的幸福指数，更好地适应个体发展和时代发展的需求。

七年级上册

人际沟通篇

1. 新集体，新同伴
2. 你我他，心连心
3. 有效沟通的艺术
4. 请让我来帮助你

自我对话篇

5. 独一无二的我
6. 认识我自己
7. 我棒我可以
8. 我的另一面

情绪快乐篇

9. 情绪 ABC
10. 我的情绪我做主
11. 快乐维生素

七年级下册

青春健康篇

1. 青春的烦恼
2. 我欣赏的男生女生
3. 与父母面对面
4. 保护自己我能行

精彩生活篇

5. 生活技巧对对碰
6. 休闲生活巧安排
7. 今天,你上网了吗
8. 零花钱,我做主

智慧学习篇

9. 驾驭初中的学习生活
10. 兴趣是最好的老师
11. 倒过来看世界
12. “注意”集结号

八年级上册

自我对话篇

1. 我心中的自己
2. 他人眼中的我
3. 仰望天空　脚踏实地
4. 做最好的“我”

人际沟通篇

5. 我的人际圈
6. 化解矛盾有妙招
7. 快乐的一家
8. 老师知多少

情绪快乐篇

9. 情绪与健康
10. 换一副“眼镜”看世界
11. 情绪调控觅良方
12. 我的幸福指数

八年级下册

青春健康篇

1. 花开的季节
2. 爱的港湾
3. 预防侵害

智慧学习篇

4. 打开记忆之门
5. 翱翔于想象的天空
6. 学习的色彩
7. 将思维打开一毫米

精彩生活篇

8. 我是你的“粉丝”
9. 虚拟与现实的对话
10. 远离网瘾
11. 小小理财家

九年级上册

自我对话篇

1. 放大自己的优点
2. 寻找缺失的一角
3. 了解自己想要什么
4. 生命的折线

人际沟通篇

5. 读懂潜台词
6. 珍贵的师生情
7. 一路上有你

情绪快乐篇

8. 在阴雨连绵的日子里
9. 积极心态我选择
10. 在挫折中超越

九年级下册

青春健康篇

1. 那不是爱情
2. 最浪漫的事
3. 拒绝烟和酒
4. 远离毒品

精彩生活篇

5. 与时间竞赛
6. 未来初畅想
7. 三百六十行

智慧学习篇

8. 学习中的“高原现象”
9. 坚持就是胜利

10. 轻松上考场

（三）《高中生心理辅导指南》

高中阶段的学生处于青年初期，他们个体的生理和心理基本发展成熟，开始考虑如何选择未来的学业和生活道路。高中生的抽象逻辑思维从经验型向理论型转化，开始出现辩证思维，与人生观相联系的情感、道德感、理智感和美感都有了深刻发展。他们不仅能较客观地看待自我，而且能明确地表现自我，敏感地防卫自我，逐渐形成理智的自我意识。然而，理想自我和现实自我之间仍然存在矛盾，自我肯定与自我否定常常发生冲突。他们对未来充满理想，敢说敢干，意志的坚强性与行动的自觉性有了较大的发展，但有时也会出现与生活相脱节的幻想。《高中生心理辅导指南》根据高中生的特点与需求，每一册内容分别围绕自我自信篇、人际交往篇、青春两性篇、生活休闲篇、思维学习篇和生涯规划篇等模块，引导、帮助学生树立人生理性和信念，形成正确的世界观、人生观和价值观；掌握学习策略，开发学习潜能，提高学习效率；锻炼承受失败和应对挫折的能力，形成良好的意志品质；提高人际沟通能力，促进人际间的积极情感反应和体验；初步确定自己的职业理想，提高担当意识和社会责任感。

高中一年级

自我自信篇

1. 我是谁
2. 倾听内心的声音
3. 和自己亲密接触
4. 成就一生好习惯

人际交往篇

5. 赢得朋友的妙方
6. 友情双通道
7. 学会倾听
8. 合作才能成功

青春两性篇

9. 青春的形象
10. 男女有别
11. 萌动的青春情

生活休闲篇

12. 开发“玩商”
13. 我会控制愤怒
14. 撑起一片蔚蓝的天

思维学习篇

15. 校园外的课堂
16. 头脑风暴刮起来

17. 提高记忆品质

18. 思维转　天地宽

生涯规划篇

19. 玩转兴趣

20. 能力魔方

21. 职业规划要趁早

高中二年级

自我自信篇

1. 打破无形的墙

2. 性格解密

3. 我的秘密花园

4. 没有全能,只有可能

人际交往篇

5. 学会说“不”

6. 朋友情,宽容心

7. 爱在屋檐下

青春两性篇

8. “女”+“子”=好

9. 爱,你准备好了吗

生活休闲篇

10. 岁月神偷

11. 缓解压力

思维学习篇

12. 享受学习的乐趣

13. 按图索骥

14. 管理好自己的时间

15. 发明创造并不神秘

生涯规划篇

16. 职业印象

17. 职业价值观

18. 播下诚实守信的种子

高中三年级

自我自信篇

1. 目标的威力

2. 魔镜世界

3. 勇气——成功的心灵加速器

4. 我相信我能飞

人际交往篇

5. 我有我主张

6. 沟通无极限

7. 感谢您,老师

青春两性篇

8. 驿动的心

9. 请爱自己多一些

生活休闲篇

10. 应对挫折

11. 寻找幸福

思维学习篇

12. 高效学习有秘方

13. 克服“高原现象”

14. 从容应对考试

生涯规划篇

15. 生命罗盘

16. 彩绘成功

17. 合理选报志愿

涵盖小学、初中、高中各年级的整套教材,力图将心理学的专业理论、国内外发展性心理教育研究关注的重点,转化成为学生贴身打造的课程框架和活动项目,以学生发展为中心,以体验和感悟为抓手,成为贴近学生生活、促动心灵、助力成长的“活指南”。

《指南》根据学生年龄的不同,体现出层次和深度的不同。教材的编写,充分体现了以学生的发展为本,所针对的需求、问题和所设计的活动都是从发展性心理辅导的理念出发,有利于学生的健康成长;辅导活动的设计是建立在发展心理学、人格心理学、咨询心理学、认知心理学、社会心理学等相关理论基础上的,而且辅导活动有目的、有重点地汲取了人本主义、认知学派、行为主义学派中最实用易学、最先进的教育理念和手段,以关注学生的情绪和感受,优化学生的思维方式和行为。《指南》图文并茂(《小学生心理辅导指南》更是以图为主),与形式多样的辅导活动、娓娓动听的指导语浑然一体,让学生有一种耳目一新的感觉。《指南》不刻意去阐述心理学名词概念,而是针对学生的年龄特点和心理发展的需求,通过结合学生的生活实际和常见事例,深入浅出地帮助学生在轻松愉快的参与和体验中,得到感悟和自助,并学会自我调节和控制的方法。《指南》既是学生参与辅导活动的记录,更是学生发展成长的记录,有纪念和收藏价值。

《指南》的编写根据“以活动为主”“采取多种形式”的原则,每个模块都根据学生成长过程的特点与需求,设置了多个专题,引导学生参与活动,体验情感,通过分享促进思考和领悟,在教材中采取了学生喜欢的各种形式,借用各种栏目来体现。《小学生心理辅导指南》中生动活泼的栏目有:“活动新体验”“脑力激荡场”“快乐豆对我说”“我懂你的心”“故事会说话”“心情小画板”“家教小贴士”“全家总动员”“小小知识库”等。《初中生心理辅导指南》中富有情趣的栏目有:“心灵花絮”“思考乐园”“热身活动”“心灵体操”“我思我悟”“心心点灯”“心灵牧场”等。《高中生心理辅导指南》中富有内涵的栏目有:“让故事说话”“让实验说话”“心动行动”“七嘴八舌”“知识驿站”“心灵透视”“心灵自助”“心扉钥匙”等。

(四)具体栏目

现以《初中生心理辅导指南》为例来具体介绍。《初中生心理辅导指南》的每个专题大致有以下栏目。

1. 心灵花絮——故事导入

一则则贴近学生生活的,生动感人或富有内涵的故事,引导学生进行思考与分析,激发学生参与的需求与积极性,为主题活动导入拉开序幕。

如八年级自我对话篇中的“我心中的自己”专题,以故事导入。

有一天大哲学家叔本华在街边的花园中散步。一个花匠看到这个表情古怪的人一会儿俯下身去与灌木丛低声交谈,一会儿又侧头凝神屏气地把耳朵贴在飘落在肩上的花瓣上。花匠担心这位行为怪诞的年轻人可能有精神问题,就上前询问他是谁。叔本华仰起头,带着满脸困惑盯着花匠,说:“如果你能告诉我我是谁,我会十分感激你的。”当花匠惊愕得目瞪口呆时,叔本华已经匆匆走开了。

通过“心灵花絮”的故事导入,引导学生思考有关问题(即“我思我悟”栏目),为后面活动的开展和目标的达成打下基础。

如在以上的故事之后,就会提出如下2个问题:(1)大哲学家叔本华曾为“我是谁”这个问题感到无比困惑,你是否也思考过这个问题?(2)对于自己究竟是一个怎样的人,你能给出明确的答案吗?

2. 思考乐园——提问导入

提出一些平时被学生忽略的问题,或带有一些悬念的问题,引发学生的思考,从而逐渐进入主题。

如八年级人际沟通篇中的“我的人际圈”专题,以“思考乐园”导入。

没有一个人是孤零零地生活在这个世界上的。在小组中就以下问题进行交流:(1)你与朋友分享开心的事情或分担难过的事情吗?(2)你和父母经常聊天吗?(3)你喜欢和哪些人聊心事?(4)你与朋友的关系是否有的很亲密,有的较疏远?”

3. 热身活动——简单的游戏或活动导入

以丰富多彩、形式多样的活动,活跃气氛、吸引学生,感受助人成长的魅力,为目标的实现打下基础和伏笔。

如七年级精彩生活篇中的“休闲生活巧安排”专题,以“热身活动——休闲活动大接龙”导入。

游戏规则是:班级同学分成两大组,交替接龙在黑板上写下日常休闲活动项目,要求不能重复,看哪一组写得最多。当一组成员再也不能继续写出新的休闲活动时,游戏即结束,另一组为胜方。

热身活动后，老师可以引出让学生思考的问题（“我思我悟”栏目）：在同学们列出的日常休闲活动项目中，你觉得哪些是有益身心健康的？

4. 心灵体操——为实现本专题目标的主要活动

如游戏、情景体验、角色扮演、心理训练、问题辨析、小实验等（可以是一个活动多次进行，也可以由几个活动组成）；教师可以根据活动内容和需要，设计一些指导语，用心理辅导理论与操作技巧协助学生积极参与活动。

如八年级情绪快乐篇中“我的幸福指数”专题，“心灵体操”栏目是进行一个“变化的幸福感”的游戏，要求与小组同伴一起完成。具体做法是：(1)两两组合开展游戏；(2)课前，每人为对方准备一份封装好的礼物，拆封前需保密；(3)用分数来表示自己的幸福感。完全不满意为0分，完全满意为100分；(4)根据以下三次分数画出自己的幸福感曲线，一是对自己将要收到礼物的幸福感（期望值）打分；二是拆封后看到自己的礼物时的幸福感（满意度）打分；三是与别人收到的礼物对比后的幸福感（满意度）打分。将以上三个分数画出曲线图。

5. 我思我悟——游戏活动中或游戏活动结束后的心理变化与想法

坦诚敞开心扉，交流真实感受和体会，分享快乐愉悦（小组或大组均可），可以对话沟通，也可以自述自评。

如上述“变化的幸福感”游戏结束后的“我思我悟”栏目，提出让学生思考与讨论的问题：你在游戏中的三个时刻分别有何感受？什么影响了你的幸福感指数？哪些方法可以提升幸福感？

6. 心心点灯

教师在学生分享讨论的基础上，引导思考或操作，也可以给学生提供一个宣泄压抑、吐露真实感受，自我思索、自我判断的空间，让学生自己记录内心独白；也给教师一个从学生实际出发，有独特做法的空间。

如八年级青春健康篇中“花开的季节”专题，“心心点灯”栏目比较简单，给教师留下了空间。一位教师根据学生的分享与困惑，设计了一段指导语：“当你还是一个牙牙学语的婴儿的时候，你只知道他/她是你的玩伴，并不清楚他/她是男的还是女的，因为你还没有性别意识，这个年龄阶段是无性别意识期。当你上了幼儿园以后，你朦朦胧胧地知道，男孩将来是要做爸爸的，女孩长大了会做妈妈，于是你们一起玩过家家的游戏，这个阶段是性意识渐醒期。上了小学以后，你会觉得他/她好讨厌，你们之间互相挑剔，互相埋怨，桌上常常会有一条三八线，这个时期叫做异性厌恶期。当你升入初中以后，你突然发现，其实男生/女生也蛮可爱的，于是，你们开始渴望交往，这个阶段就是异性吸引期。其实，异性吸引完全是人生理发育的客观的、必然的结果，每个人都一样，只是有些人表现得明显一点，有些人表现得含蓄一点，因此，我们完全不必大惊小怪。”而后教师还可让学生去思考与探讨。

7. 心灵牧场——推荐给学生阅读的材料

材料的使用可以根据具体情况安排，可以在课内阅读之后分享交流，也可供学生课外阅读，这部分内容主要是课堂辅导的延伸。学生可在课外阅读之后写下自己的随感（见第二章

第一节“心理自述”的阐述)。

“心灵牧场”提供的材料,都是经过精心选择的,内容精彩,有深度、有内涵、有趣味,既吸引学生,也能引起学生的思考。

如九年级自我对话篇的“寻找缺失的一角”专题,最后的“心灵牧场”栏目,教师提供了一份材料:

接纳自己的不完美

有一个女孩,她做梦都想当个歌手,可是她非常厌恶自己的容貌。每次照镜子,她都对镜中那宽大的嘴巴和暴牙感到伤心。有一次她在学校的联欢会上,首次展现自己的容貌和歌喉,她感到十分紧张,唯恐同学们发现她不雅观的牙齿。她在台上将上嘴唇紧紧地抿着,极力地摇晃着身体,希望借此吸引观众。结果是弄巧成拙,掌声稀稀拉拉,很显然,她失败了。

在联欢会的嘉宾席上有一位音乐家,听了她的歌声,认为她很具有歌唱才能,于是来到后台对她说:“刚才在台上你做的一切动作我都看得清清楚楚。你尽量抿着唇不使暴牙露出来。你真的以为自己的牙齿不好看吗?”听了这话,这位女学生眼睛忽地一闪,似有所悟。

音乐家不客气地继续说:“人的美丑并没有统一的衡量标准,暴牙是不是一定丑呢?更何况这又不是你的罪过,何必要隐瞒呢?你为了掩饰自己的牙齿,故意矫揉造作,肯定不会成功。你还是尽管张大嘴巴,放声唱吧!大家看到你毫不怯场,应付自如的表演,一定会喜欢上你的。”

这位女学生接受了音乐家的劝告,每逢在众人面前表演时,都心情愉悦地张开嘴巴,开怀地放声歌唱。后来她成为了一名顶尖的歌星,许多人还要刻意模仿她的动作和表情呢!

《指南》的编写,依据《纲要》的精神和要求,根据学生的特点与需求,以游戏活动为中介,让学生通过参与、体验和感悟,认识自己,开发潜能,挖掘内心积极向上的一面,从而提升个体的幸福指数,较好地体现了时代发展的要求。教材内容的选择,更注重学生积极心态的培养,活动的设计更贴近学生的思想和生活,文字的表达更生动精炼,问题的分析更全面、更有时代感。

《指南》的编写,浓缩了众多教师20年心理健康教育课实践探索的成果和经验、感受与体会,希望能对教师们发挥具体、可操作的指导作用。

教师们在使用《指南》的过程中,请一定要紧密结合本地本校学生的特点和实际需求,可以有选择地使用教材提供的内容,注意不要生搬硬套,有自己的创新更好。

我们衷心希望《指南》能给中小学心理健康教育课的实施带来帮助和指导,希望《指南》的阅读和使用,有利于教师自身的学习和提升,观念的更新和把握;有利于教师清晰理解编者的编写意图,提升心理课的质量和效果;有利于教师熟悉学生的心理特点和需求,提高心理课的针对性和有效性;有利于教师准确把握活动的意图和目标,规范操作教材提供的各种活动。

参 考 文 献

[1]《辞海》上海辞书出版社[M].1999年.

[2] 曹梅静,王玲.中小学心理健康教育课程设计[M].广州:广东高等教育出版社,2004.

[3] 陈家麟.学校心理健康教育——原理与操作[M].教育科学出版社,2002.

[4] 钟志农.心理辅导活动课操作实务[M].浙江:宁波出版社,2007.

[5] 黄人颂.学前教育学参考资料(下册)[M].北京:人民教育出版社,1991.

[6] 叶澜.教育概论[M].北京:人民教育出版社,1991.

专题与教案篇

ZHUANTI YU JIAOAN PIAN

第三章

生命意识

第一节　专题解读

一、知识链接

（一）生命教育的发展

生命教育于20世纪60年代首先从美国开始，逐渐发展为一门广受教育界关注和热议的重要学科，在21世纪之后开始深刻地影响着中国的教育。

明确提出生命教育的学者是美国的杰·唐纳·华特士。早在1968年，他即在美国加州创办了阿南达村、阿南达学校，倡导和实践生命教育思想。他还出版了《生命教育》一书，探讨关注人的生长发育与生命健康的教育真谛，倡导和践行生命教育。到1976年，美国有1500所中小学开设了生命教育课程，20世纪90年代，美国中小学基本普及了生命教育。澳大利亚的生命教育强调每个孩子都是“独一无二”的。该国的生命教育中心和学校注重建立健全、共生的伙伴关系，以及家校双方的互动沟通；同时，借助流动教室的教学人员、多媒体科技和交互的教学协助，传达生命教育的意义。在日本，“余裕教育”是生命教育的重要内容之一，倡导“热爱生命、选择坚强”，是针对日本青少年的脆弱心理和青少年自杀事件而提出的，目的是使青少年能面对并很好地承受挫折。德国实施“善良教育”和“死的准备教育”，重视对学生善良品质的培养，并引导学生以坦然、明智的态度面对死神的挑战。新西兰的生命教育始于1988年，源自澳洲生命教育的哲学理念，其目标是将生命教育精神传送至每所中小学；其原则是建立学生自我尊重，教导学生拒绝的技巧和认识健康生活的好处；其目的是让学生在就学阶段，能认识人类身体的功能，学会与人交往与宣泄不良情绪的技巧。

在我国，2004年中共中央、国务院针对加强青少年思想道德建设提出了明确要求，号召要把生命教育作为思想道德建设的重要载体，科学有效地实施生命教育活动，并将生命教育纳入全民素质教育内容中。此后，辽宁省、上海市、湖南省、云南省均启动了“生命教育工程”或出台了相关指导纲要，力图有措施有保障地使生命教育进入中小学课堂，将生命教育思想融入中小学的教育教学实践中去。2010年中共中央、国务院颁布的《国家中长期教育改革和发展纲要（2010—2020年）》明确指出要重视生命教育，生命教育已成为国家教育发展的战略决策，具有深远的历史意义。

2005年，上海市教委制定了《上海市中小学生生命教育指导纲要（试行）》，强调了中小学开展生命教育的重要性和紧迫性，提出了生命教育的指导思想、原则、内容、实施途径和保障机制。《纲要》明确指出,生命教育是旨在帮助学生认识生命、珍惜生命、尊重生命、热爱生命,提高生存技能,提升生命质量的一种教育活动。生命教育要形成各学段有机衔接、循序递进和全面系统的教育内容体系。

(二) 生命教育的内涵

就目前生命教育的定义来说,有广义与狭义两种。狭义的生命教育指对生命本身的关注,包括个人与他人的生命,进而扩展到一切自然生命;广义的生命教育是一种全人的教育,它不仅包括对生命的关注,而且包括对生存能力的培养和生命价值的提升。

美国"生命伦理学"倡导者波特提出了尊重生命的双重意蕴。第一,敬畏生命、尊重生命,既要珍视自己的生命,也要善待他人的生命,这是一切社会价值得以保证的必要条件;第二,讲究生命的质量,既要保持较好的生理功能和形态,又要追求健康愉快、有意义的生活。

我国台湾学者吴清山、林天佑认为,生命教育是个体去了解、体会和实践"爱惜自己、尊重他人"的一种价值活动,并提出了认知、实践、情意等生命教育内涵的三个层次。

华东师范大学徐光兴教授认为,生命教育的基本内涵有生存、生计、生活、生死等四个方面。

上海教育科学研究院吴增强教授等认为,生命教育是帮助学生认识生命、珍惜生命、尊重生命、热爱生命,提高生存技能和生命质量的教育活动。其内涵包括:

① 认识生命、珍惜生命、尊重生命、热爱生命,这是生命教育的目标。学校的生命教育要从生理、心理和伦理三个层面关怀学生的生命历程。

② 生命教育是在学生生命的历程中进行的,一个健全的生命会在社会、自然与自我之中获得养料和力量,继而成长和发展。对生命的理解、珍爱、关怀与欣赏,是在生命与自我、生命与社会、生命与自然这三种关系中得以体现的,生命教育要致力于帮助学生建立生命历程中这三种关系的和谐。

南京师范大学冯建军教授认为,生命教育的目的是唤醒学生的生命意识。生命意识的教育,首先是珍惜生命教育。因为只有生命存在,才能谈得上发展和质量的问题。生命意识的教育,主要是在思想上认识生命之可贵,珍惜生命之存在,欣赏生命之美好,体悟生命之乐趣,磨炼生命之魅力。面对人生的挫折,要有积极的心态,相信没有过不了的坎儿、克服不了的困难。生命教育不仅要教学生珍惜生命,还要帮助学生寻求生存的意义。因为人不同于动物,不只是活着,而且要追求人生的价值和意义。人生的价值和意义更多的是一种精神取向的生命教育,它不仅包括自我的幸福、自我的追求、自我人生价值的实现,而且作为社会的成员、人类的一员,其价值实现还表现为对社会、对人类的关怀和贡献。所以,生命教育要使学生树立正确的人生方向,实现自我价值。

二、学情分析

(一) 各学段的生命意识亟需加强

上海市教育科学研究院曾在 2003~2005 年开展了上海市中小学生生命教育现状的调查

研究，涉及到中小学生对生命的认知、情感与态度，以及生存技能、生活状况等，能够作为我们开展生命教育的依据。梳理相关调查结果发现：

1. 学生的生死观趋向于模糊

关于“人死复生”，随着年级的升高，学生不相信的比例越来越低。四五年级的学生有80%以上选择不相信，而初中生选择不相信的比例是50.2%，高中生选择不相信的比例则降到了38.6%。而关于自杀行为，只有近6成的中学生认为任何情况下都是不允许自杀的。初中生选择允许自杀前三位的理由依次为“被人冤枉”“学习不好，无法面对严厉的父母”“失恋”；而高中生选择允许自杀前三位的理由分别为“破产”“被人冤枉”以及“失恋”。这表明学生对生命的生死现象缺乏科学的知识，没有认识到生命的不可逆和珍贵，经不起生命成长中挫折的打击和考验，对生命采取轻率的态度。

2. 对生命价值取向的认知趋于具体与现实

关于“你最向往的生活”，小学生和初中生均主要选择了有好家庭、有好朋友和有学问，表明中小学生在情感上对与自己朝夕相处的人和事物有较强的依赖感，重视亲情，尤其是家庭，注重人际关系，需要心理安全感，情感需求强烈。当被问到“人最重要的是……”时，小学生选择率最高的依次是健康、安全和成就；初中生为名望、美貌和安全；高中生为财产、贞操与权力。小学生与中学生有较大差异，表明对生命价值的认识随着年龄增长在不断提升，小学生比较关心自身生理层面的问题，初中生自我意识正在逐步建立，更多在意自身的心理追求，而高中生开始重视贞操等伦理层面的问题，同时向往财富和权力，说明高中生的生命价值取向趋于现实和个人价值，这可能与高中生的人生观逐步形成有关。

3. 对他人生命安全和弱者的态度多为同情、友善

无论是小学生还是中学生，对于帮助他人均持积极态度，并为他人的灾难感到同情，对残疾人和老人亦有尊重包容之心。这表明中小学生总体上很善良，能以较为友善的态度对待身边人和事，同情弱者、珍爱亲人。

4. 懂得珍惜时间，以取得好成绩为快乐

在人生观方面，中小学生的人生价值取向比较理性，能够面对现实，态度比较实际，懂得时间的重要性。学习上的成功与人际关系的接纳被认为是最快乐的事。对时间与学业的重视与目前中小学生的生活内容和节奏有一定的联系。

关于学生的生活状况方面，调查发现：学生缺乏睡眠和锻炼，精神状态欠佳，闲暇时间按照自己兴趣选择活动较少，亲子关系有待进一步改进，中学生对自己生活的满意度低于小学生。

在学生的生存技能方面，调查发现：学生交通安全意识与行为随着年龄增加而下降，七成中小学生有自我保护意识，并且知道积极合理的应对危险的方法，但处理异性交往问题的方法和能力不够。

从以上调查可以看到，目前学校生命教育需要应对的一大问题是学生在生与死的问题上存在不少模糊观念。一方面学校教育中长期缺失生死教育，正面信息导向不够；另一方面，社会媒体中的负面信息也在误导青少年，使他们对生死的概念模糊，对于生命不能珍重对待。因此，学校的生命教育在内容上需要填补生死观教育的空白，帮助学生加强生命意识，懂得生命的价值与意义，培养学生正确的生命观和生死观，并通过各种活动体验感悟生命的珍贵和不可逆。

(二)各学段的生命意识在深度和广度上需有阶梯和拓展

1. 探索深度:从珍爱生命转向完整理解生命的意义

生命教育的首要目标是让学生懂得珍惜自己的生命,这一点在小学和初中阶段显得比较突出。中小学生身心发育尚未成熟,身心发展尚不平衡,世界观、人生观、价值观尚未定型,所以他们经常容易表现出幼稚、单纯、片面甚至偏执的思维。每当生活中遇到困难和挫折时,由于缺乏对生命存在及其价值的正确认识,不少学生经常怨天尤人,他们非但不懂得尊重和珍惜生命,而且往往采取肆意践踏甚至摧残生命的极端方式。到了高中阶段,随着学生大脑发育的完善以及阅历的增加,他们对生命意识的探索不再局限于如何保护和珍惜自己的生命(当然也有一小部分破坏和摧残的个案存在),而是转向全方位探索生命本身真正的含义。因为对于生命的探索首先得从自己出发,于是高中生开始探索自己存在的意义,希望以此来推断生命存在的意义。很多高中生在这个年龄开始对宗教、哲学感兴趣,开始阅读东西方相关的经典著作,开始在日记或者博客中记录自己对于探索生命的感悟。他们会思考诸如"人为什么活着""自由的本质是什么"及"死亡的意义是什么"等带有哲学思辨性的问题。而这些问题的答案显然不像数学答案那么容易得到,所以高中生会在生活中无时不刻地思考并验证自己的答案。

2. 关注范围:从自己的生命扩大到他人生命

随着年龄增长,学生对生命意识的关注范围也从单一的自己转向更为多样化的他人。在小学阶段,学生对"死亡"的理解还非常模糊;初中学生开始有些意识,但还很不明了或清晰;到高中阶段,绝大多数的学生都已经经历过亲人或者朋友的去世,他们对他人生命的感受要远远高于小学、初中的孩子。这也间接促使学生对生命的意义进行思考,推动他们去面对分离、衰老和死亡这些沉重的话题。他们渐渐发现,珍爱生命不仅仅包括珍爱自己的生命,还要熟悉与他人相处的法则,学会尊重、关爱、宽容和理解他人。于是高中生开始关注平等的话题,如种族问题、同性恋问题等。有一些人更是把目光投向了更深刻的方面,他们开始思索战争与和平的问题。在他们头脑中,一些问题始终挥之不去:"和平是不是把眼前的所有敌人都打败呢?""战争除了破坏还有其他的意义吗?""为了自己的生存去伤害别人是对还是错呢?"等等。

3. 关注对象:从人类转向地球上的其他物种

随着认知水平和道德水平的不断发展,学生对生命意识的对象也逐渐开始泛化。小学阶段,学生对于生命的认识只局限于人类这一狭小的范围,认为人是这个世界上最重要、最高级的物种,人的生命是无价的,为了人类的发展可以牺牲任何物种的利益和生命。而随着年龄增长,这个观点开始发生变化。中学生开始能够把对于自己、对于人类的生命意识迁移到大自然其他的物种上面。他们开始关注素食主义和环保主义,关心动植物物种消失、森林减少和土地沙化、地球大气污染和气候变暖等。这种认识的发展对于学生个体的价值观和生命观的形成非常重要,他们会在自己的探索中逐渐了解生命的本质与真相,更加重视自身与环境的和谐共处,认识到人类的命运是注定和地球上其他的物种唇齿相依、不可分离的。

三、目标与内容

（一）中小学阶段生命意识辅导的目标

生命意识辅导是旨在帮助学生认识生命、珍惜生命、尊重生命、热爱生命，提高生存技能，提升生命质量的一种教育活动。上海市教委于2005年颁发的《上海市中小学生生命教育指导纲要》，对各学段学生的生命教育提出了明确具体的要求。《纲要》指出，小学阶段的生命教育着重帮助和引导学生初步了解自身的生长发育特点，初步树立正确的生命意识，养成健康的生活习惯。初中阶段着重帮助和引导学生了解青春期生理、心理发展的特点；掌握自我保护、应对灾难的基本技能；学会尊重生命、关怀生命、悦纳自我、接纳他人；养成健康良好的生活方式；学会欣赏人类文化。高中阶段着重帮助学生掌握科学的性生理和性心理知识，引导学生形成文明的性道德观念；培养对婚姻、家庭的责任意识；学会用法律和其他合适的方法保护自己的合法权益；学会尊重他人、理解生命、热爱生命；提高保持健康、丰富精神生活的能力，培养积极的生活态度和人生观。根据《纲要》的精神和要求，在具体教学过程中，教学目标的设定要针对不同学段学生的身心发展特点与需求，要各有侧重，体现出小、初、高的衔接与发展的特点。

三个学段生命意识辅导的教学目标具体分解如下：

学段 目标	小学	初中	高中
认识生命，热爱生命。	认识自然界与人类生命现象，初步建立生命意识。	了解人的生命历程，认识生与死的意义，了解生命的意义与价值。	多角度认识生命本质，理解生命意义，体验生命美好；正确认识生与死，理解生命与人性的可贵。
尊重生命，关爱他人，敬畏生命。	懂得关心家人和老人，同情关心弱者，并能够力所能及地帮助弱者。	了解生命存在的独特性与重要性，尊重生命；学习关爱，学习尊重他人的助人行为，尊重关爱生命。	探索生命，唤起对生命的尊重；关注生命，敬畏生命，珍爱生命。
珍惜生命，提高生存技能。	感受生命的成长，明白生命的宝贵，培养良好的生活习惯，激发生命成长的潜能。	珍惜生命，明白人生有挫折，确立应对挫折的正确态度并学习应对的方法。	学习如何应对生命的挑战与挫折，理解生命中会遭遇的“失去”，珍惜生命，获得成长与成熟。

（二）中小学阶段生命意识辅导的内容

1. 小学阶段

（1）我和我的好朋友

初步认识自然界的生命现象,喜爱充满生机的世界;亲近大自然,爱护人类赖以生存的自然环境。

(2) 万物皆可贵

通过听小动物的故事或感受自己喂养宠物的经历与快乐,引导学生善待小动物,激发孩子对它们的热爱和同情心;明白饲养小动物应担负的责任,理解责任和生命的含义,意识到一切生命都有自己的价值和存在的权力,都是可贵的。

(3) 我有友情要出租

关心家人,关心老人;懂得同情、关心弱者,并力所能及地帮助弱者,学习与他人的合作。

(4) 我小时候的情景

初步认识和体验生命的成长,明白生命的可贵;喜欢自己,激发生命成长的潜能,学习养成良好的生活习惯。

2. 初中阶段

(1) 生命的乐章

"生命体验记录"活动:帮助学生了解人的生命历程,体会生命是需要关怀与爱护的,感悟生命属于所有爱你的人。

"一片树叶落下来":引导学生思考生与死的意义,了解生命的意义与价值。

(2) "人"字的支撑

让学生明白,从生命诞生之日起,人与人的情感链接就已建立,生命并不仅仅属于自己,还属于每一个爱他的人,认识自己存在的独特性和重要性。

"一封寄不出去的信":让学生感受生命与他人的联系,感悟生命的存在对于周围人的价值与意义,感受自己的生命与亲人的关系和影响,从而热爱生命,珍惜生命。

(3) 认识我的特殊朋友

学习关爱、尊重他人,尤其是面对特殊群体的人,体会特殊群体朋友生活的艰辛,培养关爱与尊重的意识,明白对待特殊群体的朋友,更需要尊重而不是怜悯,学习尊重他人的助人行为,这是对生命的尊重。

(4) 风景在路上

设计各种活动,让学生明白人生不会一帆风顺,每个人都会经历挫折,挫折就像一个门槛,跨过去就会看到一片新天地,学习应对挫折的方法。

3. 高中阶段

(1) 生命的诉求

理解生命的独特与珍贵,发现自己曾拥有的快乐与幸福,体验生命的美好。

"最后的尊严""直面死亡":可通过这些话题知道生命是有限的,死亡不可避免地会来临,我们应如何应对。可以借用诗歌、墓志铭等方式讨论死亡,正确认识生与死,以及如何使自己有意义、有价值地生活。

(2) 生命不能轻易放弃

可以通过"我喜欢的树叶(或一种植物)"的活动,进一步明白"我"是一个独一无二的个体,也许不起眼,但"我"就是"我","我"是唯一,正因为有了这么多"唯一",世界才会美好,才会丰富多彩,要珍惜与热爱自己。可让学生观看与讨论木藤亚也的代表作《一公升的眼泪》(可制作视频),思考如何理解生存,如何面对自己拥有的生活与生命。

(3) 生命不能承受之重

借助自然界的现象(如地震)和生活中的故事,引导学生思考生命的价值、意义和人性的可贵,唤起对生命的热爱与珍惜。

(4) 失去与获得

让学生明白生命是一个过程,生命中不仅有鲜花和笑声,也有荆棘和泪水;引导学生体悟生命负面状态的意义和价值;帮助学生理解生命中可能遇到的挫折以及种种“失去”,学习辨证看待“失去”,并获得成长与成熟。

四、温馨提示

生命意识这一专题,无论是教学目标还是教学内容都会涉及方方面面的领域,比较多且杂,广义上它几乎可以囊括所有的心理辅导活动课的内容,尤其是与自我意识部分重叠较大,也涉及了青春健康部分。本专题撰写时,特意避开了这些方面的内容,也就是说,关于自我意识与青春健康的内容,本专题都未列入,教师在备课时需要注意主题不要重复。

另外,我国的生命教育已经深入各中小学许多年,进行了多年的实践与探索,学校的德育活动与主题班队会已成为生命教育的主要载体。心理教师在选题和备课时,需要区别于以教育灌输为主的德育活动或主题班队会。在课程组织和设计时,尽量少一些固定不变的宗旨大义,多一些深入心灵的互动交流。

第二节　教案分享

▶▶小学阶段

生命的四季

徐晶　上海理工大学附属小学

【教学目标】

1. 了解自然和生命的变化,认识到人人都会变老,知道衰老是一种自然规律。
2. 珍视生命的每一段历程,珍惜活着的瞬间,珍爱值得珍爱的人、事、物。
3. 理解生命永远不会结束,而是以不同的形式延续。生生不息,循环不已,才是生命的真谛。

【教学对象】

小学高年级。

【课前准备】

1. 风景图片制作成的配乐 PPT。
2. 轻音乐。

【教学过程】

1. 导入

今天我们先一起来欣赏一组四季的风景图片。

(1) 多媒体欣赏

一年四季的美景(音乐:“四季”)。

(2) 教师提问

看了这些美丽的画面,你感受到了什么?

学生回答。(引导学生分季节欣赏美景)

春天:大地回春,万物复苏,新的生命即将诞生,大地充满生机。

夏天:热闹的季节、旺盛的生命。

秋天:秋天是收获的季节,带着一种成熟的,沉甸甸的美。

冬天:冬天到了,树上的叶子慢慢地飘落,只剩下光秃秃的树干。没有了生机,那么,冬天究竟美在哪里呢?我们再来欣赏一次。

洗尽铅华后的美;万物沉沉地睡去,他们积蓄着力量等待来年的苏醒;静谧的美。

(3) 教师小结

是呀!一年中的每个季节都有它美妙独特的地方。春天的萌芽、夏天的生长、秋天的繁衍、冬天的凋零。这些都是大自然的规律,你还知道哪些大自然的规律呢?(日落、蛹化蝶、潮起潮落……)

2. 教师引导

刚才大家说的自然现象,都是大自然的法则。人也是自然界的一份子,人的一生也会经历几个阶段,你知道是哪些阶段吗?

学生回答。

教师:的确,人生要经历童年、少年、青年、中年、老年。

提问:你们几岁了?

我们已经经历了童年,正处在少年时期,你能不能说说在这两个阶段中,你有什么能和大家一起分享的快乐事?

请在老师的提示下展开联想,说说你经历过的快乐事。

3. 活动:自由联想

教师:我们的人生,还没有经历青年、中年、老年时期。但我们身边的亲朋好友正处于这些阶段,他们又会有怎样的想法和感受呢?

学生分享调查的记录。

全体交流感受。

4. 体验生命历程

现在,我们来扮演自然界中的一棵树,一起经历它的生长过程。

心灵游戏“树的生长”。

(1) 教师叙述

现在,请同学们站起来,和你的同桌隔开一些距离,闭上眼睛。随着老师的话展开想象:

现在,你们是一棵树的种子,沉睡在泥土中。春天来了,在雨水的滋润下,你们浑身充满了力气，想要破土而出了。

泥土很坚硬，但是你们不怕，你们使劲地顶啊钻啊，把阻挡你们的泥土都挤碎了。终于，你们一抬头伸出了地面。啊，呼吸到外面新鲜的空气了，身上好像忽然轻松了许多。

夏天到了，你们愉快地生长起来。可有时候有讨厌的虫子在你们身上爬来爬去，啃食枝叶。

秋天来了，一阵秋雨过后，你们会觉得很冷，浑身冰凉；你们的叶子渐渐枯黄，一片片枯叶从枝头飘落下来，只剩下了光秃秃的树干。

冬天来了，狂风大作，在狂风暴雨中，你们无奈地摇晃着身体，被连根拔起，摔倒在地，就这样死去了。

(2) 教师提问

我们刚才模拟了树的一生，说说你此时此刻的想法。

当你知道自己扮演的这棵树突然死去时，是怎样的心情?

学生思考并分享。

(3) 教师小结

新生时，我们带着欢愉，充满着力量破土而出；当面对死亡时，我们可能会有一些恐惧和痛苦。

5. 感悟生命延续

教师：春去秋来，花开花落，每个生命都会老去，逐渐衰亡，但生命却以另一种形式延续下去，生生不息。枯黄的叶子落到土地里，成为来年新生幼芽的养分，我们人类老去的生命，会在谁的身上得到延续？虽然死亡是必定的旅程，生命却从未远离。(可插入格言或小诗)

以小组为单位，交流我们现在的感受和想法，用肢体语言把你对生命的感想演一演。

教师总结：

一年有四季，四季如人生，今天我们探讨了“生命的四季”这个话题，愿我们生命的每一季，都能绚烂美丽。

【教学建议】

本教学内容是关于生命成长规律的，用较为含蓄隐喻的方式呈现了生与死、兴与衰等自然规律，既无从选择，又充满希望，就如人生一样的矛盾和跌宕。因此，教师在教学中需要注意和把握以下几个方面：

1. 觉悟和接纳

教师需要带着自己对生命成长的感悟和理解进入课堂。能够站在学生的角度，去倾听和欣赏他们的成长感悟，不因为学生年龄所带来的认识局限而简单地纠正和说教；也并不因为自己的经验体会而拒绝接纳不一样的观点。

2. 专业和“看见”

心理课教学和生命意识课程的特殊性在于：教师面对的是一个个开放自己心灵，敏锐捕捉情感的年幼生命，因此教师的专业视角和技能在课堂这个场域中的转换和运用尤其重要。例如，对学生情感的控制、调动、回应、评价都需要谨慎小心，教师要给予更多的共情和感受，让学生体会到自己被老师“看见”。

3. 沟通和组织

让学生“扮演自然界中的一棵树”，他们可能会不太习惯肢体表达，在这个活动前，教师需要和学生做一个沟通，组织他们静下心来，全情投入到“树的扮演”中，真正获得生命成长的感悟和体验。

初中阶段

成长的色彩

刘诗薇　上海市第一中学

【教学目标】

1. 通过分享“生命之初”，感受生命从出生就承载的爱与力量。

2. 通过分享“生命历程”，感受成长过程的丰富多彩并畅想成长。

【教学对象】

初一、初二年级学生。

【课前准备】

1. 观赏视频准备。

2. 工作表单（每个学生一张）。

3. 给学生布置课前作业：和家长交流出生时的故事。

【教学过程】

1. 导入

分享视频（关于大树快速生长的过程）。

教师提问：看了刚才的视频，你联想到的词语是什么？

在学生回答的基础上，教师出示PPT：成长。

过渡：我们知道，雏鹰的成长要经历一次次枯燥地拍打翅膀的过程和被驱赶出巢的无奈，蝴蝶的成长要经历漫长焦急的等待和破茧而出的痛苦，那我们是如何成长的？今天，就让我们一起来描绘成长的色彩。

2. 活动一：生命之初

过渡：我们每个人的成长都始于生命最初的那个点，让我们先来看看人的生命是如何来到这个世界的。

播放视频：人的诞生。

分享交流：我出生时的故事。

教师交流：准妈妈的亲身经历。

总结：看来，我们每个人从出生的时候起就承载了父母对我们的爱与关怀，也承载了生命本身的不容易。

3. 活动二：生命快放

过渡：出生后，父母期待我们快快长大，我们也经常盼望自己快点长大，甚至期望最好不要有现在的沉重的学习压力、不要有成堆的作业、不要有老师的批评、不要有家长的唠叨，那我们看看如果一个人可以快速成长，那又会怎样？

播放视频：《童梦奇缘》片段。

学生分享交流。

教师总结:现实中的成长自然不会像童话一样飞速越过,其实成长本身也没有必要越过,它是需要我们去经历的。

4. 活动三:生命历程

让我们分享自己曾经经历过的成长过程。

(1) 活动要求

① 回忆自己的成长过程,在相应的年龄处简单描述事件。

② 在相应的地方填涂颜色。

③ 愉悦的事件记录在左边,并填涂暖色调(红色、橙色、黄色);反之记录在右边,填涂冷色调(绿色、蓝色、黑色)。

④ 每个同学先独立完成自己的“生命历程”,而后在小组内分享。

⑤ 全班交流(部分同学交流后,或可将学生的作品贴到黑板上)。

教师在学生“写、涂”以前,可以先交流自己已完成的生命历程。

(2) 教师小结引导

成长的过程是丰富多彩的,有欢笑、有泪水,而成长中的每一种色彩都是我们的财富,即便是苦难,也是一笔不小的财富。“苦难对于人生是一块垫脚石……对于能干的人是一笔财富,对于弱者是个万丈深渊。”

(3) 结束

成长在于经历,我们走过的仅是成长过程中的一小段,那接下来的过程你希望自己怎样成长,你希望涂上怎样的色彩,每个同学可以好好思考哦。

【教学建议】

成长是生命历程的重要内涵,具有丰富的含义。初中生由于年龄及心理特点,往往容易忽视感受成长的过程及过程中的积极心理体验,并容易把一些成长中的问题以及消极感受扩大化。为此在上本课之前,教师要做好充分的准备。不仅要准备上课要用的多媒体素材,如一段大树快速成长的 Flash 视频,让学生从植物的成长自然联想到人的成长,更要让学生事先从父母那儿了解自己出生时的情景(但要注意这一部分不能费时太长,只是一个铺垫),感悟“生命之初”与探讨成长的起点。接下来的“生命快放”活动与“生命历程”活动是本课的主题活动,既让学生有期待快快成长的观念,又要让学生感受到成长在于经历。只有把握好这些活动和各个环节,即认识出生、重温成长、畅想成长,才能让学生感受人从出生就承载着爱与力量,感悟成长是有得有失、有喜悦有悲伤的,以引导学生热爱生命、珍视成长。

寄不出去的信

朱雅勤 上海市时代中学

【教学目标】

1. 感受个体生命和他人的联系,感悟生命的存在对于周围人的价值和意义,认识自己存在的重要性。

2. 感受亲人失去所爱时的情感,认识自杀对周围人带来的影响,进而形成珍惜生命的态度。

【教学对象】

初中一年级学生。

【课前准备】

1. 分组:事先调查了解学生家庭情况(是否有兄弟姐妹,是否隔代抚养等)。

2. 讨论用纸:彩色,A4。

3. 寄语用纸:彩色,心形,背后贴好双面胶。

4. 准备学生与家人、朋友一起吃饭的照片并制作课件,准备音乐。

【教学过程】

1. 预备铃的准备

(1) 背景音乐:《菊次郎之夏—summer》。

(2) 按不同颜色的纸片分组。

(3) 幻灯片循环播放学生和家人、朋友一起吃饭的场景。

2. 导入

教师:刚刚我们一起看了一些同学们的照片。如果请你用一个词语来形容这些照片,你会想到的是?

学生:温馨、温暖、开心……

(教师板书关键词。)

教师:和亲朋好友一起吃饭带给我们的是一种温暖愉快的感受,但是国峻却再也没有回家吃饭了,因为一年前,他自杀了。所以,国峻的爸爸,只能把想念写进一封寄不出去的信……

今天,我们就一起来看这一封《寄不出去的信》。

3. 读信

配乐诗朗诵《国峻不回来吃饭》,背景音乐《海角七号—1945》。

国峻,
我知道你不回来吃晚饭,
我就先吃了,
妈妈总是说等一下,
等久了,她就不吃了,
那袋米吃了好久了,还是那么多。

妈妈知道你不回来吃饭,她就不想烧饭了,
她和大同电饭锅也都忘了,到底多少米要加多少水?
我到今天才知道,妈妈生下来就是为你烧饭的,
现在你不回来吃饭,妈妈什么事都没了,
妈妈什么事都不想做,连吃饭也不想。

国峻,一年了,你都没有回来吃饭。

我在家做过几次饭请你的好友,
来了一些你的好友,但是袁哲生跟你一样,他也不回家吃饭了。

我们知道你不回来吃饭,
就没有等你,
也故意不谈你,
可是你的位子永远在那里。

教师提问:

① 听完这封信,你的感受是怎样的?你从这封信中感受到的是怎样一种心情?

② 你能否想象屋子里的情景?妈妈有怎样的动作、神情?想想妈妈的心情是什么样的?

(教师板书关键词。)

4. 生命因你更精彩

教师:一年了,爸爸妈妈仍然生活在思念之中。除了爸爸妈妈,还有谁可能会时常想起国峻呢?

学生:同学朋友、爷爷奶奶、哥哥姐姐、弟弟妹妹、老师……

(教师板书归纳。)

教师:在我们每个人的身边,有许多和我们息息相关的人,他们就像是繁花朵朵,点缀着我们的生命花园。

(教师用 PPT 展示学生带来的和他人一起拍的照片。)

学生反应:看到同学们的照片,气氛轻松,快乐欢笑。

教师:可以想象,在国峻的记忆里,一定也有许多温馨、快乐的时光。如果有一台照相机,捕捉到了国峻和亲朋好友的温暖记忆,会有一些什么样的内容呢?

小组活动:请你想象,国峻和他的亲朋好友可能有过怎样的温馨时光?请每个小组列举国峻和爸爸妈妈/爷爷奶奶/兄弟姐妹/同学好友/老师在一起的温馨快乐的情景(可以使用文字或者图画,注意捕捉生活中的细节)。

按纸片颜色指定每个组讨论的人物,学生分组活动。

(背景音乐:《阿甘正传》。)

学生分享。

教师引导:国峻的生命花朵的绽放,也给他人的生命带来了新的色彩。而这些因国峻的存在而感到幸福的人,实际上就是在国峻遇到困难时最愿意伸出援助之手的人。

5. 世界因此而改变

教师:一年前的国峻,一定是遇到了自己无法应对的困难。而他当时并没有求助,而是选择了用自杀的方式结束自己的生命。

小组活动:如果你是国峻的爸爸妈妈/爷爷奶奶/兄弟姐妹/同学朋友,国峻的自杀会对你产生什么影响?可以从心情、想法、日常生活等方面去思考。

（背景音乐：《入殓师》。）

学生分组讨论、分享。

教师引导：我们的生命总是与许多其他人的生命互相支撑，彼此交叠。在生命花园里，如果有哪一朵花猝然夭折，就会让其他生命花朵的一部分也随之而去，留下永远无法弥补的缺口。

6. 如果时间能够倒流

教师：在这里，让我们来做一个美好的假设——如果时间能够倒流。如果现在国峻还活着，作为国峻的同龄人，你想对他说些什么吗？请把你想对国峻同学说的话，写到小纸片上。

（背景音乐：《千与千寻—one summer's day》。）

学生活动：把想说的话写到小纸片上，写完后黏贴到海报纸上。

教师有选择性地分享。

教师：同学们说得这么好，只可惜，时间无法倒流，生命无法重来，因此我们纵使有千言万语，也只能写一封无法寄出的信。

教师板书课题。

7. 结束

教师：这一封寄不出去的信，其实是写给我们每一个活着的人的。所以，我想在这封信的末尾告诉同学们：

（播放视频：美国强生公司制作的教材资料《人生各阶段》。）

一路风景，有绚烂，有悲凉，有顺利，有挫折。但是我们身边，始终都会有亲朋好友的陪伴，让我们珍惜这些爱，因为他们是温暖我们生命旅程的阳光。

【教学建议】

初中阶段的学生正经历青春期的转变，也开始思考生命和存在的意义，但是由于“死亡”话题在我们的文化中属于禁忌，在家庭、学校生活中大家都会回避谈论死亡，所以大部分初中生对于死亡的概念很模糊，甚至一知半解。他们对于死亡的理解很多来自于漫画和游戏中的体验，因此很容易产生对生命和死亡的误读。

青春期的学生本身情绪很不稳定，在应对身心变化、学业考试、人际交往等压力的时候做出极端行为的可能性增加。在平时的心理课中，学生会暴露出种种迷失，个别同学会将自我伤害、自杀作为解决问题的方式，暴露了学生对生命本身的漠视，因此在生命意识辅导中补上这一课非常重要。本课大部分都是在教师创设的情境中进行，有时布满了阳光，有时充满了忧伤。这对教师对情感的控制和渲染是一个挑战，因为教师要通过自己的语言、表情、情感等来影响课堂情境的氛围。教师要根据素材的内容和所表达的情感，通过自己的理解，用贴切的情绪、语速等创设课堂的情境氛围，给予学生强烈的感染力，才能对目标的达成起到作用。本课的重点与难点，就是教师要通过生与死的对比，让学生感悟个体生命的存在对于身边重要的人的价值和意义，认识自己存在的重要性，体验亲人失去所爱时的情感，进而形成珍惜生命的态度。

教师的真情、激情和煽情，在本课中显得尤其重要，教师要注意情感的把握和渲染到位。

▶▶高中阶段

把握生命中的每一天

姜企华　上海市崇明中学

【教学目标】

1. 通过活动引导学生感悟生命的可贵,萌发要珍惜现在、珍惜生命中所拥有的一切的想法。

2. 通过活动,让学生意识到要着眼于当下,合理安排好生命中的每一天。

【教学对象】

高中学生。

【课前准备】

1. 剪辑《生命日记》视频。

2. 制作教学用的课件以及课堂需用到的材料,包括生命之树的制作、生命之叶便签纸的购买和准备。

【教学过程】

1. 导入

教师:同学们,在开始今天的课以前,我想请你们反思一下,在平时的生活中,你有没有很好地正视过自己的生命?如果没有,那么在今天的课上就让我们一起来认识我们的生命,来思考如何才能把握好生命中的每一天。

下面我们一起来关注一段视频。

2. 主题活动一:触动心弦

(1) 播放视频《生命日记》(一段新闻视频)

(2) 教师提问

于娟给世人留下了一部充满遗憾但无法更改的生命日记,她用自己年轻的生命向世人传递着生命的真实。于娟走了,可她带给世人的思考永远也不会停止。

从她的生命日记可以看出她对生命的认识体现在哪些方面?请你用一句话来概括。

(3) 学生根据自己的感受回答

(4) 教师结合学生的回答进行引导,并引出下面的主题活动二

3. 主题活动二:心弦舞动

(1) 投影显示

假使现在你的生命只剩下一年的时间,你会如何度过?请写下你最想做的10件事情。

(2) 学生认真写(背景音乐响起)

(3) 教师可以尝试先与学生交流自己最想做的10件事

(4) 选择几个愿意的学生在全班交流

(5) 教师根据学生交流情况作小结,并引出接下来的活动

4. 与你分享:生命清单

(1) 教师导语

很多时候,我们觉得自己还年轻,总感觉离死亡很远,时间还很多,所以有些时候就喜欢

拖延。我想起曾经看过的一篇文章，和大家分享。

(2) 分享故事《生命清单》

故事见下一页的“附件”。

(3) 学生分享对《生命清单》的感言

(4) 教师点评引导

5. 我思我悟：生命之树

教师：于娟在她生命的最后写了《生命日记》来警醒世人，而接下来我们要在生命最美好的花季，来种下我们的生命之树，用来激励我们未来的人生。

为了让我们的生命更加美好、灿烂，今后可以怎样努力？

(1) 在小组讨论的基础上，填写完成各自的生命之叶

(2) 全班交流，并在事先准备好的生命之树上贴上学生所写的生命感言

(3) 教师结合学生感言进行小结

教师寄语：同学们，不管我们以前的日子美好也好、痛苦也好，充实也好、无聊也好，轻松也好、忙碌也好，今天以前的日子已经从我们的生命中被划掉了，那么就让我们活在当下，从你最想做的10件事情开始，好好珍惜生命、珍惜未来，把握好生命中的每一天。

【教学建议】

1. 设计本课的想法

人们常常把十七八岁学生比作花季少年，象征着旺盛的精力、美好的生命。但是在两周前的一节主题为“什么是幸福”的课上，我做了一个关于生活幸福感的调查，发现状况不容乐观。很多同学都觉得生活不幸福，甚至有个别同学觉得生命没有多大意义。而不幸福的原因大部分集中在以下几点：学习负担重、压力大；生活中除了学习以外没有目标；生活中没什么值得感动的地方。如何引导和帮助学生认识和感悟生命价值，热爱珍惜自己的生命，进而尊重、关怀、欣赏他人的生命，树立积极的人生观呢？为此，我设计了一个这样的关于生命意义的专题教育，希望通过这个系列的专题教育，让大家重新认识生命、珍惜当下拥有的一切，并学会合理安排自己的生活，培养健康的生活方式，提升生命质量。这个专题需要用2~3课时完成，这是第一节课，计划下一节课在这节课的基础上和学生一起探讨健康的生活方式，唤醒生命能量。

2. 关注生命意义，着眼当下的热门话题

这是一个重要但却是老生常谈的话题，所以教师一定要留意发生在我们身边的热点问题，最好有相应的视频资料或是新闻报道，提升课堂的真实感和时代感，增强心理课对学生的冲击力和吸引力。

3. 提高心理课堂的现实性和有效性

对课内的几个主题活动，建议教师在课前自己去认真做一下、体验一下，而后在课堂上与学生一起分享，既有真情实感，又能激发学生思考与行动的欲望，而且对学生实际的学习和生活有所指导。

4. 可将本节课设置为生命意义这个专题的第一课时

建议后面的课，可以在本课“生命之树”活动的基础上和学生一起探讨健康的生活方式，唤醒生命能量。

【附件】

生命清单

五官科病房里同时住进来两位病人,都是鼻子不舒服。在等待化验结果期间,甲说,如果是癌,立即去旅行,并首先去拉萨。乙也同样如此表示。结果出来了,甲得的是鼻癌,乙是长了鼻息肉。甲列了一张告别人生的计划表,离开了医院,乙在医院住了下来。

甲的计划表是:去一趟拉萨和敦煌,从攀枝花坐船一直到长江口,到海南的三亚以椰子树为背景拍一张照片;在哈尔滨过一个冬天;从大连坐船到广西的北海;到北京登上天安门;读完莎士比亚的所有作品;力争听一次瞎子阿炳原版的《二泉映月》;写一本书……凡此种种,共27条。于是,甲辞掉了公司的职务,去了拉萨和敦煌。第二年,甲又以惊人的毅力和韧性通过了成人考试。这期间,他登上过天安门,去了内蒙古大草原,还在一户牧民家里住了一个星期。现在这位朋友正在实现他出一本书的夙愿。

有一天,乙在报上看到甲写的一篇散文,打电话去问甲的病情。甲说,我真的无法想象,要不是这场病,我的生命该是多么的糟糕,是它提醒了我,去做自己想做的事,去实现自己想去实现的梦想。现在我才体味到什么是真正的生命和人生。你生活得也挺好吧!乙没有回答。

在这个世界上,其实每个人都患有一种癌症,那就是不可抗拒的死亡。我们之所以没有像那位患鼻癌的人一样,列出一张生命的清单,抛开一切多余的东西,去实现梦想,去做自己想做的事,是因为认为我们还会活得更久。然而也许正是这一点量上的差别,使我们的生命有了质的不同:有些人把梦想变成了现实,有些人把梦想带进了坟墓。

审　美

桑生华　上海市风华中学

【教学目标】

1. 初步了解美的涵义,学习欣赏世界。

2. 引起学生对美的共鸣,体验生命的美好。

【教学对象】

高中学生。

【课前准备】

1. 制作生活中表现美的幻灯片。

2. 准备有关的视频。

3. 准备纸张、笔等。

【教学过程】

1. 引入

百度贴吧有学生评选哪个教师最美的帖子,说明同学们对美是十分感兴趣的,这堂课我就和同学们一起讨论"审美"这个话题。

2. 认识美

教师:同学们眼中的美是什么? 什么才是美呢?

(适当引导:超女、好男儿、我行我秀。)

教师:现在请同学们欣赏一些素材,感觉一下:它美吗,美在哪里?

(播放幻灯片)

汽车——科技之美,上海——建筑之美,花朵——生命之美,奥黛丽·赫本——古典之美,军人——阳刚之美(阅兵短片欣赏)。

(1) 小插曲一:讨论"芙蓉姐姐"现象

老师:同学们对这张图颇有微词,谁能起来说一下?

学生发表自己的看法:美是自然的,不是矫揉造作,所以不欣赏芙蓉姐姐。

老师:的确,美是自然的、真实的。芙蓉姐姐自我表现的勇气可嘉,然而什么事都有一个度。

(2) 小插曲二:刘翔

老师:为什么我们都会认为刘翔很美而芙蓉姐姐不美呢?

教师引导(引申到主流文化,社会审美标准):一个社会在发展中必须有它的一个主流文化存在。这个主流文化就决定了这个地区、这个国家、这个社会的一个普遍的价值观,形成了一个主流的审美标准。我们普遍喜欢健康的、积极的、真实的、自然的事物;而不喜欢虚伪的、做作的事物。

美学专家朱光潜先生对美的理解:什么叫做美,美不仅在物,亦不仅在心,它在心与物的关系上面;它是心借物的形象来表现情趣。世间并没有天生自在、俯拾即是的美,凡是美都要经过心灵的创造。

教师:美是需要我们自己去发现、去创造的。那么我们身边有哪些美的事物呢?

活动:让学生写下身边的美(以小组为单位讨论和分享)。

教师:生活中美的事物有很多,有些又非常的细小,就像隐藏在河蚌中的珍珠一般容易被我们忽略。所以我们要用心地去感受、去发现生活中的美。

3. 发现美

教师:有时候我觉得匆忙的生活让我忽略了很多很多的美,你们呢?

学生发言。

(播放幻灯片:学会感悟美,懂得发现美。)

教师:世界上充满了美,只要我们用心去感悟。当你拥有了一双发现美的眼睛,就能欣赏到世界的美好之处——旷野中随风婆娑的柳树,天空中一弯淡淡的月痕;屋角下寂寞的虫鸣,院子里喧闹的孩子;谆谆教导的老师,充满关爱的父母……生活中有太多太多的美和可欣赏的地方。

有没有这样一本书,你读到起伏时,会怦然心动;有没有这么一首歌,你听到动情之处,会潸然泪下;有没有这么一幅画,你在第一眼看到它的时候,就感觉已经看了它很久了。(引起学生共鸣)

欣赏朗诵。

4. 辨别美

教师:生活中有那么多美的事物,同学们通常是通过什么方式来辨别美的呢?

学生回答:眼睛看,耳朵听……

教师:这样能真正辨别美吗?我们看下面这张图。

(播放幻灯片:视觉两相图,狰狞与和善的图片远看近看完全颠倒。)

学生哗然。

教师:不信再看一下(链接到Flash:让视觉两相图自动缩小)。

不要被自己的眼睛所迷惑,如何提高自己辨别美的能力?

(1) 亲近自然

教师:喜欢旅游的同学举手。看来同学们都喜欢在大自然中感悟最原始的美,那么你觉得自然能给你带来什么?

(播放幻灯片:自然景色4张,设置为5秒自动播放。)

教师过渡:旅游中景色很美,但如果有人乱扔垃圾,就形成了不和谐的画面。景美人也要美。

(2) 塑造自我

① 外表:校服图。

教师:刚才有同学谈到了美是内外兼修的。在这里我想问一下,有同学认为自己的校服美吗?

学生:没有。难看,像青蛙皮。

教师:我却觉得同学们的校服非常的美。我从穿着校服的同学们身上感到了一种充满活力,充满青春的美。但是你们知道吗?你们的校服只能穿三年。过了这个时间段,这种美丽也会随之而去。以前我也没有意识到自己身上的校服有多美,直到进了大学,再穿上高中的校服,却再也没有当初的那种感觉了。同学们可要好好珍惜这三年啊,这是你们生命中值得铭刻在心的三年,充满朝气的三年。不要虚度光阴哦。

② 内在:道德素质。

教师:说完了外表,我们来看看内在。

(播放幻灯片"丑男求职":葛某某,24岁,医学院临床医学专业本科毕业,身高1.50米,胸椎右侧45度弯,俗称驼背。2004年1月,葛某某应聘赣州市一大型医院,在140名求职者中考试成绩名列第五。)

教师:如果你是院长,你愿意录取他吗?

学生回答:①愿意,因为能力强;②不愿意,因为会吓到病人。

教师:那么如果你知道了如下事实呢?

(继续播放材料:就在面试前一刻,突然有一位断手的急救病患被送入医院。当时主治医生有事无法及时赶到,病人危在旦夕。葛某某没有踏进面试的房间,而是和医生一同去抢救病人,在治疗过程中他还纠正了一位医生处理不当的地方。最后在大家共同的努力下,病人保住了性命。但同时,面试的时间已经过了。)

教师:你会改变你的决定吗?

美是对道德的最高评价,美源自内心啊!

教师过渡:我知道班级中有许多同学擅长乐器。能说一下你的感受吗?

确实,经常地感受艺术作品能提高我们的审美能力。

(3) 感知艺术:积累文化积淀

教师:同学们在生活中或者是课堂上已经接触到了不少艺术作品。有不少同学还去美术馆看过画展,去歌剧院听过歌剧。为什么对有些人来说,即使把一幅世界名画放在他的面前,他也没有丝毫反应?

(学生回答。)

同学们说得对,因为他没有相应的文化积淀和知识储备。知识面的扩充可以帮我们更好地辨别美。随着你的内在涵养不断提高,你发现的美也就越多。

(欣赏米洛的维纳斯,让学生起来朗读评价。)

5. 学会欣赏

欣赏就是审美,它是一种对事物的喜爱、同情、赞美与关切,更是一种优美的感情活动。懂得如何去认识美、发现美、辨别美,我们才会对美有感悟和体验。

(播放幻灯片。)

教师:能欣赏自己,则表现为自信;能欣赏别人,则表现为宽容。请从现在开始储蓄一份对世界的欣赏之情。

6. 收获园

请同学用一句话来总结自己这节课的感悟。

教师总结,再点一下百度贴吧的例子,说明对教师的评价还较表面,可以从更多方面来考虑,如气质、笑容、心胸、才华、修养等。以后我们可以评选最具爱心的教师、最幽默的教师,或最受欢迎教师等。

【教学建议】

因为主题是审美,所以教师在教学过程中首先需要展现出教师的美、教学的美。教师穿着仪表要得体,语速不能过快,言谈有吸引力,在串联课堂和回应学生时,记得在语言上留白。

从宏观来说,教案分为认识美、发现美和辨别美三个板块,结构比较清晰。在认识美的板块,教师需要先让自己被视频素材打动,然后才能在学生团体小组讨论时充分引导学生们的情感表达。然后,在欣赏阅兵式时,同学们一般都会被那种阳刚之美所震撼,此时教师应该注意观察学生的表情,整个班级需保持安静而专注,以及一种被感动后的跃跃欲试的情绪。在"辨别美"的板块,教师要注意自己的角色是一个引导者,不要因为学生一下子反应不过来就全权指导掌控,用通俗的话来说,就是"别上得像政治课"。

直面死亡

陈瑾瑜　上海市徐汇区未成年人心理健康辅导中心

【教学目标】

1. 帮助学生了解人的生与死以及生命过程,培养坚强的品质和积极的生活态度。

2. 让学生在对生、死有所认识的基础上懂得尊重生命，明白人生会面临死亡，人的生命是有限的，从而更加珍惜生命。

3. 帮助学生克服对亲人去世的恐惧，从亲人死亡的悲痛氛围中走出来，当遭遇重大疾病和自然灾害，生命回天乏力时，可以坦然面对死亡。

【教学对象】

高一年级。

【课前准备】

1. 通过课前调查，了解学生对于死亡的理解，及亲友离世的经历和感受。

2. 搜集死亡教育相关的活动方案、教学资料。

【教学过程】

1. 导入：关于生命

(1) 歌曲《生命没有彩排》

许多的事，成了败了，还可以重来，
许多的花，开了谢了，还可以盛开，
唯有这鲜活的生命，一出生就约定，
不可更改，
哪怕它像出戏，看幕布打开，就得面对舞台，
生命没有彩排，只有一次精彩，
一不小心就会输掉现在，
生命没有彩排，只有一次精彩，
欢笑还是悲伤靠自己主宰，
许多的事，成了败了，还可以重来，
许多的花，开了谢了，还可以盛开，
唯有这鲜活的生命，一出生就约定，
不可更改，
哪怕它像出戏，看幕布打开，就得面对舞台，
生命没有彩排，只有一次精彩，
每次一次冲动与忍耐都关系未来！
生命没有彩排，只有一次精彩，
欢笑还是悲伤靠自己主宰！

(2) 摄影师作品（如下页图）

用叶子来诠释生命的循环，从诞生到死亡，直至腐烂。

提问：人生又是如何呢？

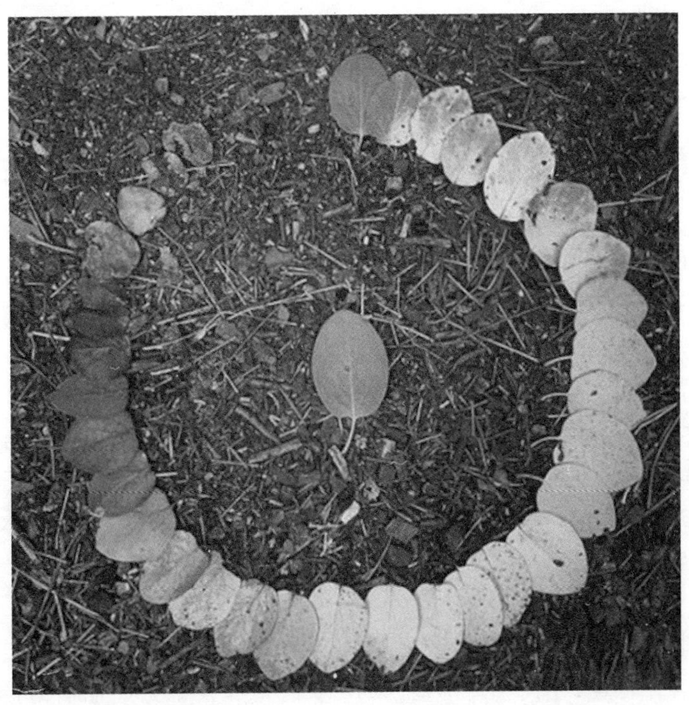

2. 生死之间

(1) 请学生描述

你是什么时候接触到“死亡”这个词的?

小时候,曾经问过父母有关分离或者死亡的问题吗?

是在怎样的情况下问及的,并得到了怎样的回答?

(2) 请学生述说

第一次目睹(听到)死亡的时候是多大?

当时的情形是……

感受是……

死者家人和朋友的感受是……

这使你对生命有什么新的了解吗?

3. 关于死亡

(1) 有时,我们不得不面临死亡

莎士比亚在《皆大欢喜》一剧中,通过杰金斯说过这样一段有名的话:

“全世界是一个舞台,在这舞台上不分男女,每个人都只是个演员,每个人都有出场,也有退场。而且,每个人在其生涯中都会扮演各种不同的角色。其剧情则分为七个时期。”

死亡,是生命的一部分,是人生的最后一幕,德国哲学家海德格尔把它称为“人生最后的挑战”。尽管我们并不能确切地知道这一幕将于什么时候上演,或者说不定提前离场,但我们必须演好自己的角色。我们无法选择生的方式,也不能选择死的方式,但我们可以选择活的方式!在活着时全心全意生活,是我们最好的谢幕方式。这样,当幕布落下的时候,我们将听到人们发自内心的掌声。

(2) 从飞的故事

他是一个普通的歌手,然而他所做的却是不平凡的事:10 年来他倾其所有,累计捐款捐物 300 多万元,资助失学儿童和残疾人超过 150 人,自己却一直过着清贫的生活。在生命的最后阶段,他又立下遗嘱捐献眼角膜,将光明永远馈赠社会、长留人间,让自己有用的器官能帮助到有需要的人。他的生命虽然短暂,但却精彩,让人们想起了那句有名的话——"有的人死了,他还活着"。他就是"感动中国 2005 年度人物"获奖者——"爱心大使"丛飞。

(3) 一位书友的感悟

"我死后,我将会再见到我心爱的一切人,因为他们先我一步在那儿的缘故,我觉得死亡没有什么不好。所以,我爱人,爱生命本身,爱这奇妙奥秘的宇宙,爱我所呼吸的空气和喝的水,爱阳光和风雨,爱我们自身生命的律动和激情。所以,我一年比一年活得更轻松,更快乐。每天,我都怀着感激和新鲜的心情来迎接新的黎明,抓紧时间好好生活,好好地吃下每一口食物,每一样美味可口的面点或水果,好好地喝每一杯牛奶或水,好好地品味每一样菜蔬,好好地欣赏每一部有趣的电影或电视剧,为剧中人笑或哭,好好读每一本展开于手的书,与世界上第一流的哲学家、思想家和伟人作精神上的交流,从他们那里吸取智慧和力量以及热情和勇气。"

(4) "喜愿儿"

在台北有个喜愿协会,专门帮助那些 3~18 岁的重病孩子完成他们的最后愿望,那些愿望得以实现的孩子,被协会称为"喜愿儿"。

每个孩子都有愿望,由于他们大部分是癌症末期,要完成这些愿望就要和时间比赛,常常有一些孩子在实现他们的愿望前就离开人世了,非常遗憾。虽然我们每个人的心里都有一些愿望,却很少有人重视它,并努力地去完成,许多人间的美好愿望就往往因此而失落了。

也许从"喜愿儿"的身上,我们可以得到一些启示:想要明天再完成的愿望,不如现在就去完成;想要以后再还的债务,不如今日就去还清;想要临终才说出的话语,不如现在就去表达;想要死后才赠送的东西,不如趁活着去送给他。

当你偶然在夜空下看见流星,就不会只留下一片惘然。

4. 情境讨论

设计若干情境题,学生分组,由代表抽出一个情境题,各组讨论并分享:如果身处该情境,你会如何?

情境题目:

如果我的生命只剩一周了

如果我是"喜愿儿"

如果我的亲人突然患上重病

如果我的宠物死亡了

如果我同学的亲人逝世了

……

5. 走出悲伤

当死亡无法避免时,你的反应是什么呢?

(1) 我要走出悲伤

① 悲伤的阶段。

心理学家伊丽莎白·库布勒·罗斯认为,人们面临诸如死亡这样的事件时,心态会先后经历五个阶段:

◎ 不相信:无法相信所发生的一切或听到的消息。

◎ 思念:整天陷入想念过世的亲人的状态,无法集中精力从事正常的生活和工作。

◎ 愤怒:非常生气,抱怨上天的不公,质问“为什么是她/他”“为什么是我家”等。

◎ 忧郁:伤心、绝望、失望、无助、放弃。

◎ 接受:逐渐适应没有亲人的生活,继续自己的生活。

根据人们的行为,心理学还把悲伤的进程分为:

◎ 震惊——麻木。

◎ 想念——搜寻。

◎ 生活杂乱无章——绝望。

◎ 生活回到正轨。

② 悲伤的表现层次。

悲伤感可能从几个层次表现出来:

◎ 生理层次:哭泣、叹息,可能感到头痛,没有胃口,难以入睡,感到很虚弱、疲乏,全身痛,全身紧张不适感。

◎ 情感层次:感到伤心、思念、愤怒、易怒、焦躁不安、担心、焦虑、生气、自责、后悔。

◎ 意识层次:可能张皇失措,精神恍惚,不能集中精力,遗忘,过于担心而无法做出决定。

◎ 社会层次:选择逃避他人,逃避社交,行为变得不合常理。

◎ 精神层次:开始怀疑自己的信念,质问“为什么”,对生活的目的、意义感到困惑,思考生与死的关系等。

无论你经历以上提到的何种表现和感受都是“正常”的。接受自己的情感,不要刻意控制自己的情绪。由于情绪的影响,大脑处于应激状态,不一定能正常发挥其功能,在这段时间内,对其他事务的要求要有所调整,原谅自己可能出现的过失。

③ 走出悲伤小贴士。

◎ 跟亲朋好友在一起,探讨此时此刻你的心情、感受。

◎ 到外面大自然里走走,让自然景观帮你转换心情。

◎ 带上一件跟过世亲友有关的小物件,想他而悲伤的时候,可以摸摸这个东西。

◎ 整理出一个纪念本或纪念盒,把过世亲友一生相关的照片、物件放进去。

◎ 告诉帮助你的亲朋好友,你想要什么,不想要什么,也可以告诉他们,你想自己单独待一会儿。

◎ 参加相应的悼念活动。

◎ 种一棵树或其他植物,以示纪念。

◎ 计划每天至少做一件有意义的事。

◎ 记日记,把你的想法、感受记下来,每天几次,或每周几次。

◎ 有足够的时间休息,允许自己放松,按照自己感到舒适的步骤处理日常生活与工作。

◎ 睡个好觉,喜欢的话可以搂一个柔软的物件睡觉。

◎ 给过世的亲友写信,把你这时的想法、感受、愿望都写进去,就像他能收到一样。

◎ 如果你每天都在思念着过世的亲友,不妨在每天起床后做一件事情,用上一段时间,把你对逝者的思念、回忆、感激、爱心都表达一下,看看他给你的礼物,想想他对你的教诲,想想如何过好这一天才对得起逝者的愿望,对自己也是最好的选择。然后,带着这样的心情,开始一天正常的生活。

◎ 观察其他悲伤者是如何处理他们的悲伤过程的。

◎ 邀请一位亲朋好友,做你的"电话伙伴",需要时你可以随时打电话给他。

◎ 允许自己哭。想哭就哭,不要认为这是懦弱,这是很正常的情绪反应。

(2) 让我和你一起走出悲伤

如果你身边的朋友遭遇亲友逝去,我们可以做些什么来帮助他度过这一悲伤过程呢?

① 首先应尊重当事人的特殊悲伤方式,如果需要独处,那我们就给他提供空间。

② 有时可能只需静静地陪伴其左右,或是给他一个深深的拥抱。

③ 不需要很多安慰的话,可以分享一点你自己的感受,可以说"我也很伤心,我愿意分担你的悲伤"。

④ 不要轻率说"我了解你的感受",因为很少人能了解当事人独特的内心感受。

⑤ 要避免说可能让当事人感到内疚的话,比如"不要哭,不然他会不安心的"。

⑥ 不要阻止情感的发泄,避免说些"克服悲伤,不要哭,要勇敢些"之类的话。

接受亲友去世的事实,处理哀伤与悲痛,调整失去逝者之后的生活,在心中为逝者留下一方空间,同时投入有意义的关系和快乐生活,继续前行,为自己,也是为了故去亲人的心愿。

6. 备选活动

(1) 泡泡,请带走我的哀伤

把学生召集在一起,围坐成圆圈,让他们谈谈哀伤事件发生后自己的感受。

给出一些常见的表达感受的词汇,如:无助、很难受、孤独、想哭、不知所措、伤心……

给孩子一个纸杯,让孩子在纸杯上画出一些能表达他现在感受的面孔。

把孩子带到户外,在这个纸杯里,放进一些能吹泡泡的液体。

告诉孩子,他每吹出一个泡泡,就代表他的一个烦恼、担忧被释放出来,并被他吹走了。孩子可以看到泡泡飘走了,并且破灭了。有时候,吹起来的泡泡又落回到你的肩上、头上,正如有些哀愁、思念可能会一再出现一样。

回到室内,问问孩子:

◎ 当你把泡泡吹走的时候,你的感觉如何?

◎ 和孩子们讨论,当他看到泡泡(问题)又回到自己身上或地上,他可以怎么办?

◎ 帮助孩子列一个走出哀伤的方法的清单,当悲哀情绪出现时,孩子们知道可以怎么做。

【教学建议】

1. 平静地谈论生与死的话题

死亡是生命的终结,因此如何看待死亡和如何处置生命的终结往往最深刻地反映了人对生命的态度。而长期以来，我们往往认为与尚未成年的青少年谈生论死似乎过于沉重，因此采取回避的态度和闪烁其辞的说法，在本课中我们希望可以平静地给学生讲“生”讲“死”，希望学生借此开始思考生与死的问题，尤其是面对亲人的离去，他们知道该如何面对，更会珍惜宝贵的生命。

2. 做好活动前的准备

死亡是一切生物从诞生之日起就注定了的必然的最终归宿，但正因为人生中有死亡，人的生命是有限的，我们更应珍惜生命，提升个体的生命价值。这个话题虽然看起来有些沉重，但对于学生的教育引导还是必须的，非常重要的一点是，进行本活动之前要有一个铺垫，教师可以先组织学生进行“把握生命的每一分钟”的活动和讨论，在做过了“生命清单”和“我的时间尺”活动的基础上，学生有相当的心理准备后，再来讨论这个话题，更便于学生接受并有收获。

3. 关于备选活动

备选活动“泡泡，请带走我的悲伤”，教师可根据课堂的情况，尤其是学生的实际情况和时间的允许，有选择地使用。“泡泡，请带走我的哀伤”比较适用于有类似哀伤体验的小团体，在进行之前应该对孩子的相关经历有一个了解，并进行初步的沟通，以免在团体活动时因难以兼顾所有个体当场的情绪反应，而给学生带来负面影响。

参考资料

一、共享资源

（一）绘本

1.《爷爷变成了幽灵》

淡淡的彩色铅笔画，配合作者平静的文字叙述，营造出一种淡定的气氛。艾斯本陪伴幽灵爷爷的经历，让故事充满了温情与幽默，最后，祖孙俩生死两相安，心中留下的是感动、思念和温暖。该书虽然讲述死亡，却并不让人感觉沉重与悲伤，让孩子自然地学会接受死亡，珍惜生命。

2.《一片叶子掉下来》

生命的意义在于经历美好的事物，在于给别人带来快乐；死亡并不是代表一切毁灭，而是另一种形式的新生。

3.《外公》

本书用诗一样的图画，很温馨地处理了“隔代关系”和“生命光辉”这两个相关的主题，使“老年”成为可爱的生命现象，用“离去”阐释“死亡”。

4.《獾的礼物》

獾虽然“走向长长的隧道的另一头”，但它给朋友们留下了许多美好的回忆，那些教会动物们的技能，便是它的礼物。这是一本关于死亡的书，同时也在教给大家生命的意义：通过帮助他人，留下生命的礼物。

5.《麦先生的旅行》

无论生活中碰到多大的痛苦，人与人之间的爱都能抚平伤痕，并且能陪伴彼此一生。

6.《象背》

大象父亲在知道自己死期将近时，与自己最深爱的亲人，共同度过了最后的宝贵时间，然后带着深深的眷恋去往天堂……让每个人都更加珍惜身边的亲人，珍惜生命的每一天。

7.《狐狸的窗户》

透过狐狸的小窗户，看到它死去的妈妈的身影，虚幻与真实之间，我们只想永远留住心中的真爱，祝福所有善良的生灵。

8.《小鲁的池塘》

朋友死亡的阴影挥之不去，小女孩藉由各种纪念性的活动，适度的宣泄情绪，为茫然失措的情感寻找出路。她逐渐明白，死亡并不是生命的结束，它会以另一种方式继续存在。

9.《爸爸的围巾》

阿富原本是个害羞、缺乏自信的孩子，在失去父亲后，他不断努力，心灵慢慢成长，变得勇敢独立起来。

10.《长大做个好爷爷》

它给孩子们平静地讲述亲人的死亡，讲述生命的终极关怀。

(二) 电影

1.《入殓师》.日本.2008
2.《忠犬八公》.美国.2009
3.《导盲犬小Q》.日本.2004
4.《蓝白红三部曲之蓝》.法国.1993

(三) 短片

1.《父亲和女儿》
2.《象之背》
3.《一分钟的生命》
4.《Moving On》

(四) 活动

1. 留舍最爱

给学生每人一张纸和一支笔；要求大家把自己“生命中最重要的五样东西”写下来。小组内做交流：请每个人想一想，假如要从五样中划去一样，自己首先划去哪一样？划去的理由是什么？

接下来依次再划去一样……直到最后还剩一样。

小组交流划去的顺序和理由，全班分享自己作出留与舍决定时的心理感受。

2. 命运之牌

由于受到出生环境等各种因素的限制,每个人的命运是不同的。有的同学可能对自己的家庭环境不满意,有的同学可能对自己的长相不满意,也有的同学可能对目前的自己不满意……假设每个人能够获得第二次生命,每个人的命运可以重新选择。现在这里有很多纸牌,每张牌就是命运的一种重新安排,它所包含的资料就是你新的生活资料,从现在起,你就是牌上的这个人。设想一下你处在这种情况下的命运,看看自己目前的处境、位置,与假设的第二次人生选择的处境相比,有什么不同?

3. 我的生命线

给自己的寿命定个期限,然后按照时间顺序来自由确定你人生的大事件。写生命线的目的是让你对自己的人生有所展望和安排,以增加人生的目的性和规划性,为创造理想人生打下基础。

4. 荒岛余生

私人飞机坠落在荒岛上,只有 6 人存活。这时逃生工具只有一个只能容纳一人的橡皮气球吊篮,没有水和食物。针对由谁乘坐气球先行离岛的问题,各自陈诉理由。先复述前一人的理由再陈述自己的理由。最后,根据复述别人逃生理由是否完整及陈述自身理由是否充分,由大家决定谁可先行离岛。

5. 我的墓志铭

我们都知道"雁过留声,人过留名"这个俗语,可墓志铭却是由别人来为我们书写的。我们现在正是发现自己价值观和定义自己人生观的阶段,所以干脆自己来写。写墓志铭,可以促使你展望自己的人生,并会一定程度上为自己树立目标,所以这个游戏重在发现自己和树立目标,如果你说自己一生是怎么样的,那你现在就应该着手去达成那个目标!

二、推荐阅读

《打开生命的 16 封信》,孙效智著,联经出版事业股份有限公司,2010

《西藏生死书》,索甲仁波切著,郑振煌译,浙江大学出版社,2011

"生命教育"丛书:《生命的价值和意义》,世界图书出版公司,2009

《心灵七游戏》,毕淑敏著,北京十月文艺出版社,2014

《上海市中小学生生命教育研究》,吴增强、高国希主编,上海教育出版社,2006

《心理游戏》,周隽主编,广东教育出版社,2002

《人生不设限:我那好得不像话的生命体验》,(美)尼克 · 胡哲著,彭蕙仙译,天津社会科学院出版社,2011

《五体不满足》,乙武洋匡著,路英勇译.南海出版公司,2010

《从不幸中学来的幸福》,宋志颖主编,中国社会出版社,2009

《地震后儿童和青少年团体心理游戏培训手册》,严文华、李骥主编,华东师范大学出版社,2008

第四章

生活适应

第一节　专题解读

一、知识链接

美国教育家华特指出:“生活的世界就是教育的世界,生活的范围就是课程的范围”。美国教育家杜威也认为:“教育是生活的过程,而不是将来生活的准备。”我国著名教育家陶行知先生曾说过:“教育的根本意义是生活之变化,因此,我们可以说:‘生活即教育’。”他同时也指出:“过健康的生活便是在受健康的教育;过科学的生活便是在受科学的教育;过劳动的生活便是在受劳动的教育;过艺术的生活便是在受艺术的教育……”教育是社会生活延续的工具,它存在于社会生活之中,就必须与社会生活紧密联系。教育的过程不仅仅是教授学科知识和技能,还要教会学生安全自救、健康自护、休闲娱乐等各种理解社会、融入社会的日常生活技能,指导学生树立合理的生活观念,培养积极乐观的生活态度;帮助学生掌握融入不同学段生活的途径和方法,解决成长过程中遇到的健康、日常生活、融入社会等方面的问题和困惑,从而树立正确的生活价值观。

达尔文在进化论中就明确指出:“适应,原本是生物的一种本能,这种能力,动物和植物都具有。人类的适应与其他生物是有着本质不同的,因为人类的适应不仅是维持生存的本能式适应,而且是一种通过改变外界环境并结合自身条件创造发展机会的主动和能动的适应。”心理学界各个流派的心理学家,如弗洛伊德、斯金纳、奥尔波特、罗杰斯等,对人格的理解各不相同,但是都认为个体的社会适应行为与人格的形成、表现密切相关,人格是个体适应行为的内在依据,稳定的适应行为是人格特征的表现。人本主义心理学家罗杰斯认为,适应就是个体与外在环境达成一种和谐和默契,从而使个体能够充分挖掘自我潜能。社会心理学家奥尔波特认为,个体内在的心理物理系统中的动力组织,决定了人对环境适应的独特性。我国著名心理学家黄希庭也指出,社会适应就是人格适应,它是个体人格形成与发展的过程。适应的心理机制由三个基本环节组成:一是了解外部环境;二是形成自身的价值观念;三是将新的观念付诸行动,调整自身的需求、动机和情绪等,达到与环境的和谐一致,从而达到适应。

生活即成长,适应即发展,生活适应不是一个独立的篇章,也不是学生成长中的锦上添花,它时刻融入在学生成长和发展的方方面面之中。生活适应的重点在于引导学生根据年龄及生活内容的特点,更好地进行认知适应和行为适应。生活辅导主要具备以下特性:非功利性、自主性、生活性、内隐性。学生在看似轻松、自主、贴切的辅导活动中,发现生活的本质,更好地理解生活,不仅能让自己更好、更有效地投入生活之中,而且也是对自身人格不断优化的过程,为自身未来的成长和问题解决奠定重要的基石。

二、学情分析

(一) 小学阶段

从低年级的处于适应制度化学校生活的过渡时期,到高年级向初中生活过渡的转折点,小学这一阶段是生活、学习习惯养成的关键期。但由于这一年龄段的孩子的生活自理能力比较弱,依赖性比较强,生活学习等方面行为的规范性、自主性都需要加强。

小学生的生活适应显现如下特点:

1. 日常生活具有依赖性

大部分小学生,特别是小学低年级的学生,有很大一部分过着只要好好读书,其余的事全由家长代劳的生活。在家长的宠爱中,小学生日常生活的自理能力得不到培养,生活习惯得不到养成。现如今,很多小学生理不好书包,系不来鞋带,甚至剥不来鸡蛋。因为家长在平时包办了他们的生活,导致小学生的依赖心理滋生,生活自理能力堪忧,不利于小学生健康快乐的成长。

2. 课余生活缺乏自主性

尽管小学生的学习压力还不是太重,但是爱玩的天性使他们非常渴望能够得到充分的休息和假期。可是事与愿违,由于他们缺乏对自己假期生活的规划能力,假期生活大多由家长做主,或跟着父母去运动、旅游,或在家睡睡懒觉、看看电视、玩玩电脑,缺乏自主性、规划性。假期看似让小学生的身体得到了放松和休息,却常常让小学生觉得假期很无聊,一点也不充实,自己的精神生活得不到满足。他们渴望生活能过得有意义,但是并不知道该如何制定一份适合自己的计划。

3. 对电子游戏缺乏自控力

大多数小学生还没有出现"网络成瘾"的问题,但是在现实生活中,一些小学生对电子游戏和网络游戏缺乏自控力的例子屡见不鲜。我们常常可以看到一些小学生捧着电子产品,在电子屏上不停地划呀、点呀,乐此不疲,欲罢不能,对父母的劝诫与呵斥充耳不闻。这对于小学生心智的健全发展很不利。在"E 时代"里,电子产品不可回避,重要的是引导小学生从小利用电子产品服务生活,利用网络帮助自己解决学习上和生活中的小难题。

4. 储蓄理财具有盲目性

随着社会物质生活水平的不断提高,小学生手里有了更多的零花钱,还有压岁钱。那么,他们拿着钱去做什么了?有的买零食,有的买玩具,有的买学习用品等等。对于如何支配自己的零花钱和压岁钱,大多数小学生没有概念,具有一定盲目性,更不要说尝试管理和升值自己的财富了。对照一下国外对孩子的教育与要求。在美国,父母希望孩子懂得自立、勤奋与金钱的关系,把理财教育称为"从 3 岁开始实现的幸福人生计划",3 岁能辨认硬币和纸币,6 岁具有"自己的钱"的意识。美国小孩会将自己用不着的玩具摆在家门口出售,以获得一点收入。即使家庭富有,他们也会有工作欲望。在日本,父母主张孩子要自力更生,不能随便向别人借钱,让孩子自己管理自己的零用钱。日本人教育孩子有一句名言:“除了阳光和空气是大自然赐予的,其他一切都要通过劳动获得。”可见,从小对小学生进行理财的正确引导,让他们了解理财的重要性,知道如何支配自己的零花钱及做合理的财富规划,很有现实意义。

(二)初中阶段

对于初中生来说,生活适应是一个重要又实际的问题。良好的生活适应不仅能够有效促进中学生的学习,而且对他们今后人格的健康发展起着重要的作用。初中生正处于人生发展中重要的“转型”阶段,自理能力较小学有了一定的提升,但意识和行为还很容易受到外界环境的诱导和影响,产生盲目的模仿和从众行为。特别是随着社会环境日新月异的变化、网络时代的不断深入、思想观念的日渐多元、娱乐传媒的光怪陆离,这些都对初中生的生活和交往方式产生了巨大的影响。初中阶段的学生对时尚很感兴趣,同时也会引发很多的困惑,若不能得到积极有效的引导,就极易出现一些“特殊”的不良倾向性行为,不利于学生的身心健康成长。

在众多时尚流行中,初中学生最感兴趣的莫过于追星。初中生正处于人生观、价值观逐步形成的重要时期,这个时期的他们极易受到身边人的影响,敢爱敢恨的他们也极易受到自己所喜欢的公众人物的影响,他们有自己喜欢的偶像,喜欢的明星五花八门,有歌星、影星、球星,甚至包括动画片或漫画中的人物。他们在课余谈论自己的偶像,搜集有关偶像的一切资料,了解偶像的新动态,把零用钱拿来收集明星的画片,并把它们贴在卧房、用具、书籍上,还模仿明星们的发式、衣着、言行等等。还有少部分狂热的“追星族”甚至会将所有的精力和时间花在追星上,跟着明星的脚步,以了解明星的一切为己任,将偶像当成自己的希望和唯一的精神支柱。明星靓丽的外表、潇洒的风度、事业的成功、极高的社会知名度、丰厚的收入、优越的生活条件等等,都会强烈地吸引青春期的青少年,给他们的审美观、价值观、人生观带来影响。但在这个过程中,如果他们没能得到合理的引导,往往会将更多的焦点放在偶像的外在,而没有感受明星更有意义的内在精神力量。

另一给初中学生的生活带来重大影响的时尚便是网络。在这个信息时代,电脑与网络早就成为了他们生活中必不可少的组成部分。几乎每个中学生都有自己的 QQ 号,他们通过网络打游戏、聊天、交友,在网络游戏、网络交往中满足自我的需求。网络世界带给他们很多新的体验,同时也给他们带来了困惑。初中学生因为心智还不够成熟,容易受到网络中不良信息的影响,过度沉迷于网络虚拟世界,从而无法适应现实生活和学习。有的甚至会沉迷于游戏中,难以自拔。总之,虚拟与现实的区别、网上交往的不确定性等等,给孩子们的健康成长带来了很多问题。

另外,过度攀比也是初中生中容易出现的不良倾向,不知如何理财、不知如何正确消费、人云亦云……这些不良倾向对正处于关键转型的青少年们的成长是极其不利的,所以引导初中生如何更好地做到生活适应是非常重要又迫切的一个主题。

(三)高中阶段

经过中考的选拔性考试进入高中后,高中学生面临一系列的学习与生活适应问题:熟悉适应新学校的管理制度，认识新老师、新同学，建立新的人际关系，承担新的更艰难的学习任务，在全新的校园生活环境中形成恰当的自我评估和自我期待等。

高中学习和高考改革政策的出台，带来了高中生学习生活适应的新问题。英语一年两考、学习走班制的实施、提供多样化的课程服务、取消录取批次、注重专业选择、综合素质评价强调社会参与、多元化的高招标准和录取机制、破解唯分数论等，这一系列高考改革政策的出台，对高中生提出了更高的适应要求，高中生需要充分了解自我的爱好、兴趣、特长、能力等，并据此进行选课、选科、选社团、选社会实践项目、选大学专业、选升学途径等等。

改革开放带来的社会大环境的变化，给高中学生带来了新的困惑和考验。面对着“E 时代”的发展，伴随着新的诱惑与不良因素的影响，虚拟的网络世界、丰富的电子产品、时尚流行、拜金主义、吸烟吸毒等，高中生需要提高识别不良信息、抵制不良诱惑的能力，需要培养健康的生活方式和良好的行为习惯。

这些在新环境中出现的新情况，都有可能导致学生一时难以适应，产生种种困惑和矛盾冲突。而且，高中学生随着自我意识的发展，需要迎接建立自我同一性、防止自我同一性混乱的心理发展任务。因此，在高中的不同阶段开展相关的生活适应指导，有利于帮助学生顺利融入高中各阶段的生活，为三年的成长与发展奠定良好的基础。

三、目标与内容

（一）中小学阶段生活适应的教学目标

生活适应是中小学阶段心理健康教育课的常见主题。国家教育部颁发的《中小学心理健康教育指导纲要（2012 年修订）》的文件，在心理健康教育的具体目标和主要内容中，都提到了要对学生进行生活和社会适应辅导的要求与内容，并提出在具体教学过程中，针对不同学段的实际，教学目标的设定要各有侧重，体现出小、初、高的衔接与发展的特点。

小学、初中、高中三个学段生活适应的教学目标如下：

学段 目标	小学	初中	高中
生活适应能力	明白自己的事情要自己做，学习做自己力所能及的事情，培养生活的自理能力。	感受生活的变化与丰富，激发合理安排自我生活的意愿，学习生活技能与技巧。	积极调整自己，笑迎新的学校生活；了解健康饮食与运动、健康的关系，培养健康生活的习惯；协调生活各方面的关系。
合理消费与理财	学习管理自己的零花钱，探索小学生理财方法。	了解自己的消费情况和消费动机，确立理财意识，感受合理花钱，学习理财方法，合理消费。	能够冷静地审视自己的消费动机和消费现状，根据自身的特点建立理性的理财观念；理智地应对商品诱惑，合理消费。

（续表）

学段 目标	小学	初中	高中
规划假期 合理休闲	培养做家务的好习惯，明白丰富课余生活的重要；合理使用数码产品，明白绿色上网的重要性。	学习合理安排假期和休闲生活；理解偶像的内涵，学习理智合理追星；了解、认识和理性对待网络，做到与潮流同步而不疯狂、不狭隘、不沉迷。	善用闲暇，安排课余生活，规划健康的课余生活；认识网络的积极与消极作用，抵制诱惑，提高生活生存技能；乐于合作，培养有担当的社会责任感。

（二） 中小学阶段生活适应的教学内容

1. 小学阶段

（1） 自己那点事

通过活动让学生明白生活中哪些事是自己力所能及的，哪些事是需要求助的，不仅理解“自己的事情自己做”，而且通过实战演练，学习做好自己能独立完成的事情，学习一些处理与自己相关事情的方法。

（2） 学做岗位小能手

“小鬼当家”的游戏活动让学生感受为他人服务的快乐，并养成在家里做力所能及的家务的好习惯。在调查和活动中，引导学生学习管理自己的零花钱，“不要不理财”的活动，可让学生体会必要开支与不必要开支的区别，确立合理使用零花钱的意识，初步探索一些适合小学生的理财方法，做个理财小当家。

（3） 假期巧设计

设计“忙碌的暑假”活动，直观展示未经统筹设计的假期生活状态及不良感受，唤起学生设计假期的愿望，学习规划课余生活。“我爱阅读”“亲近大自然”等活动，可以为学生丰富自己的课余生活提供内容和方向。

（4） 网络的妙用

小学生尤其是中高年级学生会接触网络和游戏，可以设立“我是游戏大师”和“网络的妙用”等活动，让学生尝试创造适合小学生的游戏，学习合理使用数码产品，绿色上网，丰富自己的课余生活。

2. 初中阶段

（1） 生活花瓣

帮助学生更多更全面地了解生活的真谛，感受生活的丰富，设计“生活技巧对对碰”活动，让学生具体学习适合初中学生的生活基本技巧和技能，提升健康、积极生活的愿望。

（2） 休闲生活巧安排

学习合理安排休闲生活，如“今天你上网了吗”的讨论分享，引导学生认识网络。“走进网络空间”的活动，可以帮助学生了解网络特点，学习如何处理与网友的关系，并思考如何正确使用网络。针对初中生喜欢追星的特点，设计“我是你的粉丝”“超级追、追、追”等活动，学生可以在交流追星过程中的故事和对“星”的认识的过程中，理解偶像的真正内涵，理智追星，做一个优秀粉丝。

（3）合理消费会理财

“零花钱，我做主”的分享，感受如何合理花钱。“小小理财家”引导学生树立理财意识并初步学习理财方法，为未来美好生活打下良好的基础。

3. 高中阶段

（1）笑迎新生活

初步认识高中阶段学习生活的特点与要求，采取主动融入新学校、新集体的行为。“健康伴我行”的内容，可以从多个方面入手，如了解合理饮食与健康的关系，养成科学饮食的生活习惯；了解体育锻炼与健康的关系，养成科学运动的生活习惯；了解生活多方面的关系，合理安排与协调学习、睡眠与休闲娱乐的时间。

（2）健康休闲生活

“走进信息时代”的讨论，正确认识网络、电子产品对生活的积极作用以及负面影响，学习自我保护和生活安全的技能。“享受休闲假期”的分享，学会规划自己和合理安排假期生活。认识酗酒、吸烟、赌博、吸毒等不良行为对身心健康的影响以及可能涉及的法律责任，抵制各种诱惑，增强自制力。了解网络诈骗、拐卖、猥亵、校园暴力等事件的危害，学会预防和机智处理突发伤害事故，提高生存生活技能。

（3）合理消费

了解科学理财方法，树立合理、正确的理财观，学做“超级财富赢家”。

（4）合作与共赢

这是高中学生不同于小学和初中学生的内容，要学习互助，培养团队协作的意识和能力，增强责任意识，理解“责任与担当”，要学会对自己的言行负责。

四、温馨提示

小学阶段的教学应采用趣味性和可操作性强的活动，让学生在开心的活动中有所发现和收获。但在具体教学时，还要注意小学生的年龄，因小学的跨度比较大，低年级与高年级学生的身心特点就明显不同，在具体确定教学目标和选择教学内容时，要充分考虑这一点，从学生的现状和实际出发，更贴近学生，利于学生的成长。

中学部分中，各个主题内容的安排应该更加凸显实效性，可以通过新颖有趣的活动方式，在引导激发学生兴趣的同时，让学生对自己的生活适应进行全面的回顾和思考，对于自己所存在的不良倾向和问题能够进行积极反思，在团体动力的带动下，进行有效调整。具体注意点如下：

① 联系学生生活经历，从实际出发，从身边的现象和事例出发，效果会更好。

② 要注重相关资料的积累，尽可能在课前做好学生情况的调研，从学生关注的角度与现象，从学生存在的困惑和问题出发，让学生理解教师的共感和引导。

③ 在面对因价值观差异而引发的不同的生活态度时，原则上求大同存小异，不要进行简单的是非判断和价值灌输，但要注意进行正面的积极的引导。

④ 本专题侧重引导学生从自身经历和感受中去自我体验和感悟。

⑤ 本专题内容涉及面广、容量大,我们没有完全涵盖,还有不少的空间可以探讨和引导,如时间的管理等。教师可以根据当时当地的情况、学生的现实与热点,进行有针对性的补充和添加。

⑥ 每个内容都可以以“点”代“面”,以活动促认知,通过强化认知推动实践。

第二节 教案分享

▶▶小学阶段

不要不理财

刘章 上海市宝山区长江路小学

【教学目标】

1. 了解“理财”的含义,初步树立合理管理零用钱的意识。

2. 以小账本为载体,尝试进行消费规划。

3. 通过合理消费,拥有积极的情绪体验。

【教学对象】

小学高年级学生。

【课前准备】

1. 问卷小调查:我们的零花钱用在哪里。

2. 小账本表格。

【教学过程】

1. 引入

(1) 谈话交流:了解学生零花钱的使用情况,是否有记账的习惯等

教师:你们平时有没有零花钱?

前阵子,学校组织了一次秋游活动,爸爸妈妈是否给你们零花钱了?你们都是怎么花的?平时,你们通常会怎么管理自己的零花钱?

学生回答。

(2) 听录音,揭示课题

教师:请同学们边听录音,边思考:小力和小欣谁更会管理自己的零花钱?

(播放录音故事。)

旁白:学校组织去东方绿舟秋游,小力和小欣都很高兴。在东方绿舟大门口,他们聊了起来。

小力:小欣,昨天我老爸给了我50元零花钱,你呢?

小欣:和你一样!50元!

小力:真棒!你看东方绿舟门口有好多卖小兔子的哦,我最喜欢小动物了,让我去挑一

个买回家。

小欣:小力,别去,这些小摊贩都无牌无证,不能买。再说等下你拿着个兔子笼,怎么参加活动啊!

小力:没关系的……

旁白:说着,小力就去买了一只小兔子,高高兴兴地走进东方绿舟参加活动了。

时间过得飞快,一转眼,一天的秋游活动结束了。在回来的路上,小欣没有看见小力的兔子,便问道:小力,你的兔子哪儿去了?

小力:我也不知道,玩的时候弄丢了。

小欣:太可惜,这只兔子要20元钱了吧。那你还剩多少钱?

小力摸摸口袋说:我……我只有3元钱了。

小欣:不会吧!你都买了什么呀?

小力:我记不清了,好像买了冷饮,还买了一些零食,又买了一些玩具。不过,小欣,我告诉你哦,东方绿舟里面的冷饮真贵!比如说可乐,在超市里买只要2元5角,东方绿舟里要花5元呢!那些零食太诱人了,但只是长得好看,一点儿都不好吃。我真是被坑惨了。

小欣:当然啰。就是狠狠宰你一刀的呀!你看我多聪明,备足了食物,不过水太重了,我只带了1瓶,不够喝。后来我也买了瓶4元钱的矿泉水。坑爹啊!

小力:是啊,那你还买了什么?

小欣:我也买了一些小玩意儿和一个东方绿舟纪念徽章。

小力:纪念徽章是什么?多少钱?我也要买!

小欣:这个要10元钱呢!你只有3元了,好像不够吧。

小力:小欣,你最好了,要不你借我7元钱吧!我也想要一个徽章,求求你了!

小欣:想得美,不借!买东西要力所能及好不好!对了,我有一个小账本,等下要把花掉的钱记上去。

小力:小账本有什么用啊?

小欣:它可以帮助我记录自己的支出,进行合理消费。

小力:我真是个马大哈,看来以后得向你学习学习才行了!

(学生交流。)

教师引导:虽然小力的零花钱不比小欣少,可是他不会计划支出,也不会记账,所以钱都不知道花哪里去了。小欣比小力更会管理自己的零花钱。

(3) 点题

① 教师:同学们,大家想一想,小欣通过使用小账本,对自己零用钱的支出进行管理,小账本能告诉我们钱花到哪里去了,哪些钱该花,哪些不该花,让我们进行合理消费,这就是——理财。今天我们活动课的主题就是——不要不理财。

② 教师:你们觉得合理消费是指什么呢?

预设:

◎ 买有用的东西——物有所值(合情合理)。

◎ 买的东西是自己需要的——现实需求。

◎ 不能够超支——力所能及。

教师:刚才大家说了很多,现在老师就来考考你们了,让我们快速进入活动环节——头脑风暴。

2. 主题活动

(1) 头脑风暴

① 小账本对比。

教师:今天老师带来了小欣的账本,同时,也帮助小力制作了账本(出示两人账本)。下面就请大家比较一下,他们的消费中有哪些是合理的,哪些是不合理的?

小欣春游一日账单		
资金总额:50 元		
支出		
物品	金额	备注
矿泉水	4 元	口渴
游戏卡片	10 元	
纪念徽章	10 元	
玉米粒	8 元	喂鸽子
结余:18 元		

小力春游一日账单		
资金总额:50 元		
支出		
物品	金额	备注
小兔子	20 元	掉了
可乐	5 元	口渴
薯片	7 元	大包装
游戏卡片	10 元	
	5 元	掉了
结余:3 元		

② 学习制作小账本。

教师:现在请同学们告诉我,想要制作好一个小账本,哪些项目是必须要写清楚的?为什么?

预设:时间、收入金额、支出金额、支出用途(备注)、结余金额。

(2) 实战演练

教师:看来,大家都学会怎么制作小账本了,下面老师又要考考你们,让我们进入实战演练。在这个环节,老师会给每个小组分配一个任务,同学们进行合理消费,并完成记账单。

(学生分成六组,每两个小组同一个任务。)

任务一:同学生日马上要到了,请为她策划一个生日活动吧。

任务二：同学小林生病住院了，请准备一些礼物去看望她吧。

任务三：重阳节去社区慰问孤老，为孤老带上一份礼物吧。

各组完成任务后，请将记账单贴在黑板上。

记账单		
资金总额：100 元		
支出		
物品	金额	备注
结余：________元		

（3）七嘴八舌。

教师：请大家仔细看贴在黑板上的各个小组的账单，小组内讨论一下，这些消费是否合理，为什么？

学生讨论后全班交流分享，老师可以将合理的、正确的部分用红笔画出，或将关键的字词写在黑板上，以利于引导学生思考。

3. 总结

（1）老师总结

理财可是大学问，一样的花费，可以换来不一样的快乐。同时，理财不是一天两天的事，而是一份长久的坚持，希望大家能够养成这种良好的行为习惯。

（2）课后实践“我来学记账”

【教学建议】

“不要不理财”的心理辅导活动，运用了当今社会的一个时髦词“理财”，以此激发学生参与活动的兴趣，并引起学生的思考，其本质就是引导学生合理规划零用钱。其实，很多成年人都不会理财，更不用说小学生了，他们缺乏理财知识，什么是理财？如何科学理财？理财方式都有哪些……他们常常只会花，不会理。

“不要不理财”的心理辅导活动就是通过集体活动，对学生进行正确引导，让他们了解理财的重要性，知道如何支配自己的零花钱及做好最为合理的规划。

▶▶初中阶段

精明一族反击战

选自华东师范大学出版社《心理：中小学心理健康教育（初中学生用书）》

【教学目标】

1. 了解自己的消费现状，学习管理自己的零用钱。

2. 树立正确的消费价值观,提倡适度消费,反对盲目消费。

3. 分析广告对消费心理的影响,拒绝广告诱惑,做理智的消费者。

【教学对象】

初一至初三年级学生。

【课前准备】

1. “消费小调查”反馈统计表。

2. 几个典型的广告材料。

3. 古今中外关于“节俭”的论述。

【教学过程】

1. 导入新课

教师导语:“好东东”大家都喜欢,但并不是每样“好东东”都买得起、必须买的。每次逛街,总觉得自己口袋不够饱满,眼睁睁看着心爱的“东东”离我远去。真羡慕同班的吴小庆,每月光零花钱就是500大洋,平时穿的、用的,哪样不是名牌!什么新潮买什么,从来不用担心没钱花。

这是一位同龄人的心声,同学们在生活中有过这样的感受吗?

2. 我的零用钱

(1) 我show你show

教师提问:从什么时候起,我们有了零用钱?我们都是怎样使用这些钱的呢?

如果每月给你100元零用钱,你会怎么安排呢?

指导学生完成表格中的内容。并进行相互交流。

消费项目	金额	受影响的方面			
		娱乐	朋友	健康	知识
零食					
书籍、杂志					
学习用品					
玩耍					
CD、磁带等					
同学交往					
储蓄					
其他					
结余					

说说自己费用最高和最低的消费项目分别是什么?生活必需的消费项目是什么?

(2) 我诉我心

教师提问:你认为自己的零用钱与身边同学相比怎么样(多、少、差不多)?你的零用钱的主要来源是什么?

学生回答。

教师提问:如果得到一笔数目不小的压岁钱,你会怎么用呢?

学生在小组内交流讨论,而后全班进行分享。

教师提问:如果家里有经济实力,你是否会买名牌?为什么?

教师根据学生的思考与回答,将学生按"会"与"不会"分成两大组,两组略作讨论后各自发表意见并说明理由。

教师出示事先进行的消费小调查的结果分析,与学生一起分析初中生消费行为特征和消费误区。

3. 广告"招招"析

(1) 我 show 你 show

指导学生完成洗发水八问:

① 过去一年中你购买了几种不同牌子的洗发水?

A. 3 种以下　　B. 3 种以上

② 购买前你是否考虑试用广告中认识的其他品牌?

A. 是　　B. 否

③ 你从何处知道你所买的洗发水的咨讯?

A. 父母、朋友等　　B. 电视、报纸、杂志等

④ 购买前是否阅读包装上的说明书?

A. 是　　B. 否

⑤ 购买前是否比较不同牌子的价格?

A. 是　　B. 否

⑥ 是否因为相信广告(如去头皮屑、柔顺头发等)而选择购买?

A. 是　　B. 否

⑦ 对一种未使用过的洗发水,你会选择最小的型号吗?

A. 会　　B. 不会

⑧ 在不了解详细资料的情况下,你是否常选购价格较高的一种牌子?

A. 是　　B. 否

教师引导学生对结果进行分析说明,主要围绕:购物时是依据事实与需要还是相信感觉?

问题	影响购物的因素	
	凭事实	凭感觉
1	A	B
2	B	A
3	A	B
4	A	B
5	A	B
6	A	B
7	A	B
8	B	A

商品广告对你的决定有多大影响?

问题	广告的影响	
	有影响	无影响
2 3 6	A B A	B A B

分析:八个问题的选择结果如表格所示。哪一组选项占多数,表明你购物时倾向此类消费行为。其中问题2、3、6的选择又表明广告对你购物决定的影响程度如何。

(2) 我诉我心:广告大剖析

① 教师选择几则现在正在热播的广告进行播放,并从崇尚权威、实验+示范、重复+重复、夸大优点等几个角度进行分析。

② 指导学生完成广告分析表格:选择一则广告,试着分析它的内容。

广告分析
产品名称:
品牌:
用什么方法说服顾客:
针对顾客什么样的心理:

③ 交流分析内容。

教师引导:广告的招数有哪些?它利用人们的什么心理?

④ 广告影响力。

指导学生完成广告正反面影响的表格(完成空白部分):

正面	反面
·介绍新产品或新服务; ·将信息快速传播; ·刺激经济; · · · ·	·改变消费原则; ·提高产品成本; ·制造假形象; · · · ·

学生交流分享。

教师提问:你用什么方法拒绝广告的各种诱惑呢?

小组讨论与全班分享。

教师引导并小结:广告的各种影响,怎样拒绝广告的诱惑。

4. 心心点灯

(1) 阅读“心心点灯”的内容:

① 人的欲望永远大于购买力。消费是所有欲望中最难满足的一种欲望,因为不是欲望产生消费,而是消费产生欲望。

② 零花钱的管理就是自我控制。除非你会控制自己,管理自己的欲望和习惯,否则只能沦为金钱的奴隶。

③ 如何支配金钱不仅是一种方法,更是一种态度,它涉及你的价值观和意志。钱来得容易,花得自然顺当。

④ 广告的诱惑与影响不可忽视。精心设计的广告很容易吸引一些意志薄弱和不假思索的消费者,引诱他们购买并非真正需要的物品。

(2) 请学生谈谈自己感受最深的一句话

(3) 教师提问

如何做一个理智的消费者?

(4) 学生交流分享

(5) 教师小结

消费方式应该是健康有益的,注重物质和精神的协调发展;消费行为应该是理智适度的,做金钱的主人而不是奴隶,让意志走在欲望前面。

5. 怦然心动

(1) 阅读《母亲的纯净水》一文(内容见下一页附件)

教师提问:你怎样看待母亲的这种节俭?

(2) 学生发表各自看法

(3) 教师小结

节俭是中华民族的美德,我们提倡积极、科学、合理的节俭,即现代消费观念下的节俭观。

6. 成功教练

(1) 指导学生完成消费预算,先以一星期为时段

消费项目	收入(元)	预计开支(元)	实际开支(元)
早餐			
零食			

（续表）

消费项目	收入(元)	预计开支(元)	实际开支(元)
小计			

（2）课后完成“家庭小调查”，并根据调查结果调整自己的消费预算计划

父母每月的固定收入大约是________元。

每月家庭固定支出需________元。

每学期花在我身上________元。

我可以节省下来的开销是________元。

7. 结束活动

公布“精明一族”会员须知：

（1）面对现实

（2）订立计划

（3）会员权益——精明理财、收支平衡；多彩多姿，生活无忧

欢迎更多同学加入！

【教学建议】

本课内容虽然信息量比较大，但因为都是比较贴近生活实际的内容，所以能够充分激发学生参与的兴趣。教师在其中简洁明了的“穿针引线”作用非常重要，要积极及时把握课堂中所出现的精彩内容和生成性的资源，并进行引导和深化。

【附件】

母亲的纯净水

一瓶普通的纯净水，2元钱；一瓶名牌的纯净水，3元钱。真的不贵。每逢体育课的时候，就有很多同学带着纯净水，以备在激烈的运动之后，可以酣畅地解渴。

她也有。她一直喝同一种牌子的纯净水。瓶子绿色的商标上，一位大名鼎鼎的明星身着白衣——那大概也是名牌，笑嘻嘻的，好像在说：“这水味道不错。”周二和周五下午有体育课，吃过午饭，母亲就拿出一瓶，递给她。她接过瓶子的时候，心里隐隐有点不安。她知道，家里的经济状况不怎么好，母亲几年前就下岗了，在街头卖零布，父亲厂子不景气，工资也不高。但是，她还是为那瓶纯净水高兴。因为拿着它，在班里那些时髦的同学面前，自己就不再觉得很丢脸。

一次体育课后，同桌没有带纯净水。她很自然地把自己的水递了过去。

“喂，你这水不像是纯净水啊。”同桌喝了一口，皱皱眉，咂咂舌说。

“怎么不是？”她的心跳得急起来，“是我妈今天刚买的。”

几个同学围拢过来：“不会是假冒的吧？假冒的便宜。”

“瞧，生产日期都看不见了。”

“颜色也有一点儿别扭。”

一个同学拿起来尝了一口：“咦，像是凉白开呀！”

大家静了一下，都笑了。是的，是像凉白开。一瞬间，她突然清晰地意识到，自己喝了这么长时间的纯净水，确实有可能是凉白开。要不然，一向节俭的母亲怎么会单单在这件事上大方起来呢？她当即扔掉了那瓶水。

“你给我的纯净水，是不是凉白开？”一进家门，她就问母亲。

“是。”母亲说，“外面的假纯净水太多，我怕你喝坏肚子，就给你灌进了凉白开。”母亲看了她一眼，问：“有人说什么了吗？”

她不做声。“虚伪，”她想，“明明是为了省钱，还说是为我好。”

“当然，这么做也能省钱。”母亲仿佛看透了她的心思，又说，“你知道吗？要是给你买纯净水，一星期两次体育课，就得 4 元钱，够我们家一个月的水费了，一年就是一百多元钱。”

她不得不在心里对自己说，母亲是对的。自己是家里唯一的纯消费者，没有能力挣钱，总有义务省钱。再说，喝凉白开、喝纯净水，对身体的确没什么区别。可是想到同学们一张张嘲笑的脸，她还是感到莫名的委屈和酸楚。

“有同学笑话你吗？”母亲又问。

她点点头。

“那你听听我是怎么想的。”母亲说，“我们是穷。但是穷有什么错？富也罢，穷也罢，都是日子的一种过法。穷人不见得可怜，富人也不一定高贵。再穷，也得看得起自己。要是看不起自己，心就穷了，那可就真穷了。”

她点点头。那天晚上，她想明白了母亲的话：穷没什么。它不是一种光荣，也绝不是一种屈辱；它只是一种相比较而言的生活状态，是她需要认识和改变的一种现状。如果把它看作是一件丑陋的衣衫，那么它可能遮住了心灵的光芒。如果把它看作是一块宽大的布料，那就可以把它做成一件温暖的新衣——甚至，还可以把它当做魔术师手中的那种幕布，用它变幻出绚丽多姿的未来。

就是这样。

后来，她去上体育课，依然拿着母亲给她灌的凉白开。也有同学故意问她：“里面是凉白开吗？”她沉静地看着问话的人，说：“是。”

时间银行

孔庆雯　上海市北海中学

【教学目标】

1. 体会 1 秒钟的收获，感受珍惜时间的重要性。

2. 发现生活中哪些情况下容易浪费时间，找出影响时间利用效率的原因。

3. 初步学习时间管理技巧。

【教学对象】

初中一、二年级学生。

【课前准备】

1. 学生访谈或调查(作业时间、放学后时间安排等)。

2. 收集1秒钟可以发生的变化的资料与图片,并制作PPT。

【教学过程】

1. 引入课题

猜谜语:世界上有一样东西,它是最长的又是最短的,最广又易被分割,最伟大而又最渺小,最珍贵而又最被人忽略。当它快到极限时,人们才发现它的重要!

(答案:时间。)

教师提问:世界上有一个奇妙的银行,每日打入86400,这是什么银行?

(答案:时间银行。)

2. 感受1秒钟的作用

(1) 银行行长的请求

受金融危机影响,银行行长提出每日少打入账户1秒,你是否接受?

(2) 1秒钟会发生什么

教师用PPT展示1秒钟内可以发生的变化。

(3) 教师出示4张图片,每张呈现时间均为1秒,随后问一个与图片相关的问题

总结:短短1秒钟,我们就可以得到不少的信息。

(4) 教师提问

在哪些情况下1秒钟都不能少?

(5) 总结

时间是珍贵的,每1秒钟都有独特而重要的价值,生命中的每1秒都不能少。

3. 你用时间交换什么

(1) 教师提问一

每一天我们都用账户里的时间交换生活。例如,我们把时间交给睡觉,换来体力和休息。想一想,在我们这个年龄段里,有什么是每天必须用时间去交换的?

学生回答,睡眠、饮食、学习、人际交往、运动、休闲等。

(2) 教师提问二

用睡眠的时间去休闲好吗?用休闲的时间去学习好吗?

学生回答。

(3) 教师总结

每个年龄段都有各自必须得到的东西,合理安排生活,生活就会变得丰富多彩;时间安排不当,你的生活就会失去一些色彩。

4. 时间小偷

(1) 引入

时间这么珍贵,引来了一些小偷的觊觎,他们会趁你不注意的时候偷走你的时间!

① 举例:林林的故事——做作业。

播放PPT,显示林林做作业的时间与情况:

19:00~19:10　做作业

19:10~19:20　接电话

19:20~19:30　找圆规

19：40~20：00　翻书包找书

20：00　发现了书包中的漫画，开始看漫画

教师提问：你看了林林的故事有何感觉？他是个珍惜时间的人吗？边做作业边打电话是个好方法吗？

② 小组讨论。

林林的故事中，你觉得哪些时间被小偷给偷走了呢？

我们生活当中还有哪些事情会让你的时间被偷走？

有什么办法可以防止这些小偷的出现？

学生小组讨论并全班交流，教师可将关键内容用简单的词语写在黑板上。

5. 时间管理小贴士

总结归纳大家讨论的结果，阐述如何做好自己的时间管理。

时间是珍贵的，我们要合理利用、安排时间才不会让它们白白地流逝，生活才会更加丰富多彩！

【教学建议】

本教案从选题、表述到活动的设计，符合初中一二年级学生的心理特点，能激发学生参与活动和思考的积极性和兴趣。导入部分的谜语和“银行行长的请求”，既紧扣主题，又有趣，能在很短的时间内调动学生参与的欲望。在教学过程中，教师要带点神秘感，激发学生的好奇和兴趣；教师要注意运用学生生活中的情景和实例，可以事先拍摄照片或画图片，生动形象又有吸引力。其中，“1 秒钟的作用”的活动很重要，引导学生关注平时未曾注意过的时间，引起学生对时间的重视；“时间小偷”的活动，取材自学生中常见的现象，通过“林林做作业”，再现学生学习生活中的各种情景，教师通过提问，指导学生分析讨论，既让学生感到贴近自己的学习生活，又能让学生在互动中有所思考和感悟，从而达到教学目标的实现。

▶▶高中阶段

走进E时代

谢晓敏　上海市中光高级中学

【教学目标】

1. 引导学生能辩证看待网络的利与弊。

2. 学习尊重并保护个人与他人的隐私，增强网络文明意识和安全意识，体验健康的“网络社会”生活。

【教学对象】

高中学生。

【课前准备】

学生分组，6~8 人一组为宜。

【教学过程】

1. 活动导入：互联网让我们成长

（1）资料呈现

因特网的前身(附件1)。

(2) 讨论分享

结合案例说明互联网带来的积极影响。

(3) 教师点评(可结合以下内容小结和引导)

① 互联网创造便捷的社会生活。

金融交易、电子商务、网上购物、健康信息、政府服务和公共政策信息等等。

② 互联网是开放的资源平台。

互联网可以长久保存和广泛传播海量的信息,克服时空障碍,实现资源共享。

③ 互联网丰富日常生活。

在线学习、网络歌手、在线娱乐、微博等,为个人拓宽学业知识、发展兴趣爱好、丰富业余生活提供了多元途径。

④ 互联网促进人际沟通。

QQ、微信、电子邮件等。

⑤ "互联网+"推动社会经济创新。

2015年7月,国务院印发《国务院关于积极推进"互联网+"行动的指导意见》,指出:"到2025年,网络化、智能化、服务化、协同化的'互联网+'产业生态体系基本完善,'互联网+'新经济形态初步形成,'互联网+'成为我国经济社会创新发展的重要驱动力量。"

⑥ "互联网+"技术创造新的就业市场

"互联网+"时代的到来将催生大量的专业技术从业者。从事"互联网+"服务商的工作,要求每个人都有整体规划性思路,能够根据"互联网+整体解决方案"做事,并有一个擅长的具体领域。更进一步,"互联网+"服务商要为每一个企业配备数个服务代表,工作人员"驻商"或者"驻岗",为企业提供一对一的服务。

2. 活动深入:互联网让我们受伤

(1) 资料呈现

中国互联网信息中心发布的《2013年中国青少年上网行为调查报告》节选(附件2)。

(2) 讨论分享

结合案例说明互联网带来的负面影响。

(3) 教师点评(以下观点与内容供参考)

① 互联网使用不当带给个人的伤害:痴迷上网、荒废学业、摧残身体、网络不良交友、沉溺于虚幻,易引发心理疾病等。

② 互联网使用不当带给他人和社会的伤害。

③ 互联网使用不当导致安全隐患,滋生是非,引发道德和法律问题。

3. 活动拓展:互联网,我该怎样爱你

(1) 分组讨论并分享:互联网时代,我们如何保护自己、尊重他人

材料一:

如梦令——网吧

(改编自李清照的《如梦令》,是对沉迷网络影响学习的现象的真实写照。)

常住网吧深处，
糊涂不知归路。
误睡课堂之上，
呼噜，呼噜，
惊起同学全部。

材料二：

花季少女的"死亡游戏"

花季少女经常玩名叫"死亡游戏"的网络游戏，并认识了一些"朋友"，她从此不能自拔，并渐渐产生了轻生的想法。她的想法得到那些素未谋面的网络"朋友"的一致赞成与支持，于是大家相约集体自杀。如获"知音"的少女开始写遗书、订毒药、选路线，准备应约自杀。

材料三：

视频《网络风波》(资料来源：全国青少年普法网)

视频概要：学生李飞拍摄了一段视频，内容为公交车上一年轻女子抢占他人给老人让的座，并不接受其他乘客的建议，拒不让座。视频经各大网站的转载，网民通过"人肉搜索"找到该年轻女子的所有信息，导致年轻女子被单位辞退、受周围人的指责，承受巨大的精神压力而入院治疗，年轻女子要求李飞赔偿损失。

(2) 教师点评

作为高中学生，最重要的是要提高自身素质，抵制网络诱惑。

上网时注意不轻易泄露个人资料。

不轻信网友的任何话，不随意答应网友的要求。

及时远离"危险"网友。

有情况及时求助。

发现不良信息，通知朋友共同抵制，并报告有关部门。

规范网络行为，不在网上发布虚假信息。

不使用网络进行人身攻击等。

4. 活动总结

互联网已经渗透到社会生活的方方面面，成为社会、经济、文化活动以及个人生活的重要平台。随着互联网在青少年群体中的不断渗透，青少年的生活方式乃至思维意识也受到越来越深的影响。与此同时，青少年群体的网络使用行为对网络娱乐的发展、网络文化的走向以及网络文明与安全的推进有重要的影响。

【教学建议】

沉迷虚拟的网络世界以逃避现实生活中的困难、不能合理规划上网时间而影响学业、轻信网络好友而伤害自己或他人、忽视网络行为的合法性等，是青少年在使用网络过程中容易遇到的问题，教师可运用近期校园或社会事件，组织学生讨论分享，指导学生提升网络素养。

【附件】

1. 互联网的前身

1957年10月4日，苏联成功发射人类史上的第一颗人造地球卫星——"史波尼克"。当时正处于美苏冷战时期，"史波尼克"卫星发射成功意味着在争霸全球的竞赛中，苏联人先行一步。这一消息顷刻间汇成国家安全危机的阴云,笼罩整个美国。5天后的记者招待会上,总统艾森豪威尔公开表达了对国家安全和科技水平的严重不安。两个月后,美国总统向国会提出建立国防高级研究计划,建设一个军用网,保证自己的计算机网络在受到袭击时,即使部分网络被摧毁,其余部分仍能保持通信联系,这个网简称“阿帕”。阿帕网最初只包括四个站点,即加州大学洛杉矶分校(UCLA)、加州大学圣巴巴拉分校(UCSB)、犹他大学(Utah)和斯坦福研究所(SRI),这就是因特网的前身。

2.《2013年中国青少年上网行为调查报告》

根据中国互联网络信息中心(CNNIC)第33次中国互联网发展状况调查显示:截至2013年12月,中国(不包括香港、澳门、台湾地区,以下相同)6.18亿网民中,25周岁以下的青少年网民规模达2.56亿,占网民总体的41.5%。中国青少年网民平均每周上网时长为20.7小时,从年龄分布分析,青少年网民主要集中在12~24岁,所占比例为88.4%。网络娱乐类应用是青少年群体最重要的互联网应用,网络音乐、网络游戏、网络视频和网络文学在青少年网民中的使用率均超过了全国平均水平。

截至2013年12月,青少年手机网民规模已经达到2.21亿,青少年网民中手机上网的比例为86.3%。青少年手机网民在交流沟通、获取信息和网络娱乐类等应用上使用较好,其中手机即时通信使用率为90.6%,手机搜索使用率为79.4%,手机网络音乐使用率为70.2%,是青少年网民手机端使用率最高的三大应用。

截至2013年12月,中国未成年网民占青少年总体网民的54.5%,规模为1.4亿。手机是未成年网民上网的主要设备,使用比例为79%。各类应用中,未成年网民的网络游戏使用率为70.5%。

责任与担当

魏超波　上海市崇明县教师进修学院

【教学目标】

1. 引导学生能为自己的言行负责。

2. 让学生理解并宽容团队成员的错误,勇于承担团队错误的后果。

3. 让学生学习承担团队责任乃至社会责任,维护团队、社会的和谐公正。

【教学对象】

高中学生。

【课前准备】

1. 学生座位全部调整到教室四周,留出中间大片空地。

2. 扩音器、哨子。

【教学过程】

1. 活动导入:我为自己负责

(1) 游戏:“对不起,我错了”

游戏规则:

① 全体学生根据人数分成3组或4组,列队站在教室中间的空地上。

② 教师喊“一”时,举左手;喊“二”时,举右手;喊“三”时,抬左脚;喊“四”时,抬右脚;喊

"五"时,不动。

③ 有人出错时,出错的学生走出队列,在众人面前先鞠躬,再举起右手高声说:"对不起,我错了!"该同学退出游戏。

④ 游戏重新开始,以此循环,教师可根据实际情况选择终止。

⑤ 教师和已退出不参加游戏的同学做监督者。

(2) 讨论分享

游戏过程中每个成员的情绪、想法以及游戏带来的思考。

(3) 教师点评

为自己的言行承担责任,需要勇气,也是对个人负责的态度。但在团队中,是否也能够承担团队的责任呢?

2. 活动深入:我为团队负责

(1) 游戏规则

① 全班学生每4人一组,分为若干组,剩余的学生作为观察员,并协助维持秩序。

② 4人一组,两人相向站立,另外两人相向蹲着,同侧一站一蹲的两位同学是一方。

③ 站着的两人进行"剪刀、石头、布"猜拳,猜拳胜者,则由胜方蹲着的人轻刮输方蹲着的人的鼻子。

④ 输方两人轮换位置,即站着的人蹲下,蹲着的人站起来,继续开始下一局。

⑤ 活动可反复进行几个回合,次数由小组成员自行决定。

(2) 讨论分享

① 如何看待自己的责任和别人的过错?

② 当自己的同伴失败时,有没有抱怨?

③ 同组中的两人如何共同面对挑战?

(3) 教师点评

每个人都应为集体的荣誉负责,为团队的胜利而努力。面对某个成员导致的失败或失误,如果团队内的其他成员对此进行抱怨、发牢骚或者横加指责,无疑会影响团队的情绪。相反,若其他成员进行安慰、鼓励,共同出谋划策,则失败的成员会倍感温暖,会以更积极的心态面对任务,尽其所能去解决问题,促进团队完成任务。

3. 活动拓展:谁的责任

(1) 案例呈现

谁的责任(附件1)。

(2) 讨论分享

谁应该为该事件负责?故事最好的结局应该是什么?

(3) 教师点评

每个人承担自己的错误,不回避,不推诿,不仅要对自己负责,也要对团队负责,更要对社会负责。

(4) 讨论分享

德国新教神父的忏悔之语带来的启示(附件2)。

(5) 教师点评

保护自己的同时,也要维护所有人的公正,帮助别人也是帮助自己。社会是所有人的集合,社会的风向掌握在我们每一个人的手中。公平、正义、民主、法治、道德、爱、真、善、美的力量增强了,相反的力量就会被削弱。

4. 活动总结

勇于承担自己的责任,并学会理解、宽容团队成员的责任。如此,我们的团体和社会就会越来越美好,我们也将乐在其中,成长于其中。

【教学建议】

教师需要营造开放的的活动氛围,鼓励学生分享,尊重学生的分享,引导学生与同伴互助,在分享中达成共识,获得成长。

【附件】

1. 谁的责任

在深圳有一家香港公司的办事处,有一位主管和一位职员。办事处刚成立时需要申报税项,由于当时很多这样性质的办事处都没申报(逃税行为属于违法),再加上这家办事处没有营业收入,所以这家办事处也没申报。两年后,在税务检查中,税务局发现这家办事处没有纳过税,于是做出了罚款决定,数额有几万。

这家办事处的香港老板知道这件事后,就单独问这位主管:"你当时怎么想的,现在发生这样的事情?"

主管回答说:"当时我想到了税务申报,但职员说很多公司都不申报,我们也不用申报了,考虑到可以给公司省些钱,我也就没再考虑,并且这些事情都是由职员一手操办的。"

老板又找到这位职员,问了同样的问题。这位职员说:"从为公司省钱的角度,再加上我们没有营业收入以及其他公司也没申报的事实,我把这种情况同主管说了,最终申不申报还应由主管做决定,他没跟我说,我也就没报。"

2. 德国新教神父的忏悔之语

在美国波士顿犹太大屠杀纪念碑上,一个叫马丁的德国新教神父留下了沉痛的忏悔之语:"起初他们追杀共产主义者,我不是共产主义者,我不说话;接着他们追杀犹太人,我不是犹太人,我不说话;后来他们追杀工会会员,我不是工会会员,我不说话;此后他们追杀天主教徒,我不是天主教徒,我不说话;最后,他们奔我而来,再也没有人站起来为我说话了。"

3. 远涉重洋的一封来函(备选)

武汉市鄱阳街的景明大楼建于1917年,是一座6层楼房。到1997年,这座楼度过了漫漫80个春秋,一天,业主突然收到当年的设计事务所从远隔重洋的英国寄来的一份函件。函件告知:景明大楼为本事务所1917年设计,设计年限为80年,现已到期,如再使用为超期服役,敬请业主注意。

4. 35个紧急电话

一位名叫吉埃丝的美国记者在百货公司挑选了1台唱机作为送人的生日礼物。售货员彬彬有礼、笑容可掬地特地挑了1台尚未启封的唱机给她。回到住处,打开包装后,吉埃丝发现唱机没装内件,根本无法使用。她火冒三丈,准备第二天一早即去百货公司交涉,并迅速写了一篇新闻稿《笑脸背后的真面目》。

第二天一早，一辆汽车赶到吉埃丝的住处。原来，职员从发现销售错误到找到吉埃丝的落脚点期间，共打了35个紧急电话，并在第一时间将1台完好的唱机、一张外加的唱片、1盒蛋糕送到吉埃丝手中，并再次表示歉意后离去。

5.《90%乘积背后的责任链意识》节选（备选）

数字常给人带来最直接的冲击力。一次偶然的机会，碰到这样一道数学题："90%×90%×90%×90%×90%＝？"结果是59%。

安全生产领域的"海恩法则"告诉我们，每起严重事故背后，必然有29次轻微事故和300起未遂先兆以及1000起事故隐患，这投射出一些人责任心的缺失。

世间万象，事理相通。一个单位，一个团队，一个工作流程，每个成员、每个环节就是一个乘数，其责任心就是成功系数，所有人的责任心构成一条责任链。工作的成效，取决于这条责任链的强弱，即每个组成元素（责任心）乘积的大小。要想十拿九稳、万无一失，责任链上的每个参与者都需要尽可能地履行100%的责任。

参考资料

一、共享资源

（一）心理游戏活动

1. 生活花瓣活动

请同学们在花瓣中填上自己的业余生活与爱好，有行动的和没有行动的用不同的颜色上色。

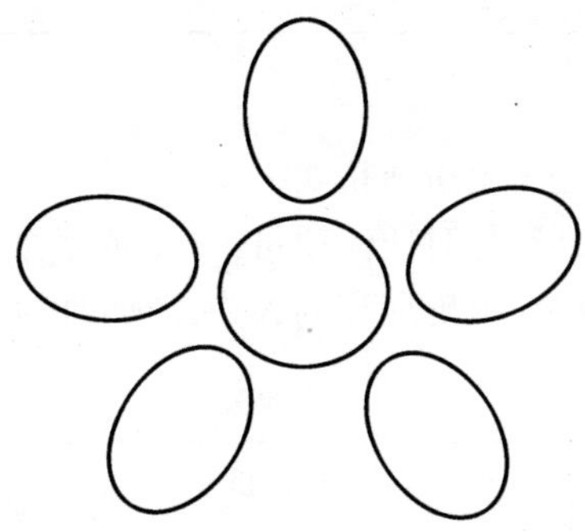

分组进行交流和分享。

讨论：这些业余生活与爱好，给自己的生活带来了什么？有哪些爱好是自己喜欢而没有行动的？为什么？对自己的业余生活与爱好，有什么打算？

2.“反思我的24小时”表格

反思自己平时安排和利用时间的方式，并将反思结果填写在纸上。

你一天的主要活动有哪些？请估算各个活动所需的时间，填在下面：

________(　　小时)，________(　　小时)，

________(　　小时)，________(　　小时)，

________(　　小时)，________(　　小时)，

________(　　小时)，________(　　小时)，

……

反思结果：________________________________

________________________________。

3. 生活馅饼图

画一个圆圈，代表一个人一天的生活时间，再将圆圈分成4等份，每一份代表6小时。然后根据下列活动在一天中所花费的时间(例如睡觉、学习、工作、与家人相处、做家务、玩耍、看电视、课外阅读，其他)，画出自己的生活馅饼图，并思考以下问题：你满意自己的时间分配吗？在这张生活馅饼图中，你希望得到的最大部分是什么？

和同学讨论与交流，看看自己的时间分配有哪些地方需要改进。小组交流各自的看法，选派代表在全班交流。

4.“零用钱的来龙去脉”表

零用钱的来龙去脉

钱从哪里来	钱花到哪里去
定时向父母领取	喝饮料
视需要开口	买礼品送人
钱包中自由取用	郊游

5. 拍卖会

请学生自愿或从学生中推选一个扮演拍卖人。

每人只有1000枚金币，可以参与对任何项目(一个或多个)的拍卖。起拍价为100枚金币，每次加价以100枚金币为单位，出价最高的人为该项目的得主。

拍卖记录表

拍卖项目	最高价	得主
影星的签名		
喜欢的电子产品		
名牌服装		

（续表）

拍卖项目	最高价	得主
漂亮的容貌		
幸福		
快乐		
一个月的假期		
……		

项目可以根据活动需要进行添加。

6. 网络与规则

谈谈自己在网络中所遇到过的不文明、不道德的现象，并探讨为什么这些行为是不道德的？在网上是不是也应该有类似交通法规的规则呢？

7. 名牌与感觉的辩论会

全班分为正方、反方进行辩论。

正方：有了名牌感觉一定好。

反方：有了名牌感觉不一定好。

教师引导学生思考并讨论：一个人的好感觉，除了靠名牌，还有什么？去掉名牌，你在哪里？你的好感觉来自哪里？

另外还有生日会购物清单、网瘾少年案例、休闲辩论会等活动。

（二）视频

1. 纪录片《互联网时代》

该片是中国第一部也是全球电视机构第一次全面、系统、深入、客观地解读互联网的大型电视纪录片。全片共10集，每集50分钟。该纪录片站在人类社会的高度，以国际化的宏观视角，展现并解析一个新的时代。

2. 关于网络的短视频

① 移动互联网时代，云计算时代，跨界时代！颠覆的世界！您准备好了？

② 全民抢红包，互联网时代的社交联欢。

③ 警惕“羞辱文化”在互联网上狂欢。

④ 互联网时代的怪孩子。

⑤ 人肉搜索第一案。

3. 影片《BBS乡民的正义》

剧本改编自台湾BBS网络事件。对新闻工作充满使命感的记者蓝苡晴，追求真理、报道事实真相是她对自己的要求。她原以为踏进报社就能发挥所长，却只能听长官指示在网络论坛上找新闻。蓝苡晴闯入数十万网友聚集的BBS论坛，看到所有网友群起攻击梦想版版主——李澄湘，李创立梦想版之原意是让网友们分享彼此的梦想。

因为一段不该外流的影片，李澄湘成为人肉搜索的主角。电脑工程师黄冠军虽挺身而出为李澄湘说话，要大家冷静，但排山倒海而来的辱骂、一通接着一通无法辨识号码的来电，让李澄湘无法承受这一切而濒临崩溃边缘。

然而这整起事件疑似李澄湘的前男友 King 幕后策划，一手操控，King 是网络世界中赫赫有名的骇客，只有他才能入侵 BBS 论坛最高指挥中心。King 虽然曾经深爱着李澄湘，但是她的离去令他无法释怀。蓝苡晴一路追查下去，事实的真相越来越复杂，牵扯进来的人越来越多。

4. 美国最终判两名中国留学生终生监禁

中国留学生在美暴力群殴同伴的事件引起全社会关注，受害人刘怡然被扒光衣服、用烟头烫伤乳头、用打火机点燃头发，被强迫趴在地上吃沙子、剃掉头发并吃掉等，期间还有人用手机拍下了刘怡然的受虐照和裸照。整个折磨过程长达 5 小时，刘怡然遍体鳞伤，脸部淤青肿胀，双脚无法站稳。最终，美检方做出判决，两名主犯被判终身监禁，两人累计保释金高达 600 万美金（超 3600 万人民币），媒体称是美国历史上留学生犯案保释金最高纪录。

二、推荐阅读

《团体心理游戏设计与案例》，杨敏毅，鞠瑞利著，希望出版社，2010

《心理健康学本教学参考资料（试验本）》，杨治良总主编，叶斌主编，华东师范大学出版社，2005

美国中小学生必修课程《健康与幸福（高中上册）》，（美）琳达·米克斯、菲利普·海特、兰迪·佩奇著，余国良、雷劈（中文版）总主持，浙江教育出版社，2014

第五章

人际交往

第一节　专题解读

一、知识链接

人际交往是个体通过一定的语言、文字或肢体动作、表情等表达手段，将某种信息传递给其他个体的过程。社会学将人际关系定义为人们在生产或生活活动过程中所建立的一种社会关系。心理学将人际关系定义为人与人在交往中建立的直接的心理上的联系。

以下撷取各大流派或理论对于人际交往的需要、原理、方法的概述。

（一）需求层次理论

马斯洛将人的需求从低到高分为生理要求、安全要求、爱和归属感、尊重、自我实现五个层次。其中没有一个需要的满足离得开人际交往，特别是安全感、归属感和自我实现，都是在人际交往的互动过程中得以实现的。

（二）人际需要三维理论

舒茨提出人际需要的三维理论，舒茨认为，每一个个体在人际互动过程中，都有三种基本的需要，即包容需要、支配需要和情感需要。这三种基本的人际需要决定了个体在人际交往中所采用的行为，以及如何描述、解释和预测他人的行为。三种基本需要的形成与个体的早期成长经验密切相关。

1. 包容需要

个体想要与人接触、交往，隶属于某个群体，与他人建立并维持一种满意的相互关系的需要。

2. 支配需要

个体控制别人或被别人控制的需要，是个体在权力关系上与他人建立或维持满意的人际关系的需要。

3. 情感需要

个体爱别人或被别人爱的需要，是个体在人际交往中建立并维持与他人亲密的情感联系的需要。

（三）同理心

同理心就是进入并了解他人的内心世界，并将这种了解传达给他人的一种技术与能力，又叫作换位思考、神入、共情，指站在对方立场设身处地思考的一种方式，即于人际交往过程中，能够体会他人的情绪和想法、理解他人的立场和感受，并站在他人的角度思考和处理问题。主要体现在情绪自控、换位思考、倾听能力以及表达尊重等与情商相关的方面。

（四）依恋理论

依恋是寻求与某人亲密，并当其在场时感觉安全的心理倾向。

依恋理论起源于对动物的观察及实验。早期对人类依恋的大量研究由英国发展心理学家约翰·鲍尔比及同事做出。依照依恋理论，依恋的出现，并不只是由于需要满足各种内驱力。例如，儿童并不只是因为父母提供食物，而依恋于父母，儿童的依恋行为中也包括与儿童的直接需要无关的行为。依恋理论认为，人类是社会性存在；人类不只是利用他人来满足自己的内驱力。[1]

（五）塞尔曼儿童观点采择能力阶段理论

第一阶段（3~6岁）：没有分化的观点采择。儿童能认识自己与别人有不同的想法和情绪感受，但他们经常将两者混淆。

第二阶段（4~9岁）：社会信息的观点采择。儿童懂得人们会因为接触到不同的社会信息，而对同一问题可能有不同的观点。

第三阶段（7~12岁）：自我反思的观点采择。儿童能站在别人的立场上，从别人的角度审视自己的思想、情绪感受和行为。儿童也认识到，别人也能这样做。

第四阶段（10~15岁）：第三参与人的观点采择。儿童能超脱两个人相互作用的情景而想象一个不偏不倚的第三者是如何观察自己和别人的思想、行为的。

第五阶段（14岁~成人）社会观点采择。个体认识到第三参与者的观点采择会受一或两种更大的社会价值体系的影响。[2]

二、学情分析

交往是人的一种基本需要，个体从出生起就有与人互动的倾向，并通过人际交往发展社交技能、学习社会规则，逐步实现社会化。大量研究表明，人际关系与心理健康高度相关。和谐的人际交往过程既能使人获得他人的接纳或赞许，体验到自己存在的价值，又能获得合作、互助的积极体验，增添生活乐趣，并发展更具适应性的合群特质。人际支持系统能缓冲个体对各类生活事件产生的应激反应，有效降低个体罹患各类心理疾病的可能性。但个体在不同的年龄阶段，与人交往的侧重点和方式方法有所不同。

（一）小学阶段

埃里克森的人格发展理论认为，儿童中期（6~12岁）发展的主要任务之一就是投入同伴交往，在学习平等交往的过程中不断提升移情同感能力，加速社会化发展，发展亲社会行为。艾森伯格认为：处于儿童中期的小学生属于双向帮助阶段，还未到共患难的合作阶段。此时的儿童对友谊的交互性有了一定的了解，但仍具有明显的功利性特点。[3]

1. 适应与乐群

小学阶段是儿童由主要和成人交往逐步过渡到主要与同伴交往的时期，是学习平等交往技能的关键时期。在低年级特别是一年级入学之后，培养小学生人际交往的适应能力尤为重要。儿童进入小学后，随着他们认识能力的发展和同伴互动的增多，儿童的观点采撷能力得到飞速提高。所谓观点采撷是指把自己的观点和他人的观点区分并协调起来的能力。它是与自我中心相对而言的，要求个体在对他人作出判断或对自己的行为进行计划时把他人的观点考虑在内。8~10 岁的儿童的观点采撷能力处于自我反审的角色采撷阶段。儿童知道，尽管拥有相同的信息，自己和他人的观点依然可能有冲突。儿童了解每个人都有自己的思想和情感，在进行交往行为决策时开始考虑他人的观点。[4]

此阶段应协助儿童解决日常交往的真实困难来培养他们的乐群心态。在辅导途径上，不仅从言语、非言语两个角度全面提升其人际沟通技巧，更注重引导学生以观点采撷的视角，在换位思考中决策适宜的交往行为。并在对他人交往意图的解读上，采用更多元、积极的视角。以期在潜移默化地进行乐观解释风格的引导的过程中，挖掘冲突矛盾背后的积极因素，让学生悦纳当前实际的人际交往过程，提升人际交往的兴趣，乐于深入发展友谊，不断发展合群的人格特质

2. 依赖与成长

不同年龄阶段的个体，身处的人际关系和场所不尽相同，感情所指向的对象也有区别。小学儿童虽已有了自己所喜爱的同龄朋友，但在感情上仍十分依赖父母。父母是影响儿童早期成长的重要人物，在童年期以前的儿童的眼里，父母的形象至高无上，他们对父母既尊重又信任。随着小学生人际交往圈的扩大年龄的增长，他们在渐渐摆脱依赖，逐渐成长，试着融入日益广泛的属于自己的成长“社交圈”。

3. 偶像与服从

在小学阶段，教师作为他们社会化过程中一个重要他人出现，一般来说，小学生们可以接受任何一种类型的教师，有的小学生甚至将自己的教师视作偶像，希望将来能够成为他们那样的人。因此他们特别渴望得到教师的关注和理解，大部分儿童与教师的关系都是比较友好的，他们愿意听从教师的引导。

（二）初中阶段

埃里克森认为，青春期(12~18 岁)这个阶段主要解决的是自我同一性和角色混乱的冲突问题，这段时期的青少年正好处于中学阶段(包括初中和高中)。一方面，此阶段的青少年本能冲动高涨会带来问题；另一方面，更重要的是，青少年面临新的社会要求和社会的冲突而感到困扰和混乱。所以，青少年这一时期的主要任务是建立一个新的同一感或自己在别人眼中的形象，以及他在社会集体中所占的情感位置。这一阶段的危机是角色混乱。埃里克森说：“这种统一性的感觉也是一种不断增强的自信心，一种在过去的经历中形成的内在持续性和同一感(一个人心理上的自我)。如果这种自我感觉与一个人在他人心目中的感觉

相称，很明显这将为一个人的生涯增添绚丽的色彩。”

初中生在人际交往方面，也显示出与小学阶段完全不同的特点：

1. 朋辈交往的地位凸显

初中生将感情重心逐渐偏向于关系密切的朋友。在一项调查问卷中，关于“你平时经常将自己内心想的事对谁讲？”初中生的排序是：朋友、兄弟姐妹、父母。由此不难看出，朋友关系在初中生心目中显得日益重要。因为此时的他们认为：朋友之间应该能够同甘苦、共患难，能够从对方得到支持和帮助。在初中生的日常交往中，好朋友之间往往对彼此公开自己认为最重要、最秘密的事。这种交流对初中生心理的发展是有积极意义的，能够使他们通过别人更好地认识到自己内心世界所发生的一切，更好地了解自己。

心理学家罗伯特·魏斯在研究各种人际关系后指出，同辈群体能够满足个体的某一些心理需求，主要包括六方面：一是依恋，个体在童年时代对父母的依恋，在长大以后，从朋友那里得到亲密体验；二是社会整合，青少年在社会化的过程中渴望成为群体一员，得到群体中成员的接纳、认可；三是价值的保证，青少年渴望发挥才智，在团队中得到价值认可；四是可靠的同盟感，在交往过程中，青少年可以感受到合作与拥有忠实伙伴的快乐体验；五是获得指导，在交往中，青少年可以学习到团队中的规范，获得知识与信息，得到成长；六是助人机会，青少年在团队中助人的品质让其更受欢迎，受重视。[5]

2. 交往方式的稳定持久

进入青春期以后，一系列成长问题让初中生有了许多心理上的不安和焦躁。他们需要有一个能倾吐烦恼、交流思想并能保守秘密的地方，因此，他们交友的范围逐渐缩小了，初中生最要好的朋友一般是1~2个。他们选择朋友的标准为：有共同的志趣和追求；有共同的苦闷和烦恼；性格相近；在许多方面能相互理解等。初中生的好友一般为相同的性别，这一阶段朋友之间的关系也是十分密切的，所建立起的友谊相对稳定和持久。

3. 异性关系从排斥到融洽

进入初中以后，男女生之间的关系有了新的特点，双方都开始意识到了性别问题，并对彼此逐渐产生了兴趣。但是，在最初阶段，他们对异性的兴趣是以一种相反的方式予以表达的：或是在异性同学面前表露出一种漠不关心的态度；或是在言行中表现出对异性同学的轻视；或是以一种不友好的方式攻击对方。从表面上看，他们并不相互接近，而是相互排斥。

到初中阶段的后期，男女生之间逐渐开始融洽相处。在一些男生与女生心中，会有一位自己所喜爱的异性朋友。但初中的男女生通常情况下都不会将这种情感公开出来，在许多情况下，这只是一个永久的秘密。此阶段男女同学之间的爱慕之情是很稚嫩的，因为随着时间的流逝，随着他们各方面的发展与成熟，随着价值观念的不断变化和调整，产生于初中阶段的这种情感很可能就渐渐地淡化下去，甚至完全消失了。

4. 亲子关系从依赖到脱离

初中生由于在情感上有了其他的依恋对象，与父母的情感便不如以前亲密了。而且在行为上开始反对父母对他们的干涉和控制。初中生对于任何事件都喜欢自己进行分析和判断，不愿意接受现成的观念和规范。因此，他们对于以前一贯信奉的父母的许多观点都要重新审视，而审视的结果与父母的意见常常不一致。随着初中生生活范围的扩大，会有其他成人形象通过各种途径进入他们的心目中，这些人物又都是些近乎理想水平的形象，相形之下，父母就黯然失色了；另一方面，随着初中生思维水平和认识能力的提高，他们会逐渐发现存在于父母身上的，过去却未曾觉察的某些缺点，这也会削弱父母的榜样作用。

5. 师生关系从崇拜到评判

初中生所喜爱的教师一般具有以下特点：知识渊博、授课水平高、热情和蔼、关心学生的成长、有朝气等。初中生不盲目接受任何一位教师，他们开始品评教师，当然评价不一定都是糟糕的，他们也评价自己喜欢的教师，在每位学生的心目中都有一两位最钦佩的教师。他们对所喜爱的教师所教授的科目，会努力去学习；对于这位教师所提出的各种要求，会十分认真地去执行；对于这位教师提出的各种意见和看法，会毫不怀疑地去接受和吸取。同样，在初中生的心目中，也总有一两位他们最不喜欢的教师。在心理上，初中生对于自己所不喜欢的教师的各种意见都持拒绝态度。有部分学生对于自己不喜欢的教师持否定态度，有的还表现出“叛逆”行为。

（三）高中阶段

1. 高中生的交友需要

交友是人类精神生活的需要，高中时期更是结交朋友的需要猛增的时期。高中是结交同性朋友的高峰期（大学则是结交异性朋友的高峰期）。高中生渴望友谊，喜欢与同龄人交朋友，男生的朋友圈大于女生。高中生对人际关系比较敏感，良好的人际关系对于高中生的健康成长非常重要。拥有和谐的交友圈和相对固定的朋友，个体就会消除孤独感，产生安全感，保持情绪的平静和稳定。如果在高中时期不能满足个体的交往需要，个体通常就会感到孤独和压抑，进而影响学习、生活，影响心理健康。

2. 高中生的友谊观

相对初中生而言，高中生对友谊的理解是比较全面和辩证成熟的。从调查研究的结果来看，大多数学生把真诚、理解、信任、尊重、宽容、分享等看成是朋友间的重要行为准则。尽管在高中阶段，不同年级、不同性别的高中生择友标准存在一定的差异，但是相对有准则可循。高中生择友特别重视志同道合的相似性、同甘共苦的相互性、取长补短的互补性和个性品质的认同性。高中阶段由普遍性交友演变为个别性交友，出现所谓的“挚友”，小团体较为稳固。这种友谊基于感情共鸣、体验分享、趣味相投的基础，对朋友的要求也更高，希望相互理解、忠诚、亲密；寻求朋友之间的默契，希望朋友之间相互尊重与平等，注重思想的交流和人格的平等。异性之间的疏远期已经过去，可以更自然大方地相处，也更在意自己在异性心中的形象。

3. 人际交往的主要困惑与障碍

高中生在交友的过程中并不是一帆风顺的，还是会出现问题和困扰，存在一些障碍。

（1）闭锁心理

高中生的自我意识、独立欲望、自尊心都明显增强，内心世界不愿轻易向人袒露，出现普遍性的闭锁心理。闭锁心理的存在往往会妨碍新的友谊关系的建立，产生莫名的孤独感。

（2）防御心理

有的学生抱着“害人之心不可有，防人之心不可无”的心态，对是否存在真正的友谊表示怀疑，往往比较“敏感”“有戒心”，不敢与人坦诚相待。

（3）自卑心理

有的学生对自己缺乏信心，有自卑感，这样的同学常常自惭形秽，感到别人瞧不起自己，又害怕别人伤害自己，因而在交往中事事回避，处处退缩，丧失了诸多获得真诚友谊的机会。

4. 沟通能力的发展

高中生在人际交往中非常看重彼此之间真诚、理解、尊重、信任等品质，因此，在人际沟通时比较注重倾听与共情，表达自己的观点与想法时也比较注重对方的感受，即便是对别人表达负面情绪也冷静了许多。高中生沟通的方式除了面对面的言语和非言语沟通以外，利用网络工具进行沟通的比例越来越大。高中生与人沟通的内容越来越丰富，层次越来越深。同时，在高中时期，有部分学生对自己的人际交往能力有更高的要求，比如在交往的过程中培养自己的领导力和组织力。

5. 师生关系的变化

高中生随着身心的加速发展，他们的独立意识和能力不断发展，在对事物作出判断时理性的成分明显增多。他们既不像小学生那样把教师当作偶像、教师怎么说就怎么做，也不像初中生那样对他们不喜欢的教师所提出的要求持否定态度，或表现出“叛逆”行为。高中生对教师有了新的认识，并且有了更高的要求。他们绝大多数喜欢知识渊博、授课水平高、热情和蔼、关心学生同时又有朝气的教师。他们更能从多方面理解教师，与教师交流的愿望有所增强，与教师的感情也变得深刻而牢固，不再只是喜爱自己喜欢的教师所教的科目，而是开始理性地考虑自己的总成绩。

6. 亲子关系的变化

高中生与父母的“代沟”比以往任何时期都“深”，他们与父母在价值观念、生活方式、知识结构等诸多方面都有较大的差别，因此在与父母沟通时往往发生思想上的冲突或者干脆回避沟通。但是，与初中生相比，高中生又比较理性，他们的家庭责任感明显增强，对父母理解得更多、更深，即便是对父母的观念从心里不认可，也不轻易表现出来。高中生要求独立的愿望越来越强烈，表现在行为上就是反对父母对他们的干涉和控制，力求摆脱父母的束缚。随着高中生生活范围的扩大和经验的丰富，他们心中有了许多新的偶像，往日父母在他们心目中的高大形象就显得黯然失色了。

三、目标与内容

人际交往是社会活动中人与人之间进行信息交流和沟通情感的联系过程。青少年学生也不例外，他们的成长需要有同龄伙伴的交往和友谊，他们的成熟需要正确的师生交往与健康的亲子沟通。人际交往是青少年心理健康教育的重要内容。国家教育部颁发的《中小学心理健康教育指导纲要（2012 年修订）》将学会人际交往作为学校心理健康教育的具体目标和重要内容，并提出要从不同地区的实际和不同年龄阶段学生的身心发展特点出发，做到循序渐进，设置不同学段人际交往辅导的教学目标和教育内容。

（一）中小学阶段人际交往辅导的教学目标

学段 目标	小学	初中	高中
乐群意识培养	乐于与老师、同学交往，感受友爱，有安全归属感。	认识青少年沟通的三大社会关系（同伴、师生与亲子关系），培养主动交往意识。	正确认识自己的人际关系状况，确立正确的交往意识。
提高交往技能与能力	学习平等交往的技能和态度；培养礼貌、友好与谦让的交往品质；增强与老师的感情交流。	积极与同学、老师、父母沟通；学习同伴交往的重要技巧；理解并接纳父母的情感，调整与父母沟通的态度；学习与教师主动沟通和谅解。	培养人际沟通能力，学习处理交往中的问题和困惑；学习理解人际交往的PAC理论，并学以致用，用所学理论指导自己的实际生活。
建立健康交友观，促进积极情感	在谦让、友善的交往中感受友情，感受快乐。	理解人际互动对个体的意义，发展积极的人际交往行为与积极的情感。	全面成熟理解友谊，建立健康交友观，促进人际间的积极情感反应和体验。

（二）中小学阶段人际交往辅导的教学内容

1. 小学阶段

（1）你我好朋友

从学生生活入手，让学生在游戏活动中，感受交往带来的快乐，认识到大家都是好朋友，乐于与同学交往。

（2）请牵我的手

让学生学习在交往中主动、大方地向别人伸出自己的手，牵起别人的手，体会朋友间的情谊带给自己的快乐，明白要找到真正的好朋友，需要诚心以待、互相帮助，可以借助“找朋友”的歌曲深化主题。“走到一起来”“交往中的语言”“懂得倾听”等都是很好的话题，可根据学生的情况设计活动让学生体会和感受。

（3）伙伴碰碰车

设计活动，让学生明白在交往中会产生矛盾和冲突，其主要原因可能是没有顾及对方的需求和感受，引导学生关注他人的感受，逐渐建立站在对方的角度看问题的意识，并学习一些在伙伴交往中进行合适的安慰、解释与拒绝的方法和技巧。

（4）老师（长辈），你好

通过角色扮演等活动引导学生体验教师（长辈）的想法，让学生既尊敬教师，又不畏惧教师，增强与教师的感情交流，理解教师、感恩教师。通过“寻找‘心钥匙’”的活动，引导学生感悟在与教师、长辈交往中要更多解读师长行为背后的原因，提升与教师、长辈沟通的能力。

2. 初中阶段

（1）沟通你我他

围绕青少年的三大社会关系（同伴关系、师生关系、亲子关系）展开讨论，让学生明白，人际交往极大地影响青少年的自我认同形成及亲密需求的满足，它在自我健康成长过程中非常重要，培养学生主动交往的意识和热情。

（2）友情魔方

创设各种情景，设计多种活动，探讨学习人际交往中的重要技巧，重点围绕听与说，以解决学生"不会倾听""不会表达"的问题。教学生体会倾听的重要性，学习良好的倾听行为，同时学习表达安慰、不满、道歉与拒绝等的沟通技巧，帮助学生梳理既尊重他人感受，又遵从自我感受的态度。

（3）亲亲一家人

本话题是亲情指导，重情感而轻技巧。在活动中与学生讨论亲子关系，可以探索与呈现家庭系统和家庭关系，通过换位思考，让学生感受父母的付出，理解父母的辛苦，促进学生对父母及家人在情感上的理解和接纳，从而调整与家人沟通时的态度及行为。

（4）老师，我想对你说

设计各种活动和场景，如"假如我是老师""师生面对面"等，拉近师生之间的距离，培养学生换位思考的能力和主动沟通的意识，从而让学生理解教师的想法和心情，接近教师、亲近教师。

（5）人际财富

学生回顾已学习过的人际交往技巧，理解人际互动对每个个体的意义，发展积极的人际交往行为；通过游戏，明白支持系统的意义，发现并初步构成自己的人际支持系统，发展积极的语言和行为，促进营造良好的人际氛围。

3. 高中阶段

（1）缘来由你

知道主动交往的重要性，了解人际吸引的因素；学会在交往中介绍自己、了解他人，发现共同的兴趣爱好；学会主动交往，尽可能多地结识集体中的新朋友，寻找志同道合的朋友。

（2）人生不只如初见

了解第一印象的概念及其在人际交往中的作用，掌握给他人留下良好第一印象的技巧；了解第一印象可以改变，不能仅仅凭第一印象决定对他人的看法。

（3）交友之道

了解人际交往中的"黄金定律"与"白金定律"，体验赞美给人带来的感受与力量，了解赞美的内涵并学习赞美的技巧，真诚欣赏和赞美身边的人。学习共处，增加交往的同理心，学习交往中合适的自我表达方式，学习处理交往中的困惑和问题，站在别人的角度看问题，善于理解别人的感受，与他人和谐共处。

（4）沟通大解码

了解并理解人际交往的 PAC 理论，学习用 PAC 理论来分析人际交往不顺利的原因，用学到的知识分析、调适自我，指导自己的实际生活与交往。

第二节　教案分享

▶▶小学阶段

问候变奏曲

蔡素文　上海市宝山区教师进修学院

【教学目标】

1. 认识到每个人表达友好的方式各不相同,喜欢的表达友好的方式也不相同。

2. 表达友好的方式各不相同,关键在于表达时要把握合适的尺度,用适宜的方式表达问候。

3. 通过适当的表达友好的方式,在交往中获得欢迎,得到更多的积极的情感体验。

【教学对象】

小学三年级。

【课前准备】

1. 准备课程配套的PPT、欢快的音乐(在学生画画和游戏时使用)。

2. 准备好"YES""NO"的卡通字母,用于站圈游戏。

【教学过程】

1. 热身活动

游戏:手指勾勾。

(1) 游戏规则

学生全体起立,在教室里随意走动。当听到教师说"你好"时,学生用勾勾食指表示问候。当听到老师说"再见"时,学生晃晃食指表示再见。

(2) 分享交流

① 被同学问候时,心情如何,有什么感受?

② 和同学再见时,心情如何,有什么感受?

③ 你是否喜欢这种问候和再见的方式?

2. 主题活动

(1) 活动一:故事会说话

① 聆听故事《小象的问候》。

勾鼻子、蹭鼻子是象家族表示友好和爱的动作。瞧,小象正和象妈妈勾着鼻子说:"你好!"

在山坡上,小象遇到了小猩猩,小猩猩伸开双臂向它跑来,它赶紧伸出鼻子表示友好,可是小猩猩却只张开双臂,原来小猩猩更喜欢真诚的拥抱。

小象又看见小狗,赶紧跑过去和小狗拥抱,表示友好。小狗"汪"的一下跳开,原来小狗喜欢用摇尾巴表示友好。

一只蚂蚁出现在小象面前,于是小象使劲甩起了自己的尾巴向小蚂蚁问候,小蚂蚁咯咯笑了,晃晃自己的触角说:“我们表示友好会碰碰彼此的触角哦!”

小象挠挠脑袋想,这里面还有很多学问呢!

② 分享交流。

小象在交朋友的时候遇到很多困难,你有没有类似的经历?

在生活中你使用过哪些方式来表达友好?

你喜欢别人用怎样的方式向你问好? 不喜欢怎样的方式?

(2) 活动二:心情小画板

① 说一说生活中你使用过哪一些方式来表达友好。

学生可以从挥挥手、拍拍肩、竖大拇指等方式开始,说说自己喜欢的表达友好的方式及其理由。

② 心情小画板。

把你喜欢的表达友好的方式画一画,和小组里的同学交流一下。

③ 分享交流。

学生画画,完成后小组交流再全班交流。

(3) 活动三:活动新体验

游戏规则:老师出示一个问候方式,如果喜欢你就站在“YES 圈”,如果不喜欢你就站在“NO 圈”。

① 老师宣读各种小朋友表示友好的方式。

◎ 西西很豪迈,遇见同学他总喜欢一蹦三尺高,然后拍着对方的肩膀,大声说:“嘿! 你好吗?”

◎ 冬冬很腼腆,遇见同学他总喜欢贴着墙壁走,能不打招呼尽量不打招呼。

◎ 欣欣很热情,遇见同学她总喜欢热情招呼,然后问候。

◎ 林林很细腻,遇见同学她总喜欢用适合对方的方式问候。遇见腼腆的女生会微笑,遇见豪迈的男生会干脆利落地问好。

◎ 周周很周到,遇见同学他总喜欢握个手,分开时他总喜欢挥手道别。

◎ 兰兰很调皮,遇见同学总喜欢先蒙住别人的眼睛,然后变着嗓音问:“知道我是谁吗?”

② 选择站队。

全班通过站圈的方式来表示自己是否喜欢这种问候方式。

我喜欢的问候方式有____。

因为:____。

我不喜欢的问候方式有:____。

因为:____。

大家都喜欢的问候方式有:____。

大家都不喜欢的问候方式有:____。

学生进行游戏并分享游戏感受。

3. 总结活动

(1) 梳理站圈游戏中,大家罗列的喜欢的问候方式和不喜欢的问候方式。

(2) 出示快乐豆对我说:想想别人,想想自己,相互友好,适当表达。总结全课。

【教学建议】

本次主题活动设有三个环节:热身活动、主题活动、总结活动。热身活动的小游戏起到引入、揭题的作用,同时自然引出主题活动。主题活动由层层递进的三个活动组成:“故事会说话”“心情小画板”“活动新体验”,让学生感受适宜的问候方式在交往中的意义。最后的总结活动通过梳理活动感受和使用快乐豆的一句话分享,再一次产生情感共鸣,体味适宜问候的意义。

此内容适合小学三年级的小朋友,活动相对比较多,在选择场地的时候要有所考虑,最好不要有桌子椅子,环境相对安全与宽松。小学三年级的小朋友很少会换位思考,可以先把学生分一下小组,多采用小组活动形式,通过集体的力量,让学生一起寻找,一起分析,在小组分享探讨中多元思考。分享不单单体现在小组分享,还需要全班分享,让每一位学生都有表达的机会,而且可以聆听到其他小组的不一样的声音。教师在备课的过程中,也许不能穷尽孩子们的问候方式,在活动过程中,教师可以提供机会,让学生说说现实生活中的问候例子,然后巧用课堂生成例子,与学生一同辨析分享。

言语有温度

朱雅勤　上海市时代中学

【教学目标】

1. 觉察言语在人际互动中的影响,避免使用负面言语伤害他人。

2. 感受正向言语带来的积极影响,学习用言语给予他人支持,进而促进人际交往。

【教学对象】

小学六年级。

【课前准备】

1. 课前调查

生活中哪些言语会让我们觉得很受伤害？哪些言语会让我们倍感温暖？

2. 课件制作

制作 PPT 课件。

3.活动道具

纸条和信封,纸质温度计,纸和笔。

【教学过程】

1. 热身活动:幸运抽签

(1) 小组抽签

每个小组由一名代表抽取一张小纸条,纸条上分别写有“你们真棒!”“你们真笨!”“You're great!”“You're foolish!”等。让每一位小组成员都看到自己组抽到的小纸条上的话;感受看到纸条后的心情,并在“温度计”上标注出来。

(2) 教师提问

你们抽到了什么纸条？你们小组的心情是几度？原因是什么？

学生交流。

(3) 教师引导

短短的一句话就能带给我们不同的心情。看起来,言语是有温度的。有的话让人笑,有的话让人跳。不信?我们可以来看一个故事。

2. 言语会伤人

(1) 绘本故事《是蜗牛开始的》

有一天,蜗牛碰见猪就脱口对猪说:"天啊!你好肥哦,可是你的腿竟然没有被压垮耶!"这使得猪大为光火,所以当它碰见兔子,便也不客气地指着兔子笑它是胆小鬼,而兔子被猪的嘲笑弄得心里很是不愉快,当它碰见大狗的时候,也不客气地数落大狗是只懒虫。大狗虽然为自己辩解,可是它碰见蜘蛛时也取笑了蜘蛛,而蜘蛛又将这份怨气发泄在白鹅身上。当白鹅遇见蜗牛时,它便毫不客气地笑蜗牛是个慢吞吞的家伙,这下子大家都因为彼此不客气的言语生气了。

(2) 教师提问

① 当蜘蛛听到大狗的话时,会是怎样的心情?它可能会怎么做?

② 在这个故事里,是什么使大家都感觉到受伤害了呢?

③ 在生活中,你有没有听到过一些伤人的话?

(3) 教师过渡

在我们生活中,有时候也会听到一些让我们觉得很受伤的话。有时候,我们会感到愤怒、伤心;有时候,我们会习以为常,甚至用不好的言语去伤害别人。究竟哪些话是特别伤人的呢?我们一起来看一看。

(4) 头脑风暴

请各小组在海报上写下三句小组成员都非常不喜欢听到的话。

注意:每张纸条上写一句;只要写出具体的话语内容;不要指名道姓、对号入座,大肆渲染。

(5) 分享交流

教师请各组成员带着白板至讲台前分享,并引导同学将情境和语调说得更明白。

(6) 分类

我们不喜欢听到的话有很多。哪些你认为是侮辱性的、应该消失的话,哪些是可以存在,但是需要改进说法的话呢?

① 辱骂性的话语归类:批评外表、辱骂家人……

辱骂性的话语是不是一定会伤人?会带来怎样的影响?

这样的言语不管是有意的还是无意的,在任何时候都会伤人。所以,我们希望它们在生活中永远消失。

② 需要改进的话。

◎ 玩笑性的言语:

玩笑是不是一定会伤人?

善意的玩笑需要注意场合和对象。

◎ 批评性的话语归类:针对可以改变的事情,如成绩、速度……

批评性的话语是否一定会伤人?

这些批评和建议本身也没有恶意，是想要通过批评提醒帮助对方成长。但是如果场合或者表达方式不对也会伤人。

怎样避免这一类语言的无心伤害呢？

举例，讨论，小组扮演一下怎样提出合理的批评和建议。

(7) 教师引导

戏言得体现幽默，忠言顺耳方能行。在开玩笑或者提建议的时候，我们需要注意场合、对象、内容和方式，这样才能够促进我们的人际交往。

3. 温暖的言语

(1) 教师过渡

在生活中，我们要尽量避免用言语给他人带来伤害。可是，如果言语的伤害已经发生了，就像前面的故事《是蜗牛开始的》，他们还有挽回的余地吗？

(学生回答：道歉。)

(2) 教师引语

是的，在合适的时候送上一句真诚的道歉，也许故事又会不一样了。诚恳的道歉能够化解我们的委屈，让我们感觉到温暖，所以它是一种温暖的言语。在我们的生活中，还有许多暖心蜜语。

(3) PPT 播放：暖心蜜语

① 当我为考试考砸了而哭泣时，有一个声音对我说："不要伤心，还有机会！"

② 当我跑 800 米坚持不下去时，有一个声音对我说："加油！坚持到底就是胜利！"

③ 当我在公园里为小男孩捡起他掉落的气球时，有一个声音对我说："谢谢你！"

④ 当我被误解的时候，有一个声音对我说："我相信你！"

⑤ 当有人嘲笑我时，有一个声音说："不要欺负他！"

⑥ 当我来到一个陌生的地方，感觉很无助时，有一个声音对我说："我们一起玩吧！"

⑦ 当我百无聊赖地走在校园里，有一个声音对我说："你换新发型了？很适合你啊！"

⑧ 当我因无意间伤害了别人而道歉时，有一个声音说："没关系，我知道你不是故意的。"

⑨ 当我初次离家住在学校里，有一个声音对我说："我也很想家。"

⑩ 当球赛出现失误时，有一个声音对我说："不要紧，加油！"

⑪ 当我不舒服趴在桌子上时，有一个声音对我说："你怎么了？不舒服吗？"

⑫ 当我拖着重重的行李返校时，有一个声音对我说："需要帮忙吗？"

⑬ 当我生病落下功课时，有一个声音对我说："别担心，有我们呢！"

⑭ 当我解答出一道难题时，有一个声音对我说："这道题都会做啊，真棒！"

⑮ 当我得意忘形时，有一个声音对我说："别骄傲，要踏实。"

⑯ 当我想要参加演讲比赛又不敢时，有一个声音对我说："试一试，你能行的！"

⑰ 当我有一点点进步时，有一个声音对我说："不错，继续努力！"

教师提问：这些话让你想起了那些别人曾经给你的温暖的话语吗？

(4) 学生分享

在你的记忆中，还有哪些让你倍感温暖的话语呢？

教师板书：肯定的、接纳的、理解的、欣赏的、感谢的、鼓励的、道歉的……

(5) 活动：言语送温暖

教师播放背景音乐。

① 教师引语：每个人的记忆里都有一些温暖的言语，它们曾经给过我们力量，至今依然让我们感动。有人说，赠人玫瑰，手有余香。现在，就让我们用言语对身边的同学送上一份温暖……

② 学生活动：填写卡片。

看看你的身边，也许有一位同学特别需要你一句温暖的话，你可以表达理解、欣赏、感谢、鼓励、歉意……

③ 请同学们大声地说出你的暖心蜜语。

4. 结束

恶语伤人六月寒，良言一句三冬暖。记得言语有温度，多一些真诚鼓励，少一些恶言恶语，我们的生活一定会更美好！

【教学建议】

人际和谐对于青少年的健康成长意义重大，是满足青少年爱与归属的需要、尊重的需要的重要渠道，不仅影响着学生对自己的接纳、对学校生活的接纳，也与学生的幸福感直接相关。在人际交往中，言语是人际互动中最重要的工具。负面的言语，如嘲笑、指责，不仅会破坏人际关系，更会给青少年带来无形的伤害，影响其自我认同；而正向的言语如肯定、鼓励，不仅能够帮助学生建立和维持良好的人际关系，而且能够帮助学生建构自尊和自信。本课的选题角度新颖、切入口小。人际交往辅导一直是心理辅导课的重要内容，而如何避免冲突、解决冲突则是其中的难点。本节课避开了"宽容""欣赏"等抽象的词语，以讨论交往中具体的言语作为切入口，能带给学生更多感同身受的思考，也成功地避开了说教。

在"言语会伤人"的环节，用的是虚构的绘本故事《是蜗牛开始的》，避免学生直接代入情景；在"温暖的言语"的环节，是教师自己制作的PPT《暖心蜜语》，教师备课时要注意尽可能结合学生的情况，用学生喜欢和能接受的语言，以生动的图片配合温暖的言语呈现，贴近学生的生活，加强正面引导的力量。

在辅导的过程中，我们能够明显地感受到家长、教师的言语对学生产生的伤害或激励，这一影响是其他人无法比拟的。给学生一个安全、温暖的成长环境，他们才能成长为温暖的人。这是值得我们每一个家长和老师铭记于心的。

▶▶初中阶段

人 际 财 富

朱雅勤　上海市时代中学

【教学目标】

1. 了解人际交往中受欢迎和不受欢迎的具体行为。

2. 促进人际交往的积极行为和态度，构建和谐的人际关系。

【教学对象】

初中一年级。

【课前准备】

1. 每组准备1个信封,空白加分卡和减分卡各3张,数字磁铁1枚,爱心卡5张。

2. 自制大富翁游戏海报1张,命运卡和机会卡各6张,大骰子1个,爱心卡和磁铁若干。

【教学过程】

1. 热身游戏:一元五角

让我们先来玩一个小游戏,名字叫作“一元五角”。我的手里有一元和五角,请学号是3号的同学上来抽签。现在,男生代表一元,女生代表五角。

(1) 游戏的规则

老师会报一个钱款的数字,听到这个数字之后,你要在全班范围内找到你的搭档,迅速凑齐这个数字,并聚拢蹲下。比如老师报“一元五角”,那么可以有3名女生来搭档,也可以有1名男生1名女生来搭档,小伙伴们组成这个数字之后,就要蹲下。如果你没有找到小伙伴,你就被淘汰出局,回到座位。留到最后的同学就是胜利者。

(2) 进行游戏

老师报数字:

走走走买青菜买萝卜,萝卜多少钱,一元五角钱!

走走走买冬瓜买西瓜,西瓜多少钱,三元钱!

走走走买香蕉买木瓜,木瓜多少钱,五元钱!

(3) 学生分享感受

在寻找伙伴的过程当中,有没有遇到困难(或被拒绝),你的心情是怎样的?

当找到搭档的时候,你的感受是怎样的?

(4) 老师过渡

在游戏中,我们体验到了被人拒绝的无奈伤心,也更能够体会到拥有朋友是一件多么值得庆幸和感恩的事。你在生活中,遇到过类似的情况吗?

(5) 引入课题

每个人都希望被人接纳和喜欢,友谊是我们最大的一笔人际财富。今天的课,我们就一起来看看,有哪些方法,可以帮助我们赢得和巩固友谊,为我们的人际财富添砖加瓦。

2. 游戏:人际大富翁

(1) 游戏准备

教师:大家看到黑板上贴着的游戏图纸,就知道我们今天要玩大富翁游戏了吧。这张图纸和我们平时玩的大富翁有什么不一样吗?是的,它不完整,是要我们自己来完成的。让我们一起来打开信封。

我们每个小组的信封里都装着一样的材料。包括:

① 五张爱心卡,这代表500分,这是你们的本金。

② 1枚磁铁,这是你们的棋子。

③ 红色和绿色便签,这就是要你们在游戏前完成的任务了,它们是3张加分卡和3张减分卡。

在3张加分卡上写下小组公认的人际交往中最受欢迎的三个行为,并赋予分值;

在3张减分卡上写下小组公认的人际交往中最不受欢迎的三个行为,并赋予分值。

(2) 学生讨论完成游戏图纸

(3) 开始游戏

① 机会卡和命运卡的设定:每次任务都需要由投骰子的同学来完成,有一次机会邀请同伴帮忙,有30秒的犹豫思考期。

② 轮流玩骰子。

③ 保持专注和尊重。

④ 重复游戏,进行2~3轮。

⑤ 获得最多积分的小组获胜。

注意:使用命运卡和机会卡的场景,可以当场问感受。

(4) 教师过渡

因为时间的关系,大富翁游戏我们先玩到这里。现在请大家数一数,自己小组拿到了几分?

(5) 分享

① 在所有加分和扣分的行为中,令你印象最深刻的是什么?(教师板书)(大家鼓掌)

② 在生活中,还有哪些行为可能会减分?哪些行为可以加分?(教师板书)

③ 概括这些可以加分的行为的背后,是怎样一种人际交往态度?(学生答:友好、善意。)

3. 活动:友谊储蓄罐

教师:从人际大富翁的游戏中我们可以看到,增加人际财富的一大法宝就是"友善",无论是欣赏、感谢、理解、祝贺,还是宽容、原谅、道歉、帮助、建议(结合板书),都是善意、友好地对待他人的方式。

最后,我有一份礼物要送给大家。请每位同学各拿一张云朵代币,把它对折,你看到了什么?

这是一张友谊储蓄卡。你可以把它看作一次增加我们人缘的机会或挑战。这上面可以写一句你想对某位同学说的表达友善的话语,也可以是自己计划要做的一个友善行为的承诺。请大家带回去,认真想一想,郑重写下来,为我们的人际关系进行一次投资!记住,送出一份友善,就能储蓄一份友谊,我们的人际财富,要靠我们平时的一言一行来积累!

【教学建议】

本次心理健康教育课需要做大量的课前准备,上课教师在课前要了解学生情况,列好活动素材清单,准备有关素材等(机会卡、命运卡见附件)。

整个过程活动较多,建议在活动之前要有对于场地的考量,选择方便活动开展的场地。活动过程由一系列的活动串起,游戏难免有胜负,建议教师尽可能淡化输赢,让学生多多体会活动过程本身所带来的启示,而并不是一味关注胜负。初中生特别关注自己在同伴眼中的形象,建议教师做一个有心人,时时刻刻留意整体学生,如果在活动过程中有相对孤立的同学,要适时进行关照。

【附件】

1. 机会卡(做到可以加分,做不到不减分)

(1) 扮鬼脸逗乐大家——幽默(100)

(2) 对一位同学表示祝贺(100)

(3) 展示自己的拿手绝活——自信(200)

(4) 分享一件自己的糗事——坦诚(200)

(5) 真诚地说出组内每一位同学的优点——欣赏(300)

(6) 安慰今天情绪看起来有点低落的同学(组外),让他感觉好一点——同理(300)

2. 命运卡(做到可以加分,做不到会减分)

(1) 邀请一位同学完成坐地起身:坐在地上,两人手相挽,在不用手撑地的情况下同时站起来——合作(100)

(2) 说出自己做过的一件帮助别人的事——帮助(100)

(3) 向曾经帮助过自己的同学(组外)真诚道谢——感恩(200)

(4) 向有意或无意伤害过的同学(组外)鞠躬并真诚道歉——道歉(200)

(5) 说出同学做的一件曾经让自己生气或伤心的事,并原谅他——原谅(300)

(6) 向一位同学提出批评或建议,并保证他不会生气(组外)——建议(300)

解开千千结

张莹　上海市控江初级中学

【教学目标】

1. 让学生明白同伴之间发生矛盾、产生分歧是同伴交往过程中在所难免的。

2. 让学生懂得严格要求自己,宽容对待他人,在人际交往中多一些理解非常重要。

3. 指导学生积极参与活动,引起情感的共鸣,达到潜移默化的效果。

【教学对象】

初一年级学生。

【课前准备】

1. 活动所需的小卡片。

2. 多媒体课件制作。

【教学过程】

1. 热身小游戏:解开手链

(1) 游戏规则

将全体学生分组(10人一组最佳),让每组围成一个圆圈。教师指定任意一个学生说:"先举起你的右手,握住对面同学的手;再举起你的左手,握住另外一个人的手。"接下来请其他学生照着第一个学生那样去做,直到所有学生的手都彼此相握。现在他们面对一个问题,在不松开手的情况下,想办法把这个错综复杂的"结"解开。

教师宣布解开手链的标准:只要小组成员呈现一个大圈或是两个套着的环,就视为解开。如果实在解不开,教师可允许学生将相邻两只手断开,解开后须报告共断开手链多少次。活动目标是尽量不断开手链的情况下解开。

(2) 教师提问与小结

① 游戏开始时,你的想法如何,你认为能解开手链吗?

② 小组在游戏时发生了什么，有没有遇到困难，后来又是如何解决的？

③ 当手链被解开了一点后，你的心情怎样？你的想法是否发生了变化？

④ 最后任务完成了，你认为是什么使你们小组成功的？

教师总结：一个人如果生活在一个温馨、和谐的环境中，与周围的同学、老师、父母都建立起和谐的关系，那是非常美好的！因为这样我们就不会感到孤独和压抑，就会有安全感，就会有好心情。

2. 解铃还须系铃人

(1) 分享身边的小故事

我们每天生活在一个班集体中，正如一家人一样。日子久了，朋友之间难免会有一些磕磕碰碰，有时就像刚才“解开手链”这个游戏一样，要面对一个大难题，而且在解决这个难题的过程中还要遇到许多麻烦。引起同伴之间不愉快的事情有大有小，例如别人拿错了自己的东西啊，说话用词不当引起误会啊，观点不同争吵起来等等。总之，类似这样的小问题是很多的，如若处理不当，小问题会变成大问题，或者会造成同伴之间关系紧张；或者会造成个体的情绪低落；或因此朋友之间大动干戈、势不两立，造成不可想象的后果……但只要我们正确面对，互帮互助，再复杂的困难也总有解决或缓解的办法。

请同学们说说在与同伴相处时发生的矛盾和冲突。

(2) 共同寻找解决方法

可见，同伴之间产生矛盾在所难免。当矛盾产生时，我们要做的是正确面对它，合理解决它，让矛盾大事化小、小事化了。切不可耍性子，任由矛盾扩大化。

解开同伴间矛盾的小秘诀(先请学生说说，教师可以总结引导并写在黑板上)：

① 做错时主动承认错误，请求朋友原谅。

② 冷战时，主动来到朋友面前要求和好。

③ 朋友向你道歉时，切莫再斤斤计较。

3. 朋友矛盾AB剧

(1) 情景剧表演

将全班分为4个小组，排演4个情景AB剧。根据各组抽签的情况，每个小组排演一个情景。AB剧要将结果演绎得完全不同，A剧为解开矛盾的剧，B剧为矛盾升级的剧。

4个情境如下：

① 好朋友和人打架，我去劝架，反被他踢了一脚。为此我10天没理他。

② 那天我买了一本新的漫画书，朋友就拿去看了，当我想看时，她才告诉我，她已将书借给了别人，要知道这一切完全没有经过我的同意。

③ 我看到好朋友和另外两个同学开心地在一起跳橡皮筋，心里不舒服。过后我质问她，她说我小心眼，两人就这样闹翻了。

④ 上计算机课时，我和同学开玩笑，把他的鞋带悄悄地系在桌脚上，我的朋友把这件事告诉了老师，我挨了老师的批评。

学生在演绎AB剧时，要突出A剧和B剧的差距。

(2) 教师提问与小结

① 同样的一个情景，是什么造成A剧和B剧的结果差距如此之大？哪些是合理的？哪

些是不恰当的？

② 为了化解矛盾，我们还需要注意什么？

将学生总结的有效的解决矛盾的方案补充到前面的"解开同伴间矛盾的小秘诀"中去。

4. 感悟时间："给朋友的一段话"

朋友之间难免会发生一些不愉快的事情，也许当时因为种种原因没有很好解决，就这么随着时间的推移而过去了。今天给同学们一次向朋友表达谢意、歉意的机会，请仔细回忆一下你和朋友之间曾发生的事，也许还有些遗憾的地方，不妨借今天的机会勇敢地去面对它、弥补它。

每人可拿到若干张小卡片，请在卡片上为自己的朋友写一句致谢或致歉的话。想一想最近两人是否发生过小矛盾，为此你想对朋友说句什么话呢？

学生写好后，可自愿分享。

教师总结：矛盾化解后，我们还是好朋友！

【教学建议】

初中学生对同辈朋友的需求感最为强烈，但又因为他们单纯、幼稚、冲动、情绪多变，在处理同伴之间的关系和矛盾时常常缺少理性思考与分析。所以帮助和引导初中生解决交往的困惑，既是满足他们心理的需求，又是一个很重要的研究课题。

1. 关于解手链活动

"解开手链"这一热身活动在许多场合都可以运用，本课将它作为热身活动，通过游戏让学生体会到解开结的不易，在轻松的氛围中去体会与感受，为后面的课程展开打好基础。

该活动需要较大的场地，要充分考虑教室的情况。游戏的分组以随机分组为好，每组人数要差不多，虽没有比赛的性质，但可平衡各组进行游戏的时间以及各组解开手链的难易程度。当然，由于手链的形成有随意性，有时会遇到较大的困难，难以解开，教师需要强调游戏规则，允许少量的松手，以保障游戏的顺利进行。如果可能的话，教师也可一起参与。

2. 关于时间的分配

解决矛盾的方法很多，可让学生现身说法介绍一些，教师也可介绍一些学生中的生动案例。对于如何化解矛盾，教师可以直接讲解，但不要花太多的时间，要将重点放在后面，使学生有更多的时间和机会去运用化解矛盾的方法，而不要过多停留在讲解方法上。

3. 避免对学生的伤害

在情景讨论部分，除设计的情景外，也可以选用学生近期发生的矛盾，但用学生的真实案例时，要做些处理（避免对学生的伤害），或者征得故事中所有当事人的同意，毕竟分享自己的矛盾需要很大的勇气。若涉及学生的隐私，教师在运用时更要注意考虑周全，保护学生的隐私。

4. 课堂延伸

最后的活动"给朋友的一段话"，是安排给曾经与朋友有过矛盾或冲突的学生一次机会，写句致谢或致歉的话，能起到很好的教学效果，帮助学生化解矛盾。可能有同学想多写几张，教师应该备足小卡片，让想写的学生有足够的卡片来书写，而不是让学生从许多朋友中勉强选择一两人来写。若时间不允许，也可将卡片分发给学生，请他们课后再完成，让学生有一个仔细回想的时间。再者，对于在课堂上写发生矛盾的事，不少学生可能仍会有抵触情绪,放在课后也不失为合理的安排。

▶▶高中阶段

有效沟通

曹凤莲　上海市风华中学

【教学目标】

1. 学习沟通的技能,提升沟通的效果。

2. 体验沟通的重要性,培养相互尊重和真诚的沟通态度。

【教学对象】

高一年级学生。

【课前准备】

游戏“你说我画”的样图。

【教学过程】

1. 导入——“你说我画”活动

(1) 游戏规则

① 第一轮请一名自愿者担任“传达者”,传达作图指令,3~4 位学生为“倾听者”,依据所听指令在黑板上画图。“传达者”看样图 A,时间为 2 分钟,背对“倾听者”,表达画图指令。

② “倾听者”根据“传达者”的指令画样图 A 的图形,“倾听者”不可以提问。

③ 第二轮再请一位自愿者担任“传达者”,看样图 B,时间为 2 分钟,面对“倾听者”传达画图指令,允许“倾听者”不断提问。

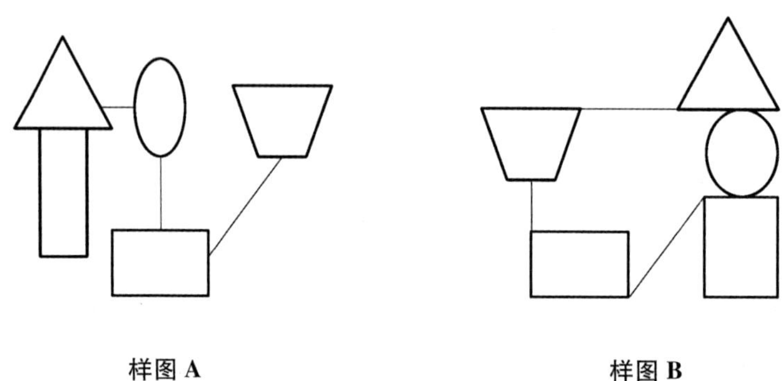

样图 A　　　　样图 B

(2) 问题分享

① 请“传达者”和“倾听者”谈自己在画图活动过程中的感受。

② 为什么会出现这种情况? 怎么样可以做得让自己满意?

2. 什么在影响着沟通的效果

(1) 沟通漏斗

沟通漏斗,是指工作中团队沟通效率下降的一种现象,呈现的是一种由上至下逐渐减少的趋势——“漏”。对沟通者来说,当你在众人面前想用语言表达心里 100%的东西时,你说出来的可能只剩下 80%,漏掉了 20%的信息。当这 80%的信息进入别人的耳朵时,由于文化水平、知识背景、个人主观偏好等原因，可能只留下60%。60%的信息中能够真正被别人理解、消化了的部分大概只有40%。而等到这些人遵照自己领悟的40%的信息开始行动时，结果可能已经变成20%了（见下图）。

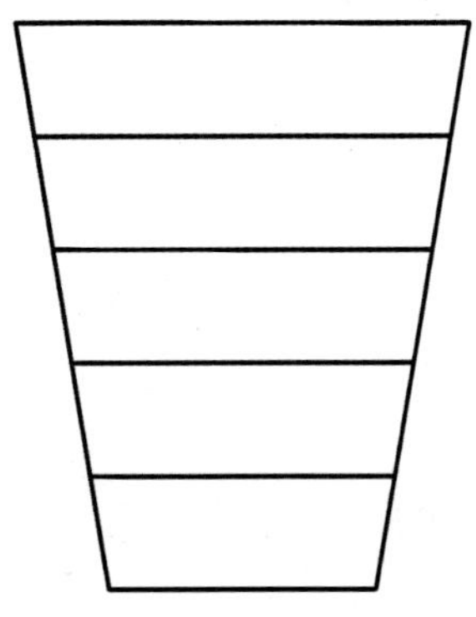

沟通漏斗现象

虽然“漏斗”现象不是绝对的，但它告诉我们：沟通过程中要减少信息丢失，表达能力、倾听能力、理解能力非常重要。因此，我们需要掌握一些沟通技巧，争取让这个漏斗“漏”得越来越少。

（2）听故事——感悟沟通智慧

故事一　《麻雀宝宝惨遭厄运谁之过》

猫到林中捕鸟，遇到了一只关系不错的麻雀。麻雀问：“亲爱的猫大哥，你到哪里去啊？”

“我去林子里捕鸟。”猫答道。

“啊，猫大哥，千万别伤害我的孩子。”

“你的孩子长得什么样啊？这可得让我知道。”

“我的孩子啊，长得最漂亮。”

“知道了。”猫认真地回答，麻雀放心地飞走了。

猫在林子里找来找去，鸟巢里尽是一些美丽的小鸟，猫都担心是麻雀的孩子而不敢下手。终于，他发现了一群长得非常“难看”的小鸟，于是猫放心地饱餐了一顿。

猫回家的路上，又碰到了麻雀。猫说：“你放心吧，我吃的是最丑的鸟。”

麻雀回家一看，她的“漂亮”的孩子一个都不见了，窝里还有几根猫的胡须。

猫儿和麻雀的沟通真是……

问题分享：

是什么阻碍了沟通的效果？产生扭曲、删减的结果？

故事二　《小明的“情商”》

小明大学毕业后找到了一个理想的工作，特别邀请四个同窗好友吃饭庆祝。三人准时到了，只剩一人，不知何故，迟迟没来。

小明有些着急，不禁脱口而出：“急死人了，该来的怎么还没来呢？”

其中有一人听了之后很不高兴，对小明说："你说该来的没来，那我们是不该来的了？告辞！"说完，就气冲冲地走了。

一人没来，另一人又气走了，小明急得又冒出一句："真是的，不该走的却走了。"

剩下的两人中有一个生气地说："照你这么说，该走的是我们了！"说完，掉头就走了。眼看又气走了一个人，小明急得如热锅上的蚂蚁，不知所措。

最后一个朋友劝他说："人都被你气走了，你说话应该注意一下。"

小明大叫冤枉，很无奈地说："他们全都误会我了，我根本不是说他们。"

朋友听了大为光火，说："什么？你不是说他们，那就是说我了，莫名其妙！"说完，铁青着脸，头也不回地离开了。

问题分享：

你从小明的遭遇中得到什么启示？

(3) 影响沟通效果的因素

① 信息的内容。

② 信息的表达准确度。

③ 表达者的语言、语气、声音、表情、肢体语言、距离。

④ 在信息传输过程中，是否积极倾听、双向交流等。

3. 如何提升沟通力

(1) 倾听

(2) 把握恰当的交流时机

(3) 主动锻炼语言表达能力

(4) 真诚与微笑

美国心理学家艾帕尔·梅拉比提出公式：交流的总效果=7%的文字+38%的语调语速+55%的表情动作。

结合生活中的事例进行互动交流。

4. 结语

生活的经验告诉我们一个沟通的智慧——沟通不在于你说了什么，而在于你怎么说的。急事，慢慢地说；大事，清楚地说；没把握的事，谨慎地说；伤害人的事，不能说；伤心的事，不要见人就说；别人的事，小心地说；自己的事，听听自己的心怎么说。宽容待人，不卑不亢，得理也要饶人。

【教学建议】

1. 本节课主要采用的是游戏、活动、讨论、分享、引导的形式。

2. 在"你说我画"活动中，教师要关注"传达者"和"倾听者"在两轮画图活动过程中的感受，发现他们之间感受的差异，并适时引导发问。邀请"倾听者"谈感受时，要选择有代表性的学生，如画得较准确的和特别离谱的，这样便于分析出造成不同结果的多种因素，从而找到改进的主要方法。

3. "你说我画"两轮活动中的"传达者"可以为同一人，也可以为不同人。

【拓展资料】

影响沟通效果的十个要素：

1. 身体状况

一个人的健康状况和当时的精神状态会对沟通产生很大影响。如疾病、睡眠不足、疲劳等都会在一定程度上影响信息的接受和发送。

2. 心不在焉

当一个人注意力不集中,在接受信息时分心,就会听不到别人说了什么,或仅仅听到了一点点,并没有完全理解别人在说什么,自然就不能很好地作出回应。

3. 情绪情感的影响

情绪会极大地影响我们的表达和倾听。在敌对和热爱两种情绪下,要客观地表达和倾听都是有困难的。有些词汇或话题对不同的接受对象来说,会产生不同的感情色彩。反感的人会引起敌对情绪,从而产生自我防御的意识,自我防御意识强的人常把别人的话当成对自己的指责,并用辩护或指责来作答,使沟通无效或产生冲突。而热爱的人则会有不加思考,全盘接受的倾向。

4. 形象的影响

信息发送者的形象在一定程度上会影响到信息的接受。极具魅力的人可以使非常无聊且琐碎的信息看上去非常新颖且具有一定的重要性。另外,我们头脑中的固有观念会影响我们接受或拒绝某人。如《窈窕淑女》中的杜利特尔,在改变说话的口音和方式及举止仪态后,就被认为是一个非常有魅力的女性,其实她唯一的改变就是她能够像优雅的女士那样与人沟通。而大选中的政治候选人们更是精于此道了。

5. 过去的经历

我们过去的经历会提前决定我们对一些人或事情的判断,这就是我们常说的"经验"。如果"经验"告诉我们每周的例会都是浪费时间,那么在接下来的会议中,我们就会因为这种认为会议没有用的价值判断而懒得去听、懒得思考。"经验"告诉我们,他喜欢睡懒觉而常迟到,那么即使他这次确实因堵车而迟到,我们也依然会持怀疑态度。

6. 背后动机

如果一个人有特定的意图,或者有背后的动机,那么他就会根据自己的需要来接受和发送信息,即有意识地引导或误导人们向他所希望的方向去理解。

7. 表达困难

有表达障碍或不善于表达都会导致沟通能力不足,使信息的表达不够清晰、准确。明确的表达是接受真实信息的必要条件。如果信息接受方没有意识到信息发送者有这一困难,他就会忽略这个信息,或在理解信息时产生偏差。

8. 外在环境

有时候外在环境本身就足以使沟通难以有效进行,如高温、寒冷、空气不流通、噪声等,都会对人的生理和心理产生影响,从而使沟通无法有效进行。

9. 地位权力

在沟通中最复杂的也许就是地位问题了,它包含了前面提到过的大部分因素。任何一个地位高的人都要面对权力带给他人的威胁感,由此产生的防御意识、对手或妒忌者的敌意、权力崇拜者的固有观念、人们与其他权力人士接触的经验等等,这些因素都会产生沟通干扰。

10. 文化差异

不同文化体系下的人们在价值观,观念、言谈举止上都会有很大的差异,如果不了解对方的沟通方式或意义,可能会导致无法沟通或沟通偏差。如中国人含蓄谦逊的语言表达方式就常使美国人一头雾水;在我们国家表示反对的摇头,在有些国家却是表达认同;一个来自阿巴拉契亚山区的孩子回答季节的名称是:"小鹿季节、负鼠季节、钓鱼季节……"

赠人玫瑰,手有余香

姚俊　上海市建平世纪中学

【教学目标】

1. 了解赞美的内涵与赞美的技巧。
2. 尝试去欣赏身边的人,真诚地赞美他们。
3. 通过赞美别人而学会发掘和欣赏他人的优点。

【教学对象】

高中一年级学生。

【课前准备】

1. 为每个学生准备心型卡片3~5张并分发到每个学生手中。
2. 多媒体课件制作。

【教学过程】

1. 导入

(1) 教师提问

① 你有没有被人赞美过? 当你被赞美时心情如何?

② 你有没有赞美过别人? 当你赞美别人时你的感受如何?

③ 有谁从没有赞美过别人? 请说明原因。

(2) 学生回忆分享曾经的赞美经历

学生回答(参考):

① 在初中被同学赞美过穿某件衣服很漂亮,心里很美。

② 曾经被老师表扬过学习很努力,成绩进步明显。觉得很开心。

③ 以前赞美过同学,说他篮球打得好,感觉他听到后很高兴,我也觉得挺高兴的。

④ 小时候赞美过妈妈的发型很时尚,妈妈很开心。

……

(3) 不去赞美别人的原因

① 我觉得不好意思。(还不习惯或缺乏赞美的意识和技巧)

② 我可不想去拍马屁。(赞美是真诚的,拍马屁是低俗虚伪的)

③ 我没觉得他有什么地方可以赞美的。(赞美需要用心去发现)

④ 那么亲近的人(父、母)也要赞美? (身边的人更需要赞美)

⑤ 对方肯定会觉得我哪里不对劲了。(存在对赞美的误解)

2. 讨论:赞美的作用与艺术

(1) 赞美的作用

① 请看下面这两个故事:

故　事　一

有一位作家叫达尔科夫,他孩提时代是个极为胆怯、害羞的男孩,他几乎没有什么朋友,对什么事都缺乏自信。

一天,他的老师布劳奇给学生布置作业——给一篇小说写续文。现在的他已无法回忆他写的那篇续文有什么独到之处,或者老师给的评分究竟是多少,但他至今仍清楚地记得,而且永生不忘的是布劳奇老师在他的作文的页边空白处写了四个字:"写得不错"。这四个字竟然改变了他的人生。

"在读到这些字以前,我不知道我是谁,也不知道将来要干什么,"他说,"读了她的批注后,我就回家写了一篇短篇小说,这是我一直梦寐以求、但从来不相信自己能做的事。"在中学剩余的日子里,他写了许多短篇小说,经常将它们带给布劳奇老师评阅。在她不断给予的鼓励下,达尔科夫成为了中学报纸的编辑,他的信心增加了,视野扩大了,他开始了一种充实的生活,并最终成为了一名作家。

在建校二十周年的聚会上,他回母校看望了布劳奇老师,并告诉她当时她所写的四个字给予了他成为一名作家的信心,并改变了他的一生！他相信如果没有那四个字,也许一切都不会发生。

故　事　二

有一次,卡耐基到邮局去寄一封挂号信,人很多。卡耐基发现那位管挂号的职员对自己的工作很不耐烦,可能是他今天碰到了什么不愉快的事情,也许是年复一年地干着单调重复的工作,早就烦了。因此,卡耐基对自己说:"我必须说一些令他高兴的话。他有什么值得我欣赏的地方吗?"稍加用心,卡耐基立即就在他身上看到了值得欣赏的一点。

因此,当他在接待卡耐基的时候,卡耐基热诚地说:"我真的很希望有您这种头发。"

他抬起头,有点惊讶,面带微笑。"嘿,不像以前那么好看了,"他谦虚地回答。卡耐基对他说,虽然你的头发失去了一点原有的光泽,但仍然很好看。他高兴极了。双方愉快地谈了起来,而他说的最后一句话是:"相当多的人称赞过我的头发。"

卡耐基说:我敢打赌,这位仁兄当天回家的路上一定会哼着小调;我敢打赌,他回家以后,一定会跟他的太太提到这件事;我敢打赌,他一定会对着镜子说:"这的确是一头美丽的头发。"想到这些,我也非常地高兴。

② 学生讨论分享由这两个故事引发的想法,也可以联系发生在身边的或自己身上的故事,分享交流,总结出赞美的作用(影响力):

◎ 满足每个人的需求与饥渴。

◎ 激励人的最佳动力。

◎ 人际交往中的润滑剂。

威廉·詹姆斯说:"人性中最深切的禀质,是被人赏识的渴望。"林肯也说:"每一个人都喜欢人家的赞美。"每个人都希望自己是完美的,世界是完美的,都希望被他人认同。另一方面,"金无赤足,人无完人",我们不可能完美无缺,现实与理想有差距,为了保持心理平衡,我们都渴望被他人赞美。

(2) 赞美的艺术

赞美是发自内心的对于美好事物表示肯定的一种表达。人际交往时如何赞美才有效,要注意哪些方面呢?

① 分组讨论以下故事,并总结赞美的技巧,以及要注意的问题。

故　事　一

有一位夫人经朋友介绍,请了一位钟点工,第二个星期一开始正式上班。她的朋友详细介绍了这个钟点工的情况,似乎有贬有褒。

星期一钟点工来了,夫人就对她说:“我朋友告诉我你为人既老实又可靠,还烧得一手好菜,带孩子也非常细心,唯一不足的就是整理房间不太内行。但我今天看到了你,我觉得你是一个非常爱干净的人,你肯定会将家里搞得干干净净的,而且我相信我们会相处得很愉快的。”

之后她们果然相处得很好,钟点工做家务井井有条,一尘不染,工作很勤奋,宁可加班也不耽搁工作。夫人看在眼里,乐在心里。

故　事　二

药剂师配药工作程序很复杂,质量要求很严格,有时还要亲自服药试验。某制药厂的厂长,精通配药程序,深深为药剂师的敬业精神感动,他经常称赞药剂师“为了减少药物的副作用,在正式投产前,他们对新药抢吃抢喝。我虽已严格控制,但他们仍‘不择手段’,‘多吃多占’,在自己身上试验。”厂长的赞美既内行又幽默。他的赞美中,蕴含着对职工献身精神的崇敬之情、体贴之意,职工的感动之情也实实在在。他们看到了厂长对自己的关怀和爱护,看到了厂长对自己的认可和褒奖。

故　事　三

俄罗斯作家屠格涅夫在打猎时,无意间在松林中发现一本皱巴巴的《现代人》杂志。他随手翻了几页,竟被一篇题名为《童年》的小说所吸引,作者是一个初出茅庐的无名小辈。但屠格涅夫却十分欣赏,钟爱有加。他四处打听作者的住处,最后得知作者两岁丧母、七岁失父,是由姑母一手抚养长大的,屠格涅夫更是给予了极大的同情和关注。姑母很快就写信告诉自己的侄儿:“你的第一篇小说受到了大名鼎鼎、写《猎人笔记》的作家屠格涅夫的称赞。他说,‘这位青年人如果能继续写下去,他的前途一定不可限量!’”侄儿收到姑母的信后,惊喜若狂,他本是因为生活的苦闷而随笔涂鸦打发心中的寂廖,并无当作家的妄念。名家屠格涅夫的欣赏,竟一下子点燃了他心中的火焰,找回了自信和人生的价值,于是他一发不可收拾地写了下去,最终成为享誉全球的大作家,他就是《战争与和平》《安娜·卡列尼娜》和《复活》的作者列夫·托尔斯泰。

② 学生分组讨论并全班分享后,进行总结。

赞美要真诚、态度要大方、内容要具体;赞美要注意适当、适时、适度。

赞美时要注意:必须要真心实意,赞美具体言行而非个人,可通过他人表达赞美,赞美语言可风趣幽默，即使是对手也要赞美。

3. 主题活动：赞美心

每个同学先对组内其他成员每人至少写一句赞美的话（完成后也可以再给组外的同学写），写在赞美心型卡片上并署名。写完以后双手将赞美心型卡片赠送给对方，接受者向赞美者表达谢意。

（教师提示：赞美时可采用前文归纳的技巧并留意需注意的问题。）

例如：

“×××，你________，我很佩服。”

“×××，你________，让我觉得你很厉害。”

可以试着把下面这些词汇用在“赞美心”活动中。

善解人意　细心　勇敢　随和　乐于助人　上进　乐观　体贴　诚实　淳朴　热心　有爱心　孝顺 执着　认真　大方　健谈　有想象力　活泼　有责任感　温柔　幽默　能干　有气质　聪明

学生交流分享自己得到的赞美心型卡片。

如学生会写下这样的字句：

“×××同学，你声音很嗲的。ZSY”；

“给LLX，我很欣赏你，你一直很乐观地对待生活。QLL”；

“我很欣赏你，因为你对人很友好。WZL”。

4. 总结

在人类的所有本性中，最深刻的渴望就是受到赞美。

——美国著名心理学家詹姆斯

“赠人玫瑰，手有余香”是英国的一句谚语，意思是一件很平凡微小的事情，哪怕如同赠人一支玫瑰般微不足道，但它带来的温馨都会在赠花人和爱花人的心底慢慢升腾、弥漫。赞美就像是这样一束芳香的玫瑰，在赠予他人的时候，不仅给对方带去了愉悦与舒心，也给自己带来了温馨与舒适。请不要吝啬你的赞美，尽情地去赞美他人并且坦然地接受他人的赞美吧！

5. 回音壁（课后拓展及延伸）

① 请评价你收到的赞美心型卡片内容，你欣赏、喜欢哪些赞美，又不喜欢哪些？

② 分析自己在赞美心活动中的做法，你自己满意吗？

【教学建议】

美国《幸福》杂志下属的名人研究会有一项研究结果表明：人际关系的顺畅是事业成功的最关键因素，而处世交际最关键的就是学会赞美他人。如果一个人懂得如何去赞美别人，那么身边的朋友都会乐于与他交往。被人欣赏是每个人的心理需求之一。

对于刚刚进入高中的学生来说，结交新朋友是他们的心理需求，而真诚的赞美是非常重要的交往技巧。在与学生的交谈中发现，学生虽然内心十分渴望也很享受被别人真诚赞美，但在人际交往中很少去赞美别人。有的学生想赞美别人却又往往心存顾虑，害怕自己的赞美被对方误认为是奉承；有的学生面对赞美时只是一味地谦虚否认而不知该如何回应；还有的学生更是缺少发现他人身上优点的“眼睛”，根本不会去赞美。

本节课主要围绕赞美的感受与运用而展开。在教学中可能会出现学生比较扭捏、害羞，不好意思去赞美他人的情况。这需要教师在活动前做好铺垫工作，让学生先了解赞美的影响力，鼓励激发学生去赞美他人。在活动中，教师要关注各小组的活动情况，及时发现生成的资源，及时引导。

在讨论赞美的作用和艺术时，教师可以用教案中的故事，更可以采用发生在学生身上的故事，这样会更贴近学生，更有亲切感。赞美的作用和艺术不由教师直接讲授，而要引导学生在讨论中逐一得出。

在"赞美心"活动中，教师应提倡学生写一句以上的赞美词，从多个角度去赞美同学。有的学生会提出要多领几张赞美心型卡片，因为想写给更多的同学。但教师一定要注意，让学生首先完成对本小组其他同学的赞美之后，再进行对其他小组同学的赞美。之所以这样要求，是考虑到保证每个同学都被赞美，不至于出现个别学生因没有收到赞美而伤害自尊的情况。若有学生提出要给老师写赞美词，当然是可以的。

在"赞美心"活动中，教师要注意引导学生在接受他人赞美时说上一句真诚的"谢谢"，真诚而有礼貌地接受就是对赞美最好的回应。

学生在课后反馈中表示，看到同学们送来的"赞美心"，都觉得很高兴，感到自己更乐意去接纳对方，喜欢对方，也更愿意去接近对方，对自己的人际关系也有了积极的促进效应。

参考资料

一、共享资源

（一）视频

网易公开课：《肢体语言塑造你自己》

课程主要内容：肢体语言影响着他人对我们的看法，但同时它也影响着我们对自己的看法。社会心理学家埃米·卡迪表示"有力的姿势"——以一个自信的方式站着，即使我们不感到自信——也能够影响我们脑内的睾丸酮和可的松含量，甚至可以爆发性地推动我们成功的机会。

（二）绘本

《我有友情要出租》

表达对友谊的渴望，明白主动找朋友比被动找朋友要容易得多。

《身体语言使用手册》

《生活绘本：举止的礼仪与魅力》

在日常生活中、工作岗位上、社交场合里以及约会、旅行时，品位出众、举止修饰特别、注重礼仪完美的人往往是最引人注目的。他们的每一次装束、一举一动、一颦一笑，都会给人以悦目的享受。你可以品味、欣赏，并成为这样的人。

《贝贝熊系列丛书——礼貌待人》

贝贝熊系列丛书的作者是“美国儿童行为教育之父”博丹夫妇。这套丛书帮助父母对孩子进行行为教育，让家长与子女共同成长。

《德沃夫爷爷的森林小屋》

此书是日本建筑学家青山邦彦给孩子画的绘本。这本书告诉孩子们集体的力量是伟大的，集体的智慧是无穷的，孩子通过故事可以开发想象力和创造力。

《小马宝莉教你做最受欢迎的女孩》

这是一套教孩子学会为人处事道理的图画故事书。通过阅读有趣的小马故事，孩子不仅锻炼了阅读能力，还可以得到启发，了解友谊的意义，学会如何与同伴相处。图书共6册，每册都包含两个故事。故事内容都紧紧围绕友谊这一主题，内容丰富，角度多样。每个故事后，还设置了根据故事主题提出的问题，帮助孩子回忆故事内容。妙趣横生的友情故事，传达出女孩子为人处事的道理，凸显友谊的主题，在趣味故事之中培养孩子的同伴交往能力。

二、推荐阅读

《积极心理学》(美)克里斯托弗·彼得森著，群言出版社，2010

《当代儿童发展心理学》桑标著，上海教育出版社，2003

《发展心理学》张向葵、桑标著，教育科学出版社，2012

《儿童心理理论的发展》邓赐平著，浙江教育出版社，2008

《社会心理学》崔丽娟、才源源著，华东师范大学出版社，2008

参 考 文 献

[1] (美)克里斯托弗·彼得森. 积极心理学[M]. 北京：群言出版社，2010.

[2] 桑标. 当代儿童发展心理学[M]. 上海：上海教育出版社，2003.

[3] 张向葵,桑标.发展心理学[M].北京:教育科学出版社,2012.
[4] 邓赐平.儿童心理理论的发展[M].浙江:浙江教育出版社,2008.
[5] 崔丽娟,才源源.社会心理学[M].上海:华东师范大学出版社,2008.

第六章

情绪管理

第一节　专题解读

一、知识链接

情绪是指人对客观事物与自身需要之间关系的态度体验,是由某种外在的刺激或内在的身体状况作用所引起的体验。情绪是一种复杂的心理现象,包括认知活动、生理反应和行为表现。这三个层面共同活动,构成一个完整的情绪体验过程。

情绪不是对事物和现象的客观反映,而是一种主观感受。当情绪产生时,个体会有明显的机体变化(如表情和身体动作等)和生理唤醒状态(如呼吸、内分泌腺、脑电和皮肤电活动的变化等)。在情绪活动过程中,大脑皮层,以及大脑皮层以下的丘脑、下丘脑、边缘系统等部位都起着特定作用。个体的情绪发展,与大脑等神经系统的发育完善是紧密相连的。

人类的情绪是极其复杂和多样的,对情绪种类的划分并没有统一的标准。除了快乐、愤怒、悲伤、恐惧这四种基本情绪外,还包括惊讶、厌恶、紧张、失望、兴奋、满足等多种情绪。

情绪本身并没有好坏对错之分,但情绪会引发不同的行为反应,带来不同的影响后果。对情绪的管理,不是祛除或压制情绪,而是在觉察情绪后,以适当的方式表达情绪,调节情绪。

在心理学上,由于情绪问题的复杂性以及研究者的观点和方法的不同,现代心理学家对情绪的解释是多种多样的。这里仅仅选取几个在情绪理论发展史上有重要影响的理论,和大家一起丰富和加深对情绪的理解。

机体知觉即情绪。美国心理学家詹姆士认为:“在对周围存在现实知觉之后,躯体便发生一系列的变化,我们对这些躯体变化的感受就是情绪。”詹姆士-兰格情绪学说在当时推动了许多关于情绪的躯体反应方面的实证研究。直到今天,我们依然能够感受到这一理论对我们情绪调整的意义——当我们“假装”快乐——把嘴角上翘并保持一段时间时,我们就能感觉到快乐;同样,当我们进行深呼吸,心跳变慢时,我们的焦虑也变得好起来了。

情绪二因素理论。美国心理学家沙赫特于 20 世纪 70 年代初提出了情绪二因素学说,他认为情绪既来自生理反应的反馈,也来自对导致这些反应情境的认知评价。他把情绪的产生归之于环境因素、生理因素和认知因素三者的整合作用。其中,认知因素中的对当前情境的评估和对过去经验的回忆,在情绪形成中起着重要作用。

情绪智力理论。1990 年,萨洛维和梅耶在《想象、认知和人格》杂志上发表《情绪智力》一文,首次提出了情绪智力。情绪智力包括:(1)情绪的知觉能力,即情绪的感知和表达的能力;(2)情绪的整合能力,即用情绪促进认知加工;(3)情绪的理解能力,包括情绪认知加工和进一步着眼于问题解决的情绪信息加工能力;(4)情绪的管理能力,包括对情绪的自我管理和管理他人的情绪。1995 年,戈尔曼出版《情绪智力》一书,在萨洛维和梅耶的理论基础上,将情绪智力定义为控制情绪冲动、解读他人情感和处理各种关系的能力,并系统地论述了情绪智力的内涵、生理机制、对成功的影响及情绪智力的培养等问题。他将情绪智力划分为五个因素,分别是:自我意识能力、自我管理能力、自我激励能力、认识他人情绪的能力和处理人际关系的能力。

情绪 ABC 理论是情绪管理中应用最广泛的重要理论之一,它是由美国心理学家埃利斯提出的。据此提出的合理情绪疗法也成为认知行为治疗的重要方法之一。该理论认为,激发事件 A(Activating Event)只是引发情绪和行为后果 C(Consequence)的间接原因,而引起 C 的直接原因则是个体对激发事件 A 的认知和评价而产生的信念 B(Belief)。也就是说,人们的情绪及行为反应与其对事物的想法、看法有关。合理的信念会引起人们适当的情绪反应,而不合理的信念则会导致不适当的情绪和行为反应。因此,我们可以通过调整对事件的认知评价(不合理信念)来调节情绪。

A		B		C
激发事件	→	信念	→	后果

除了通过认知途径调节情绪外,还可以从生理和行为等方面入手。例如,紧张、焦虑等情绪,可以通过系统脱敏、渐进式放松训练、音乐放松等方法进行缓解。合理宣泄、转移注意力、自我升华等行为方式,也是调节情绪的重要方法。

情绪在个体发展和日常生活中起到重要的作用。积极的情绪对心理活动具有调节和组织作用,会成为个体行为的积极推动力;消极的情绪则具有干扰和破坏作用,成为行为的阻力。如果消极情绪经常出现且持续不断,将会对个体产生持久的负面影响。情绪还是人际交往的重要手段,缺乏情绪管理能力的个体难以建立和维持良好的人际关系。人们体验着各种情绪和情感,或轻松愉悦,或沮丧悲伤,都将影响到对周围事物的看法,影响人们的生活质量。可以说,情绪发展是否健康,会很大程度地影响个体的行为表现、个性发展和品格培养。因此,情绪管理能力的培养对于中小学生的健康成长和人格塑造具有重要意义。作为中小学心理健康教育的重要内容,情绪管理也逐渐受到了中小学心理辅导教师的关注。

二、学情分析

为更好地对中小学生开展情绪管理方面的辅导,必须充分了解他们的情绪发展特点。我们从以下五个方面,分别阐述小学、初中、高中阶段学生的情绪特点。

(一)情绪的体验

与学龄前期的儿童相比,进入学龄期的小学生已经有了比较丰富的情绪体验,已基本具有人类的各种情绪表现形式,特别是在参与学习活动和社会性活动时,他们会产生多种情绪体验。

自初中阶段开始，学生步入人生的一个快速发展期——青春期，也被称为“狂风暴雨”时期。处于初中和高中阶段的学生，情绪体验也越来越丰富，几乎人类所具有的情绪种类都可在中学生身上体现出来，并且各类情绪的强度不一，有不同层次。他们对事情的感受更敏感了，可能会因为老师一个鼓励的眼神而感到欣喜，也可能为同学无意的一句话而伤心。他们容易动感情，也容易激怒，他们会因为一点进步而欣喜若狂，也会因为一点小小的挫折就垂头丧气，甚至会由于一时的冲动而不顾一切，情绪体验具有冲动性和爆发性。

尽管高中生的自控能力提高了，但其情绪表现的两极性仍非常明显，如顺利时得意忘形，受挫时垂头丧气。有人对 100 名高中生进行调查，发现 70%的学生的情绪都是经常两极波动的，而没有激烈变化的学生人数百分比为零。

（二）情绪的稳定性

总体而言，小学生的基本情绪状态一般是平静而愉悦的，但不可否认，他们的情绪还很不稳定，情绪表现比较外露，不善于掩饰，容易激动。不少小学生会因为一件小事而大发脾气，难以自控，做出过分强烈的反应，并任由这种不愉快的情绪体验持续下去，对情绪的控制能力较差。

初中生的认知能力和意志品质仍然较弱，他们的情绪来得快也去得快，并容易随着认知标准的改变而改变，可能今天情绪高涨、精神振奋，明天就陷入低落和抑郁。由于初中生自我意识的发展，他们对自己的优缺点都十分敏感，有时会过高地估计自己，有时又会为自己的缺点和不足而担心，因此，情绪非常不稳定，容易从一个极端走向另一个极端。

高中生的情绪爆发频率降低，作为心境的延续时间加长，再加上情绪控制能力的提高，情绪体验的时限延长、稳定性提高。例如，幼儿发怒一般不超过 5 分钟，可高中生可长达数小时。同时我们还要注意到，高中生易受焦虑、抑郁、孤独等负面情绪的影响，长时间处于负面情绪体验之下会影响学生的成长，并可能改变一个人的个性特征。

（三）情绪理解与表达能力

情绪能力发展的基础是智力的发展。随着个体在童年期语言能力和认知能力的提高，其情绪管理能力也得到发展。小学生不仅能够比较明确地分清自己的喜怒哀惧，并运用语言、表情、动作等表达一些较为复杂的情绪，还能初步认识和理解他人的情绪状态。

与小学生相比，中学生已经能比较理智地看问题，能更好地认识到情绪的产生有复杂的心理原因。他们对别人，特别是朋友的情绪特别敏感，对情绪的理解也更加准确。并且，随着年龄的增长，他们开始注意按照社会规则表达情绪。他们开始注重自己的个人形象，关心别人对自己的看法，会尽可能地使自己的外在表现更为得体、合适一些。

（四）情绪调节与管理能力

小学生对情绪的调节能力尚处于发展过程中。随着年龄的增长，小学生对情绪的归因能力也在不断增加，他们逐渐能够寻找到引发情绪的原因。小学高年级学生已逐渐能意识到自己的情绪表现以及可能产生的后果，从而运用一些策略，以建设性的方式来调节情绪。

但是总体而言,小学生控制和调节自己情绪的能力还是比较有限的。

随着初中生认知水平、智力和意志力的增长,他们开始有意识地调节自己的情绪,并开始从外部调节转到内部调节,当遇到情绪困扰时,能够运用一定的手段来调节自己的情绪。尤其是高中生,其情绪内部控制能力越来越强,情绪的表露越来越带有文饰、内隐的特点。

高中生已经意识到情绪不仅受到学业情况、人缘的影响,同时情绪又会影响其学习与人际关系,甚至影响个体的身心健康。他们开始有意识地运用一些情绪管理的方法,但是掌握和运用程度差异大,有的学生可以很好的调控情绪,也有部分学生由于情绪管理方式单一或方法不合理而无法有效调控情绪。

(五)不愉快情绪的影响

青少年的情绪模式,可分为愉快情绪(如高兴、亲爱、乐趣、好奇等)和不愉快情绪(如愤怒、惧怕、嫉妒、焦虑、敌对、抑郁等)两类。通常情况下,小学生以愉快情绪为主,处于“少年不知愁滋味”的阶段。但进入青春期后,中学生开始处于典型的烦恼增殖期,不愉快情绪出现的次数与强度有所增加。尽管青少年的自控能力提高了,但由于生理方面、学业方面以及心理的发展还未完全成熟,中学生的心境容易处于低沉状态,随着年级的升高,不良情绪呈现缓慢上升的趋势。如果负性情绪长期得不到排解,抑郁、焦虑症状持续存在,烦恼与孤独不能够释怀,青少年容易出现诸如自杀等极端的想法与行为。

中学生的情绪特点带来了这个时期特殊的情绪问题。有些中学生没有察觉到这些不愉快情绪,被压抑的情绪会在不自觉中向人或物发泄出来,造成不良的影响,表现出突然上升的外显性问题,如叛逆行为。有些虽然能意识到自己的情绪问题,却缺乏有效的调节方法,长期处于负面状态下,觉得自己无法解决,因此带来内化性的问题,如忧郁、焦虑、自杀、不正常饮食等。

中学生情绪问题的发生与他们的学业、人际交往等问题彼此关联、互为因果,是学生最常求助的心理困扰,也是老师最容易关注到的学生心理问题。青春期情绪的特殊性使得情绪辅导成为心理辅导课中非常重要的内容板块。

三、目标与内容

(一)中小学阶段情绪管理课程的教学目标

情绪管理是中小学阶段心理辅导活动课的常见主题。在不同学段,教学目标的设定要各有侧重,体现出小、初、高的衔接与发展的特点。

小学阶段是情绪管理能力培养的初级阶段,主要针对一些常见情绪,引导学生开始觉察自己和他人的情绪,初步了解表达情绪的合适途径,并学习一些调节情绪的简单方法。除此之外,还要特别注重积极情绪的培养,引导学生体验和表达快乐。

初中阶段情绪管理能力的培养,不仅仅是被动地调节已经出现的消极情绪,而是更广泛地促进整体情绪管理能力,包括情绪的察觉、表达、调整的能力,促进学生更好地驾驭情绪,建立和维护良好的情绪状态,并促进学生在社会生活中实现良好的人与人、人与团体之间的人际交往。

高中阶段的情绪管理则进一步要求高中生通过对自身情绪和他人情绪的认识、协调、引导、互动和控制，充分挖掘和提高自身的情绪智力、培养驾驭情绪的能力，从而确保自己保持良好的情绪状态，并由此产生良好的情绪管理效果。

三个学段情绪管理的教学目标具体分解如下表：

学段 目标	小学	初中	高中
情绪的觉察	能够根据自身的身体变化、行为表现和心理感受等简单信息，觉察自己的基本情绪；能够根据表情、动作、语言等方面的信息，初步判断他人的情绪。	能够通过关注生理状态、行为、心理活动等线索来评估和判断自己的情绪状态，能较为准确地察觉并理解他人的情绪状态。	了解情绪的特点，能对自己的情绪进行觉察，能够监控自己的情绪状态及变化。
情绪的理解	知道每个人都会有情绪，在遇到事情时出现情绪体验是正常的；初步理解在同一个情境下，不同人的情绪体验可能是不同的，情绪感受的强度也可能不同。	了解情绪产生的过程和影响，明白情绪是人的正常反应，每一种情绪对人的适应和健康都有积极意义。	知道情绪智力，能根据情绪智力的五种能力来提高情绪应对能力。
情绪的表达	初步了解表达情绪的合适途径，开始尝试从通过行为表现情绪，逐步转向通过语言表达情绪，能用词汇或语句简单描述自己的情绪。	了解情绪表达会影响人际互动，学习以恰当的方式表达自己的情绪和内心感受，促进人际交往中的理解和沟通，增进良性互动。	认识愤怒情绪和冲动行为的负面影响，意识到平和、稳定的情绪是可以修炼的，了解和掌握一些处理愤怒情绪和冲动行为的有效办法。
情绪的调节	通过对生活实例的分析，知道想法会影响情绪，并初步感受改变想法、调整情绪的方法；同时了解调节情绪的一些简单方法，如合理宣泄、主动倾诉和做喜欢的事等。	在察觉情绪的基础上，学习调节和控制情绪的合适方法，如转移和升华、倾诉、宣泄、认知重建、放松训练等，引导学生根据具体情境选择合适的方法来调节情绪。	调整情绪的表达方式，学习管理情绪的方法。学习用积极的方式应对问题，尝试用情绪 ABC 理论和突破思维框架的方法来调控消极情绪。
积极情绪的培养	在活动中感受快乐，发现生活中的快乐，表达快乐，并与他人分享快乐。	通过自我调整，建立和维护良好的情绪状态，尝试乐观地面对困难或问题，保持积极情绪，培养乐观心态。	了解幸福的真谛，学习自我激励，提升幸福指数。引导学生感受积极的情绪体验，培养积极的情绪。

（二）中小学阶段情绪管理课程的教学内容

1. 小学阶段

学生在生活中时常体验到各种情绪变化,因此课程内容的选择要结合学生生活实际,引导学生从自身经历出发进行体验和思考,才能使学生有感而发,从而有所收获。选取的教学内容,越贴近学生实际生活越好;选取的素材案例,越真实具体越能吸引学生。

此外,考虑到小学生对抽象知识的学习领悟能力较差,建议在安排这一部分的学习时,不要以情绪识别—情绪表达—情绪调节三个层次目标来划分,而是一次课程只关注某一个具体的常见情绪,在对这一具体情绪的了解中,引导学生学习识别、表达和调节该情绪,从而达成上述的教学目标。

（1） 情绪侦察机/情绪气象站——基本情绪的了解

此环节可作为该主题学习的引入部分。根据不同年级学生特点来设计具体的形式。如低年级可通过表情、动作来了解情绪;高年级可通过事件描述、自身经历等方式了解情绪。丰富学生描述情绪的语言,而不是仅停留在“高兴”“不高兴”的简单划分,使其了解到情绪的丰富。

（2） 快乐宝典——积极情绪的培养

教师通过创设轻松愉快的气氛,让学生在参与课堂活动中体验快乐、表达快乐。引导学生充分发现生活中的快乐、满足、幸福等,交流表达快乐,尝试以多种方式记录快乐,不断强化积极的情绪体验。学习可以增加快乐体验的方法,如帮助别人、宽容别人、欣赏别人等。

几种常见情绪的觉察与调整:教师可根据学生实际情况选择常见的情绪作为教学内容,以某一情绪作为课时教学主题。小学生常见情绪通常包括生气、害怕、紧张、悲伤、失望等。针对某一具体情绪设计课程时,主要有以下内容:识别自己和他人的这种情绪,初步理解出现这种情绪的原因;了解不恰当表达情绪带来的不良影响,学习表达情绪的合适方式;学习掌握调节该情绪的方法,包括通用性方法(如换一个想法、倾诉宣泄等)和针对性方法(如缓解紧张情绪的身体放松法等)。

2. 初中阶段

（1） 情绪知多少

培养学生认识基本的情绪,丰富自己的情绪表达词汇,运用这些词汇来描述自己曾经产生过的情绪,并在生活经验和心理实验的双重作用下,知道情绪对健康、认知、人际交往等诸方面的影响。明白情绪是人的正常反应,每一种情绪对人的适应和健康都有积极意义,但不当的情绪或者不当的情绪处理会给人带来负面影响。对情绪的认知将提高同学们对情绪的接纳,并注意和重视对情绪的管理。

（2） 情绪来了

培养学生观察自己或他人的情绪反应,体察情绪的产生与身体反应、想法之间的关系,进一步提高学生对情绪认识的清晰度,了解情绪发生时会产生的身体反应和想法,学会观察自己和他人的情绪反应,初步认识情绪产生的过程,并了解自己常有的情绪及其反应方式。

（3） 从身体开始放松

学习放松和冷静的技术,包括深呼吸、数数、渐进式放松、冥想放松等。发现暂停技巧在打破情绪连锁反应中的作用，掌握使身体反应冷静和放松的方法，并体验身心之间的联系、身体调整对情绪感受的影响。

（4）情绪的认知调整

了解同一件事情可以有多种想法和反应，尝试从不同的角度看问题。练习使用积极的想法来替代消极的想法，以获得正面的情绪和应对方式，建立理性认知。

（5）表达“我信息”

了解情绪的不同表达方式会影响人际互动，学习以“我信息”的方式表达自己的内心感受，促进人际交往中的理解和沟通。

（6）愤怒管理

教会学生澄清愤怒背后真实的需求，并明确不同的表达方式带来的影响，尝试运用身体放松的方法，并用“我信息”的表达方式表达自己的真实想法，缓解人际冲突。

（7）焦虑管理

使学生能够直面让自己担心或害怕的事情，理解认知偏差对情绪的影响，运用认知调整和身体放松技术降低焦虑，投入到问题解决的行动中去。

（8）抑郁管理

学生了解抑郁的外在表现和内在原因，使用认知调整、寻求支持等方法应对抑郁情绪，学习观察他人的抑郁心境并适当地提供帮助。

（9）快乐相随

学生分享生活中的快乐事件，体验快乐情绪的感染力，通过制作快乐清单和快乐记录卡，记录和保持快乐的情绪，培养学生乐观的精神。

3. 高中阶段

（1）情绪与“EI”高手——情绪的自我觉察

伟大的哲学家苏格拉底的一句“认识你自己”，其实道出了情绪管理的核心与实质。自我觉察，即当自己的某种情绪刚一出现时便能够察觉，能够监控自己的情绪状态及变化。如果一个人不具有这种对情绪的自我觉察能力，或者说不认识自己真实的情绪感受的话，就容易听凭自己的情绪任意摆布。

（2）你能驾驭自己的情绪——情绪的自我调控

情绪的调控是建立在对情绪状态的自我觉察的基础上的，是指一个人如何有效地摆脱焦虑、沮丧、激动、愤怒或烦恼等因为失败或不顺利而产生的消极情绪的能力。当情绪的自我调控能力低下时，就会使自己总是处于痛苦的情绪旋涡中；反之，则可以从情感的挫折或失败中迅速调整、控制并且摆脱负面情绪而后重整旗鼓。这对于处在各种压力之下的高中生而言是具有重要意义的。

（3）幸福的理解——情绪的自我激励

情绪的自我激励是指引导或推动自己去产生积极的情绪体验，也就是一种自我指导能力。如高中生已经可以更深刻地了解幸福，知道如何进行自我激励，提升幸福感。

（4）对他人情绪的识别

这种觉察他人情绪的能力就是所谓的同理心，即能设身处地站在别人的立场，为别人设想。愈具同理心的人,愈容易进入他人的内心世界,也愈能觉察他人的情感状态。

(5) 人际交往中的情绪感染

处理人际关系的协调能力是指善于调节与控制他人情绪反应,并能够使他人产生自己所期待的反应的能力。一般来说,能否处理好人际关系是一个人是否被社会接纳的基础。在处理人际关系过程中,重要的是能否正确地向他人展示自己的情绪情感,因为,一个人的情绪表现会对接受者即刻产生影响。如果你发出的情绪信息能够感染和影响对方,那么,人际交往就会顺利进行并且深入发展。当然,在交往过程中,自己要能够很好地调节与控制住情绪,所有这些都需要人际交往的技能。

四、温馨提示

(一) 保持对情绪的接纳

每一种情绪都有它的价值,通俗地说就是,情绪没有好坏。所有学过基础心理学的教师都能建立这样的理性认识。情绪能帮助我们察觉所处的环境,判断重要的事情,做出适应性的行为。但事实上,在辅导过程中,我们却常常很难保持这样的中立。特别在与学生的交流与反馈过程中,教师会习惯性地否定一些情绪,尤其是那些带来负面感受的情绪。如在对愤怒情绪、抑郁情绪的讨论中,学生说到生活中发生的事件和产生的情绪时,有些老师会反馈说:"这样你就生气了?"这句话的背后,其实传递了对学生产生生气情绪的否定。教师首先要熟练掌握情绪的这些特点,理解情绪只是学生的一种主观体验和反应,才能真正地接纳情绪而不是否定情绪,从而能察觉情绪,合理地表达出情绪背后真正的需求。

(二) 注意性别差异

在实际生活中,我们不难发现,男性和女性在情绪的觉察和表达上存在着很大的差异。不少研究均指出情绪的表达和管理存在着一定的性别差异。布罗迪曾提到,无论就说话或者面部表情来说,对于不同的情绪,女性均比男性表达得更好,而男性则倾向以行为来表达情绪。在对他人情绪的察觉方面,女性也比男性更擅长准确解读别人的情绪。邓丽芳、郑日昌的研究也指出,男生比女生体会到更多的消极情感,男生的情绪表达性明显低于女生,但在正向情感和快乐感的体验中,男生和女生并不存在显著差异。这种差异,可能也是性别角色社会化的结果。因此,我们在设计和实施相关的辅导活动时,要注意可能存在的性别差异,在辅导目标上要注意不强求男女两性达到同样的水平,在辅导重点上也要注意性别的差异。

(三) 注意文化差异

情绪智力和情绪管理能力的提法均来自西方,而心理学研究也证明,情绪的行为表现会受到社会文化的制约,因此,在情绪辅导中更需要考虑情绪行为表现所受到的社会文化的影响。比如在中国的文化中愤怒有时候被认为是鲁莽、野蛮的代名词,因为中国文化提倡面对侮辱或伤害时要忍耐,而焦虑则是积极进取的表现。心理学家克兰伯格是早期以实证方法研究中国人情绪的学者。根据他的观点，中国人相信情绪是“危险的”。也有学者指出，在传统中国医学中，极端的情绪被视为许多疾病的根源。为了保持个人健康和维持社会稳定，中国人重视中庸和谐，不鼓励公开表达自己的感受和思想观点。在辅导的过程中，我们可能会介绍一些西方的情绪表达方式，比如运用“我信息”说出自己的想法，比如运用“万能公式”处理焦虑情绪，教师可以建议学生尝试运用并体验这些方式，但不必要求学生一定这么做。在实践的过程中，欢迎老师们探索、总结出一些有效的、符合中国人习惯的处理情绪的方法。

第二节　教案分享

小学阶段

有趣的表情

郇海君　上海市普陀区洵阳路小学

【教学目标】

1. 了解人的表情是多种多样的，学习观察表情，回忆各种情感体验。

2. 知道高兴的表情让人看了最舒服。

【教学对象】

小学一、二年级学生。

【课前准备】

1. 分别装有白开水、盐水、醋和糖水的 4 个杯子。

2. 美术课上画好的表情图。

3. 小朋友生活中的照片和视频。

【教学过程】

1. 游戏引入

游戏“我喝的是什么？”

游戏规则：准备 4 个分别装有白开水、盐水、醋和糖水的杯子，请 4 位学生分别上来尝一尝，然后用面部表情告诉同学们你喝的是什么。其他学生根据表情猜答案。

教师：通过这个小游戏你明白了什么？

学生交流。

教师：通过游戏我们明白了通过观察一个人的表情，可以知道一个人的感觉。其实，我们的表情种类非常丰富，除了刚才我们看见的这 4 种表情外，还有许多种表情。

2. 看图画、讲表情

（1）作品呈现

教师：前几天的美术课上，我们曾画过自己的表情，还记得你画的是什么表情吗？

播放学生的表情画(配音为歌曲《笑比哭好》)。

(2) 看图片、交流模仿

教师:老师把你们的作品全部贴在了黑板上(拉开幕布),你画的是什么表情?

学生交流。

教师:谁愿意来学学这些表情?

学生模仿表情。

教师:看到这种表情,你想到了什么事?

学生交流。

(3) 小组交流:自己画的是什么表情?

请两个小组汇报自己画的表情(上台指着黑板上的表情图)。

教师:原来我们小朋友的表情有这么多,根据表情我们可以知道一个人的感觉,还可以知道一个人的心情。

3. 交流开心方法

呈现学生生活中不同表情的照片。

教师:在这么多的表情中,你认为什么表情让人看了最舒服呢?请说明理由。

学生交流。

教师:既然笑的表情让人看了最舒服,可是生活中总有不开心的事。如果你不开心或者别人不高兴的时候,你会想什么办法让自己或别人露出开心的表情呢?

出示场景:

◎ 音乐课片断

◎ 小潘哭了

◎ 张凯宁橡皮忘带了着急的表情

◎ 老师皱着眉头看着小朋友吵闹的表情

学生交流方法。

4. 活动结束

原来所有难过伤心悲哀的表情都可以变成开心愉快的表情。今天有这么多客人来看我们,你们心里怎么样?脸上是什么表情呢?

学生做表情。

教师:哦!嘴角翘翘的,眼睛眯眯的,脸上笑嘻嘻的,这就是高兴、快乐的表情。让我们把这个表情一直留在我们的心中。

【教学建议】

1. 本节课的内容适合小学一、二年级学生,以表情为切入点来开展对情绪主题的学习。低年级的学生大多比较自我,不太关注别人的感受。此次活动的目的,就是引导学生通过多种体验,认识到脸部表情传递出的情绪,从而学着调节自己的表情,也学着关注别人的情绪。

本节课的教学内容和教学形式非常适合低年级学生，通过绘画、模仿、观看照片和视频等形式，了解表情的多样性，理解不同的情绪体验。

2. 在课前学生需要先学习画表情图，如果美术课没有相关教学内容，可以邀请美术老师或学生家长带领开展相关活动，也可安排这一内容作为心理课第一课时的活动内容，第二课时再进行本教案的学习。两课时的设计建议为：

第一课时：说说，画画。老师找出不同脸部表情的图片，让学生猜一猜表情背后代表的是哪一种情绪，然后自己选择一种表情把它画下来。

第二课时：说说，演演，做做，即本教案的内容。

3. 本节课需要在课前进行细致的准备工作。第三环节中需要用到学生在日常生活中的表情照片和视频记录，需要教师在平时注重积累，根据学生实际选择贴近他们生活的真实内容，这样才能引发学生的共鸣，促进课堂讨论的深入进行。

情绪电梯

孙文冲　上海市嘉定区安亭小学

【教学目标】

1. 通过理解情绪电梯的概念，让学生形象地了解情绪具有等级程度，并能合理评估自己的情绪等级。

2. 遇到突发情况的时候，学生能采用一定的方式尝试降低自己的情绪等级。

【教学对象】

小学四、五年级学生。

【课前准备】

多媒体课件、课堂学习单。

【教学过程】

1. 热身导入，初步了解情绪的多样性

(1) 老师表演快乐、生气的情绪，学生识别

(2) 课件出示一系列表情，学生识别

过渡：今天我们探讨的话题是关于情绪，生活中的情绪无外乎紧张、开心、恐惧、烦躁、愤怒、悲伤……

2. 观看视频，了解情绪失控的后果

教师：我们都会有各种情绪，这是很正常的。但有些人有了情绪之后，不加以合理控制，变得不理智，非常冲动，事情就会变糟糕，甚至酿成悲剧。

观看新闻视频。

视频简介：一位学生吃完午饭回到教室，准备参加期末考试，因心情不好和紧张焦虑，丢粉笔头招惹了同学，然后被同学围攻受伤。

教师：伤害事件的起因是丢粉笔头这样的琐事，可是导致伤害事件的原因仅仅就是这些琐事吗？

同学交流感受。

小结:酿成悲剧的真凶其实是我们的情绪失去控制了。那么,情绪到底是什么东西呢?

3. 了解概念,知道情绪有等级程度

教师:同学们,情绪就像一部 10 层的电梯。每一部电梯代表一种情绪,而每一层就代表着情绪的程度。当我们在情绪电梯的 1 楼时,说明我们的情绪在自己控制之中;当情绪电梯在 10 楼时,说明我们的情绪失去控制了,这时,可能就会做出让自己后悔的事情,甚至酿成悲剧。所以,遇到突发事情,要学习控制自己的情绪,让自己的情绪电梯不要飙升,而是把控情绪电梯,让它保持在自己的控制之中。

4. 情境模拟,练习情绪等级的觉察

教师:接下来,我们来做一个模拟练习,请打开老师发给你们的课堂活动单,仔细听老师叙述情境。

情境:小明学习成绩一般,但是他非常要求上进。别人在玩的时候,他仍然在看书学习,每天都认真听讲做作业。终于,他考出了 90 分的高分。这是多么振奋人心的事!在课间,平日里不认真学习,成绩一直也很差的小张,对着其他同学说:"小明也能考 90 分,死猪都能上树,一定是偷看了别人的考卷。"说完,一脸的怪笑……

学生完成活动单第 1 题(详见下图)。

教师:如果你是小明,你乘坐的是什么情绪电梯?处于哪个情绪等级?

学生交流。

教师(对情绪等级在 5 楼以下的同学):这个时候,你是用什么方法让自己的情绪处于自己控制之中,而没有让情绪飙升?

学生交流方法,教师板书。

教师:通过刚才的训练,大家知道了遇到突发情况时,我们要首先识别自己乘坐了什么情绪电梯,然后觉察到自己的情绪等级,想方法控制情绪电梯,比如运用黑板上的这些方法,可以帮助自己控制好情绪。

<table>
<tr><th colspan="2">情绪电梯学习单</th></tr>
<tr><td>事件:
小明经过刻苦学习,终于考出了 90 分的高分。没想到小张对着其他同学说:"小明也能考 90 分,死猪都能上树,一定是偷看了别人的考卷。"说完,一脸的怪笑……
反思:
如果我是小明,乘坐的是(　　　　)情绪电梯。</td><td>10
9
8
7
6
5
4
3
2
1</td></tr>
</table>

5. 实战练习,运用方法解决问题

教师:现在我们要进入本节课最具有挑战难度的环节。在生活中,我们会与各种人打交道,比如老师、家长、同学、朋友、兄弟姐妹等,不可避免会发生一些矛盾和冲突。想想在与他人的交往中你有没有一些印象深刻的矛盾或者冲突呢?

情绪电梯学习单	
事件: 那天,我____________________ ____________________ ____________________ ____________________ ____________________ ____________________ 反思: 我乘坐的是(　　　　)情绪电梯。	10 9 8 7 6 5 4 3 2 1

学生交流。

学生完成活动单第2题,并学习交流。

教师:情绪等级在5层以上的同学请站起来。

学生起立。

教师:通过刚才的活动和练习,能将情绪等级降到5层以下的同学请坐下去。

如果还有部分同学没有坐下来,征询他(她)是否愿意读出来,让其他同学给予建议,帮助他们更好地控制自己的情绪。

教师小结。

6. 分享体验

教师:转眼间,一节课已步入尾声了。在我们短暂的一节课里,谁来分享一下,你有哪些体会或者感受呢?

【教学建议】

1. 本节课的重点是通过对情绪电梯概念的理解,让学生形象地了解情绪具有等级程度;然后通过情境模拟练习结合自身经历,让学生练习识别自身情绪以及评估自身情绪等级,从而能够及时准确地觉察到自身的情绪状态,评估出自己的情绪等级程度;最后尝试运用一定的方法来降低自己的情绪等级,让情绪能够在一定程度上得以控制。

2. "实战练习"环节中,在记录自己的情绪事件、评估情绪等级后,可增加对情绪调节方法的讨论或自我反思,再反馈情绪调节效果,看看能否把情绪电梯降到5层以下。对于没有将情绪等级降到5层以下的学生，不强求其一定在课堂分享，教师可在课后特别关注这些同学，必要时可配合个体辅导。

▶▶初中阶段

面对心中的暴风雨

朱雅勤　上海市时代中学

【教学目标】

1. 明白生气是正常的情绪反应，接纳生气情绪的存在。

2. 权衡生气的不同表达方式，选择以适当的方式表达生气。

【教学对象】

初一年级学生。

【课前准备】

1. 课前调查(见附件)。

2. 课题任务学习单。

【教学过程】

1. 热身活动：天气预报(配乐《渔舟唱晚》)

(1) 规则说明

请学生用肢体动作播报各种天气：

◎晴——双手在头顶围成圆，放大放小

◎ 多云——双手交叉移动

◎ 阴——蒙住双眼

◎ 小雨——手指弹动

◎ 中雨——鼓掌

◎ 大雨——拍腿

◎ 雷雨——跺脚、拍腿

(2) 活动

现在播报三日内天气。今天白天晴转多云，夜里起阴有时有雨，局部雨量中到大，明天上午雨渐止转阴，明天下午有雷阵雨，后天上午晴，下午阴，晚上雷阵雨……

(3) 提问

天气预报到此结束。天气或晴或阴，就像我们的心情。比如，晴天像什么心情(快乐)，阴天呢(郁闷)，雨天呢(难过)，暴风雨呢(生气)。

(4) 引入

我们希望每天都是蓝天白云，每天过得都很开心。但是在实际生活中常会有阴雨天，甚至出现暴风雨。今天，我们一起来讨论如何面对生气的情绪，即如何面对我们心中偶尔会出现的暴风雨。

2. 感受暴风雨：生气的能量

(1) 讲述绘本故事：《亚瑟的故事》

周五的晚上，亚瑟想看他最喜欢的科幻片放松一下。"不行！"妈妈说，"看什么电视啊，快写作业去！"亚瑟开始生气了……

(2) 交流讨论

看完这个故事，你有什么感受吗？

(3) 教师引导

① 生气是一种有强大能量的情绪。

② 通常别人生气的时候会让我们感到害怕。

③ 生气的时候情绪来得特别激烈，甚至会让我们忘记了生气本来的原因。

3. 接纳暴风雨：生气的背后

(1) 过渡

生气是一种很有破坏性的情绪，但是产生生气情绪也是难免的。在课前的调查中，同学们提到了以下这些让自己生气的事情：

◎ 爸爸妈妈袒护弟弟。

◎ 别人用难听的话骂我。

◎ 被人污蔑或者误解。

◎ 朋友说出我的秘密。

◎ 因为同学太闹，不能活动。

◎ 同学失信于我。

◎ 不听我说话、无视我的存在。

◎ 被别人欺骗。

◎ 妈妈说我的成绩没有好朋友的成绩好。

……

(2) 讨论

学生讨论交流中，教师可通过提问引导，并将关键词写在黑板上。

教师提问：这些事情让我们生气的真正原因是什么？(这些事情伤害了什么？)

教师引导：我们常常在感到不公平、受伤害、被忽略或者被干涉时感到生气或者愤怒。

教师提问：生气的背后，我们真正希望的是得到什么呢？

教师引导：在生气的背后，我们真正希望的是能够停止来自外界的伤害、恢复自己的尊严。(板书：停止伤害、恢复尊严)

4. 面对暴风雨：生气的表达方式

(1) 过渡

为了能够停止伤害、恢复尊严、争取权益，我们有时候会和人争论，有时候会沉默下来不说话，有时候会大发脾气，还比如亚瑟是不声不响就开始发脾气。每个人表达生气的方式是不一样的。你生气的表达方式又是怎样的呢？

(2) 学生活动

① 个人作业

请用简单的语句写下你在生气的时候最可能有的行为反应。

② 小组活动

分类:如果用天气来形容,小组内的各种行为反应分别像哪一种天气?

讨论:这些不同的行为反应可能会给我们带来怎样的影响?

分享:讨论结束后各小组推选一名代表做分享交流。

(3) 全班交流

① 请第一组学生代表分享自己小组的讨论结果,分类张贴并说明原因和影响。(有哪些像阴天?原因?影响?哪些像雷阵雨?原因?影响?其他的有哪些?)

② 其他小组看看有没有不一样的,分别说明原因并张贴。(学生分小组讨论,在纸条上记录自己在生气的时候最可能有的反应,并分门别类贴在黑板上的天气图标下。)

(4) 提问

这些行为对解决让我们生气的问题有帮助吗?

教师引导:同学们在衡量一种生气表达方式的时候,会从它能不能帮助我们恢复平静、能不能让我们和他人保持关系这些角度来看的。如果要更好地达到停止伤害、恢复尊严、争取权益的目标,我们可能需要更加清楚地说出自己的想法。(板书:恢复平静、保持关系、表达想法)

(5) 以提问促进思考

那么,怎样的方式可以帮助我们更好地表达想法呢?

以亚瑟的故事为例,亚瑟怎么才能使妈妈更清楚地了解他的想法呢?

5. 化狂风暴雨为和风细雨:神奇的四句话

(1) 过渡

成功的沟通涉及合适的场合地点、语气方式。

大家一起看看,如果亚瑟是这样说出他的感受,故事是否可能有些不一样?

(2) 呈现“神奇的四句话”

◎ 妈妈,当你不让我看科幻片而让我去做作业时。

◎ 我觉得非常生气。

◎ 因为我学习了一个星期很累了,我需要放松和休息。

◎ 我希望你可以给我更多的自由时间。

这种表达方式像哪一种天气?像不像化狂风暴雨为和风细雨?让自己的情绪有了一个出口,并且也不会给他人带来太大的伤害。这就是“神奇的四句话”:

◎ 当……(具体描述出发生的事件)。

◎ 我觉得________生气(描述自己生气的程度)。

◎ 因为……(描述自己产生这种感觉的真正原因)。

◎ 我希望……(描述自己希望解决问题的最好方案)。

(3) 活动

学生尝试用“神奇的四句话”进行表达练习。

6. 结束:风雨之后有彩虹

今天,我们一起讨论了生气背后的原因,分享了表达生气的方式,也学习了如何运用“神奇的四句话”。我想这也许可以帮助我们面对来自心中的暴风雨时,能够找到一种适合自己恢复平静、表达想法的方式,我们就能够看到风雨之后的彩虹!

【教学建议】

1. 本课的容量比较大,时间会比较紧张,节奏会比较快。而且作为侧重于问题解决的

“愤怒”情绪管理课,缺少了对平复情绪处理的讨论。若能以“愤怒情绪管理”作为专题,可以设计3个课时的辅导:第一课时以“情绪平复”为主题,探讨包括恢复冷静、离开愤怒源头等愤怒管理的技巧;第二课时以“情绪表达”为主题,探讨各种愤怒的行为表达带来的不同影响(本课开始到“面对暴风雨:生气的表达方式”的部分);第三课时以“问题解决”为主题,探讨沟通技巧,即何时何地,如何解决问题、避免冲突扩大?(本课“表达‘我信息’”的部分,并可以探讨“如何应对别人的愤怒”这样的话题)。

2. 课前调查和访谈能使教师更好地了解学生情况,并对课堂中可能出现的问题作出合理的预设。建议设计调查问卷(附件的调查问卷供参考,可根据本校实际情况进行修改),作好课前的调查,并根据调查结果调整教学设计,以便更符合学生实际情况。

3. 绘本主要的阅读群体是儿童,但优秀的绘本对于青少年甚至成人都有启发意义。为了避免中学生因为内容过于低幼而对绘本产生排斥情绪,需要我们对绘本进行适当的加工。本课案中使用《亚瑟的故事》是根据绘本《生气的亚瑟》改编的(将母亲让亚瑟不要看电视、早点睡觉改编为母亲让亚瑟不要看电视、快去写作业,使得情境更符合中学生的情况)。另外,在本课绘本播放中可以配以起风、下雨、打雷等音效,也使得绘本本身更能吸引学生的注意。

4. 与学生分享调查结果、分析生气背后的原因、表达生气感受等环节,均可能出现针对教师、父母的愤怒情绪,需要心理教师作为“聆听者”,尽量避免评价或者价值引导。

【附件】

1. 课前调查问卷

亲爱的同学:

你好!这份问卷是为了了解同学们情绪处理的情况,以期给大家更有针对性的建议。问卷不记名,请放心作答。谢谢!

(1) 我是________(男生/女生),如果把我近一周内体验到的每一类情绪(喜、怒、哀、惧、平静)在这一周时间里的比例画出来,我的情绪饼图会是这样的:

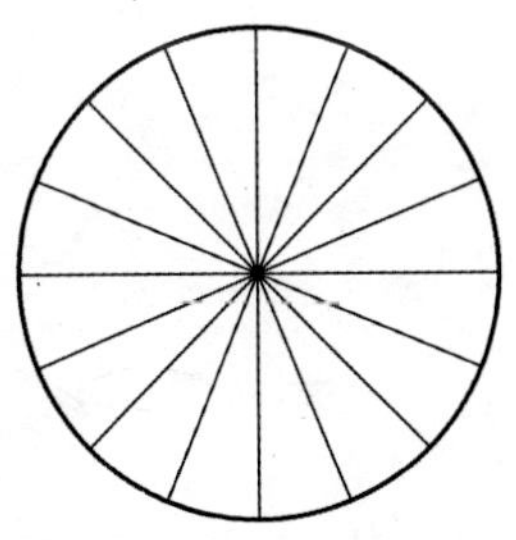

(2) 我认为最难处理的情绪是:________。

A. 生气、愤怒　　B. 难过、悲伤　　C. 紧张、焦虑　　D. 害怕、恐惧

(3) 最近让我生气的一件事是____;这件事让我生气的程度,在下面的坐标轴上标注出来。

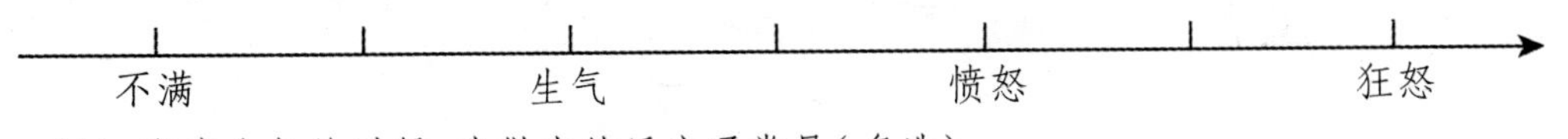

(4) 当我生气的时候,我做出的反应通常是(多选)________________________。

A. 压抑、忍耐、生闷气
B. 摔东西、大喊大叫
C. 打骂惹我生气的人
D. 打游戏、运动或者吃东西
E. 找人倾诉
F. 和惹我生气的人沟通
G. 其他

(5) 在那么做之后,我会觉得________________。
A. 更加愤怒
B. 变得平静
C. 觉得压抑
D. 感到愉悦

(6) 我处理愤怒的方式对彼此(我和惹我生气的人)关系产生的影响是________。
A. 让彼此更亲密了
B. 没有影响
C. 让彼此疏远
D. 关系破裂

(7) 这种处理愤怒的方式对解决问题产生的影响是________________。
A. 解决了问题
B. 问题仍然存在
C. 带来了更多麻烦

(8) 如果能够重新回到那个让我生气的情境,我可能会________________。
A.换种处理方式(我会这样做________________________)
B.还是那样做
C.不知道该怎么办

2. 课堂任务单

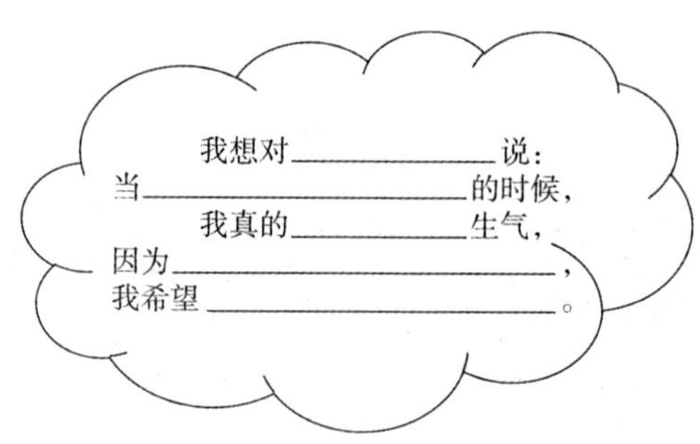

你选择做哪只狐狸

朱雅勤　上海市时代中学

【教学目标】

1. 了解同一件事情可以有多种想法和反应,尝试从不同的角度看问题。

2. 练习使用积极的想法来替代消极想法,以获得正面的情绪和应对方式。

【教学对象】

初中学生。

【课前准备】

准备课堂任务单,每人一份。

【教学过程】

1. 热身活动:脑筋急转弯

(1) 规则

以轮流的方式——报数,每一位同学轮到时坐着说出自己轮到的数字,但在轮到3(3、13、23…)或是3的倍数时(3、6、9、12…),该位同学必须拍手,且不可说出此数字。出错的同学,必须用夸张的情绪雕塑(表情+动作)来表达出此时的心情。

(2) 学生报数,老师板书记录出错学生的情绪。

(3) 引入

一样的出错,不一样的情绪,这里面是否有什么奥秘呢?也许,智慧就蕴含在古老的故事中。(出示课题:你选择做哪只狐狸)

2. 故事新编:狐狸吃葡萄

(1) 结合PPT讲述故事并提问互动

引子:在一位农夫的果园里,紫红色的葡萄挂满了枝头,令人垂涎欲滴,当然,这种美味也逃不过安营扎寨在附近的狐狸们,它们早就想享受一下了……

第一只狐狸来到了葡萄架下,发现以它的个头,这一辈子是无法吃到葡萄了。因此,它心里想:“这个葡萄肯定是酸的,吃到了也很难受,还不如不吃。”

提问:这只狐狸接下来可能怎么做?它的心情会是怎样的呢?(它看起来无所谓地离开了)

第二只狐狸来到了葡萄架下,一看到葡萄架比自己高,愿望落空了。它对葡萄架的高度非常不满,这导致了它不能尝到甜美的葡萄,于是它就怪罪起葡萄藤来。说葡萄藤太好高骛远,爬那么高,说葡萄的内心其实并没有表面看上去那么漂亮。它越想越气,心想:“凭什么我就吃不到葡萄啊!我吃不到,别人也别想吃到!”

提问:这只狐狸的心情是怎样的?接下来可能怎么做?(它破口大骂,撕咬自己够得到的藤,正巧被农夫发现,一铁锹把它拍死了。)

第三只狐狸身材特别矮小,但是同伴们都极力怂恿它来摘葡萄。它来到了葡萄架下,一看自己的身高在葡萄架下显得如此的渺小,心想:“它们明知道我矮,还要叫我来摘,不是看我好欺负吗？为什么我这么矮小，如果像大象那样，不是想吃什么就吃什么吗？为什么葡萄架这么高，我辛辛苦苦等了一年，本以为能吃到，没想到是这种结果……”

提问：这只狐狸的心情是怎样的？接下来可能怎么做？（它伤心地在葡萄架下哭了一整天）

第四只狐狸来到了葡萄架下，同样是够不到葡萄。它想：“听别的狐狸说，柠檬的味道似乎和葡萄差不多，既然我吃不到葡萄，何不尝一尝柠檬呢，总不能在一棵树上吊死吧！”

提问：这只狐狸的心情会是怎样的呢？接下来可能怎么做？（它心满意足地离开去寻找柠檬了）

第五只狐狸来到了葡萄架下，它发现葡萄架要远远高出它的身高。它站在下面想了想，不愿就此放弃：“机会难得啊，一年可只有一次机会呢！我一定能想出办法！”想了一会儿，它想到了办法……

提问：它接下来可能会怎么做？（为什么我们不学习猴子捞月的合作精神呢？猴子可合作捞月，那我们狐狸也可合作摘葡萄，说不定这也会成为千古佳话呢！于是它动员所有想吃葡萄的狐狸合作，搭成狐狸梯，这样大家都吃到了甜甜的葡萄。）

（2）提问和讨论

◎ 生活中你更像是哪只狐狸？

◎ 如果可以选，你会选择做哪只狐狸？原因是什么？

◎ 是什么导致了这些狐狸有不一样的心情和做法？

教师引导：吃不到葡萄的狐狸心情怎么样、做出什么样的行为，取决于在葡萄架下它们的想法！如果它有比较积极的想法，像“吃柠檬”或者“想办法”的狐狸，就能有比较平静、愉悦的情绪，甚至让它最终解决遇到的困难——吃到葡萄或者吃到柠檬！

教师小结：在现实生活中，其实有很多类似的故事，有时候，是我们想要吃葡萄；有时候，是别人要我们去摘葡萄；还有的时候，甚至可能是葡萄架倒了，砸到了我们头上！但是，不管遇到什么事情，我们对这些事情的解释都可以是多种多样的，我们可以选择积极的解释，从而体验到比较积极的情绪，并且更好地应对面临的问题！

3. 四格漫画：想法转一转

（1）过渡

阿力是生活在现实世界的一位普通同学。和我们每个人一样，在他身上每天都会发生很多小故事。但是，阿力有一个快乐秘诀，他总能把一件看起来有点糟糕的事情转化成一件比较平静，甚至快乐的事！

（2）情境范例

阿力兴冲冲地参加篮球队的选拔，却惨遭淘汰。首先冒出来的是一个消极的想法：“看起来我在体育方面是没有希望了。”这个想法让阿力很难过、很自卑。当他意识到这一点之后，他换了一个想法：“说不定我在其他项目上会比较厉害哦，刘翔不也是跳高练不成再去练跨栏的！”这个想法让他感到很振奋，于是，阿力又尝试了其他体育项目，他发现自己在游泳课上的表现可是班上数一数二的！

(3) 学生活动

当然，这样的例子还有很多！在这里就有阿力遇到的一些事情，请同学们模仿阿力采用的快乐秘诀，在漫画中画出阿力遇到这些事情后可能会出现的想法、情绪和行为！

在四格漫画中画出：事件—可能有的消极想法—想法转一转—积极的情绪和行为。

情景一：老师还没来，大家都在讲话，正讲得兴高采烈时，老师来了，就只看到我在讲话，把我臭骂一顿。

情景二：放学时，同学们都成群结对，有说有笑，只有我一个人没有伴儿。

情景三：一下课，就听到广播里大叫："七(3)班阿力同学，马上到政教处来！"

情景四：考试结束，试卷发下来，同桌高了我1分。

情景五：回到家，本想玩一会电脑再做作业，谁知妈妈下班回来，坚持要我做完作业才能玩电脑。

(4) 小组交流和分享

各组推荐代表进行全班分享(推荐应用阿力的快乐秘诀，把事情处理得最成功的一位同学分享经验)。

(5) 在每一组分享后提问

大家觉得这位同学的快乐秘诀应用得怎么样？(心情变好了吗？对解决他面临的问题有帮助吗？)

(6) 总结

通过阿力的故事，你发现让阿力快乐的秘诀究竟是什么呢？

当我们对事情作出积极的解释时，除了能够收获快乐的情绪，还能够更好地解决问题！

4. 结束：做一只快乐的狐狸

(1) 回顾"脑筋急转弯"活动

请表演情绪雕塑的学生分享当时对"出错"这件事的看法。

提问：让我们再来看看一开始的"脑筋急转弯"，同样的出错，得到的情绪有"尴尬""无所谓""悲催""开心"。相信这些同学对于"出错、要表演"这件事肯定有不一样的解释。可以说一说吗？

教师小结：相信同学们已经发现，同一件事情真的有不一样的解读角度，怎么看待一件事就能收获怎样的情绪。想要快乐，就从积极的角度看世界吧，这是你自己可以把握的选择！

(2) 结束

原来在古老的《狐狸吃葡萄》的故事里，蕴含着这样的哲理：

◎ 事件+X=情绪+行为

◎ 当X=积极的想法时

◎ 情绪=快乐

◎ 行为=问题的解决

请记住:怎么看待事件的X,是你自己可以把握的选择!

【教学建议】

1.《狐狸吃葡萄》的故事以及后面的"四格漫画"创作,其呈现的形式可以根据教师手头的资源进行调整,以教师擅长的方式呈现。如《狐狸吃葡萄》的故事不一定用动画形式,用布偶表演、情景剧也会有非常出彩的效果;而"四格漫画"也可以用情景表演的方式呈现讨论结果。建议不同的形式交叉使用,以活跃学生情绪,避免学生厌倦。

2. 教学反思中所提及的,不要试图对学生的想法或者行为方式作"好/坏"或者"对/错"的价值判断,因为这很容易引起学生的防御。他们可能会说"我就是喜欢这样""我觉得这样很好",要明白对学生来说,比评价更加重要的是接纳,教师首先接纳他们可能有的反应方式,然后引导他们思考自己是否喜欢这种方式以及这种行为方式带来的结果。当然,可以允许其他学生发表自己对这种方式的见解,但在引导学生讨论的过程中,教师需要减少暗示性,保持中立和开放的态度。

【附件】

1. 情景

放学时,同学们都成群结对的,有说有笑,只有我一个人没有伴。

考试结束,试卷发下来,同桌高了我一分。

一下课,就听到广播里大叫:"七(3)班阿力同学,马上到政教处来!!!"

回到家,本想玩一会电脑再做作业的,谁知妈妈下班回来,坚持要我做完作业才能玩电脑。

2. 学习单样例

想法转一转　结果大不同

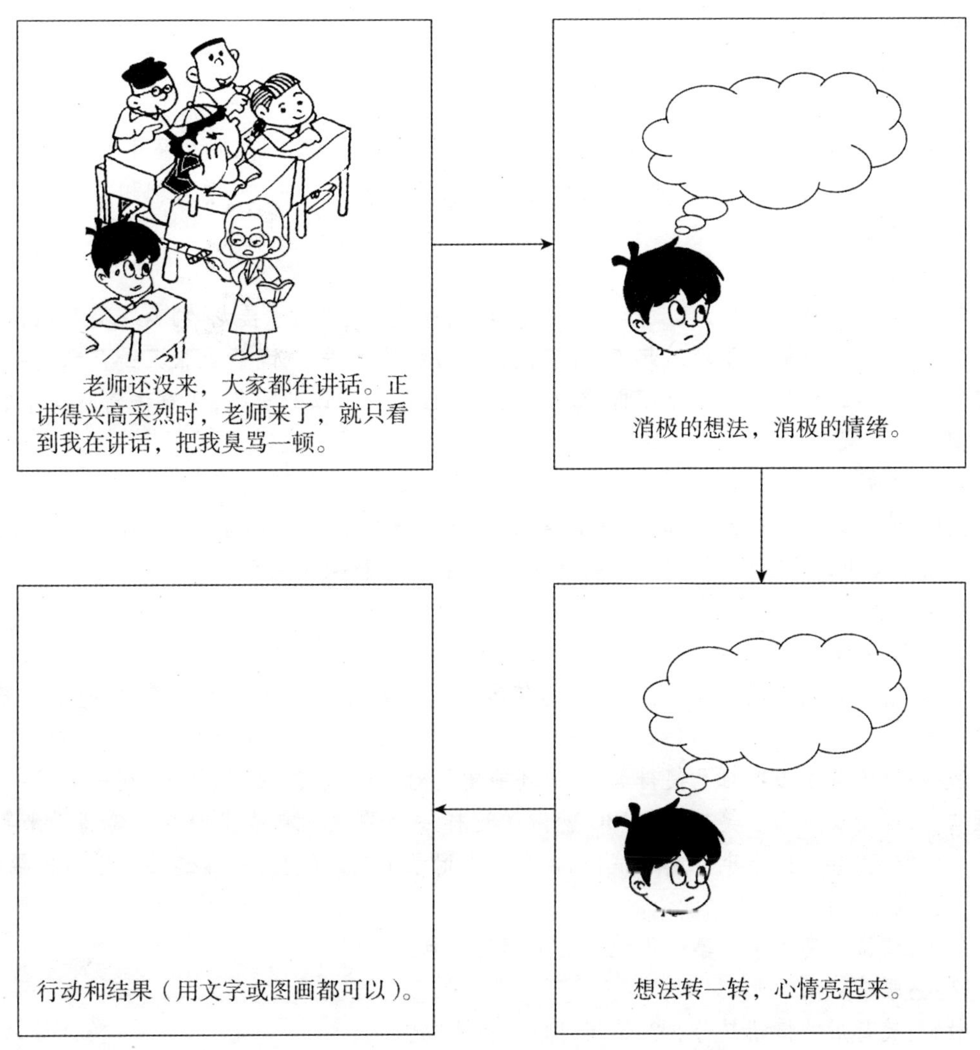

高中阶段

耶，我是EI高手

马晓燕　上海大学附属中学

【教学目标】

1. 通过活动，学会观察自己的情绪，知道情绪是人类真实感受的体现，了解情绪的特点。

2. 能够分析概括中学生中存在的一些负向情绪，知道负向情绪会传染，总结处理方法。

3. 知道情绪智力，能根据情绪智力的5种能力来提高情绪应对能力。

【教学对象】

高一年级学生。

【课前准备】

A4 白纸、彩色笔、视频、阅读材料。

【教学过程】

1. 导入

教师:欢迎各位同学来到心理课堂,今天我们一起分享的是“耶,我是高手”。“达人秀”的热播让大家发现高手都在民间,而我知道,在我们班也有很多高手,今天就和高手过招。

2. 热身游戏

(1) 高手接龙

教师:我们班藏龙卧虎,隐藏了很多高手,我们就使一招“高手接龙”将众多高手请出来。首先我来点将,点到的高手就站起来,接着他再点另一位高手。如:我点张三是篮球高手,张三接着点出李四是编程高手,李四再接着介绍下一位高手。以此类推,注意讲清楚高手的名字和擅长的领域。

学生活动。

教师:我们班果然是高手林立,既有学科型高手,又有运动型高手,还有音乐型高手,而在我的心理课上,我还特别希望大家感受到快乐,特别期待微笑高手。

学生推荐。

(2) 微笑高手

教师:有请我们的微笑高手,相信你的笑容肯定给人带来如沐春风的感觉,能不能给大家笑一个?

教师:微笑高手不仅自己笑得美,应该还能辨别对方是浅笑、爆笑、坏笑,还是粲然一笑、强颜欢笑,或是皮笑肉不笑,英国 BBC 就做了这样一个测试。有请我们的微笑高手来判断一下真笑假笑,其他同学也一起来试试,在学案上记录下来。(打开网络连接并进行指导)

学生进行测试。

教师:请微笑高手来分享一下他辨别笑容的要点。

学生:眼睛。

教师:笑背后的情绪是什么?情绪可以演出来吗?

学生回答。

教师:微笑高手请回座。同学们,通过这个游戏,你对情绪有什么理解。

学生分享。

教师总结:情绪是我们内心的晴雨表,是人的一种内心感受和主观体验。情绪是我们忠实可靠的朋友。情绪是多样多彩的。

3. 表达高手

(1) 情绪格子

教师:情绪是多样多彩的,请小组成员每人分享一种情绪,注意不能重复。每个同学拿一张情绪格子,在情绪格子中用图画将自己分享的情绪表达出来。(出示范例:生气)

学生描绘情绪。

教师:请小组将情绪格子画聚集在一起,进行比较、分类、组合,讨论你们的发现,并在班级中分享。

学生小组活动。

教师:大家的画可谓精彩纷呈,形态各异,比较、分类又各有特色,请小组推选代表,依次展示有代表性的情绪画。

学生展示、分享。

教师总结:情绪总是和生理表现联系在一起的,一些情绪会有强烈的感受和反应。喜怒哀乐是基本情绪,情绪又有正向负向之分,另外情绪有各自的作用。

(2) 情绪坐标

教师:请根据愉悦和兴奋的程度,将情绪画贴到"情绪坐标"中。先请第一象限的同学上前。(第二、第三、第四象限依次上前,避免拥挤。)

教师:请同学根据情绪格子画的分布,总结情绪坐标的特点。

学生总结。

教师:反思自己的情绪通常在哪个象限。

学生反思与分享。

教师提问:你觉得哪一种情绪更好?

学生分享。

教师总结:情绪本身没有好坏之分,只有我们应对恰当与否。

4. 诊断高手

教师:在我们的生活中就存在一些较难应对的负向情绪,请各组阅读材料,诊断材料中描述的情绪及其对中学生的影响。

第一组,焦虑;第二组,抑郁;第三组,嫉妒;第四组,愤怒;第五组,恐惧。(相关阅读材料可由班级心理委员事先进行搜集整理,心理教师进行审核调整。)

教师:经过小组的讨论总结,各组已经总结出5种负向情绪,请以小组代表的形式依次在班内分享。

学生分享。

教师:感谢各小组的分享。的确中学生容易碰到以上5种负向情绪,如果处理不好,除了对自己产生不良影响外,还会对周围的同学和家人产生怎样的影响呢?我们一起来看这样一段视频。

5. 处理高手

(1) 踢猫效应

播放《踢猫效应》视频。

教师总结:"踢猫效应"描述的是一种典型的负向情绪的传染,任何人都会有情绪低落的时候,如果我们善于驾驭自己的情绪,那么我们就可以有效地阻断负向情绪的传染。

(2) 处理高手

教师:各组讨论处理应对负向情绪的方法。选出令大家满意且有效的方法,并分享你的体会、经验和教训。

学生讨论、总结、分享。

教师:同学们分享了多种针对性的方法,其中更有很多是自己实践过的,有效果的。在这里,我也和大家分享一个我的方法。请大家来看看这张图片(呈现图片),虽然是同一个物体,但是从不同的角度就会看到完全不同的结果,你的情绪感受也会完全不同——角度换、天地宽。

6. EI 高手

教师:同学们,今天心理课上我们做了一回特别的高手,学了很多高招,把它们整合起来,我们在学做EI高手。所谓的EI就是情绪智力,两位美国心理学家于1990年首先提出这个概念,他们认为情商比智商更重要。

情绪智力包含5种能力:清楚地认识自己的情绪、妥善地管理自己的情绪、激发自己的正面情绪、认识他人的情绪、安抚他人的情绪。情绪智力是后天培养与修炼都能达到的。它是一种能力也是一种技巧。只要我们做到“管理有方、制怒有术、谋乐有方”,一定可以营造出更幸福的人生。我们也将在下一节课中和大家探讨如何“谋乐有方”。

教师:最后,请大家回顾我们今天学到的高招,自信地喊出:“耶,我是EI高手!”

【教学建议】

1. 情绪智力包含了5个方面的能力,一节课难以兼顾,本课时主要集中在3种能力上,着重是认识自己和他人的情绪、管理自己的情绪、激发正向情绪,安抚他人情绪难以顾全,授课教师可以根据自己的需求将内容扩展1~2个课时。

2. 学生活动较多,每个学生都能参与到活动中,如在“高手接龙”环节,学生介绍高手时能观察欣赏身边的同学;在“情绪格子画”中,每个学生都要去画情绪,而且在小组中进行比较、对比、分类等,在对中学生负向情绪的诊断与处理中运用到了小组讨论、班内分享的方式,拓展了学生处理负向情绪的方法。以上活动都需要团体互动才能完成,教师需要营造良好的团体氛围,激发团体动力。

【附件】情绪格子画

情绪名称:　　　　作者:

幸福的理解

吴俊琳　上海市浦东新区青少年心理健康教育发展中心

【教学目标】

1. 理解幸福的概念。

2. 发现身边的快乐,并寻找这些快乐中的意义。

3. 懂得要珍惜幸福,逐渐形成自己的幸福观。

【教学对象】

高一年级学生。

【课前准备】

1. 上课要观看的视频准备。

2. 活动纸准备。

【教学过程】

1. 导入

视频《下一站幸福》音乐电视欣赏,引出今天的主题“幸福”。

2. 主题活动

(1) 主题内容

每个小组从老师手中抽取一张纸,纸上描述了一件事情。

事件选自英国“三桶白兰地”机构关于“30 件公认的幸福小事”的调查结果:

◎ 躺在刚刚洗干净的被窝里

◎ 家人或朋友发来一条温馨的短信

◎ 买彩票中了 100 元

◎ 太阳好的时候出去散散步

(2) 活动要求

① 请小组成员根据自己的感受在活动纸上分别写下分数(分值说明:0~10 分依次代表“我感觉一点儿也不幸福——我感觉非常幸福”)。

活动纸填写方式如下:

事件:	
姓名:	打分:

② 小组内交流各自打分的原因。

③ 归纳活动感受与收获。

(3) 学生班级分享实录

教师:请问你们小组纸上写的是什么事情?

学生:家人或朋友发来一条温馨的短信。

教师:你们都打了几分,为什么这么打分?

学生 A(女生):我是小组里打分最高的,9 分。因为每每收到这样的短信,都会让我有温暖的感觉,从心底涌上一股暖流。我知道在某个地方,有人正想念着我,惦记着我。拥有朋友和家人的爱是一件幸福的事情,被爱的感觉很好的。

学生 B(男生):我是小组里打分最低的,3 分。我不喜欢收到这样的短信,这让我觉得很肉麻。爱不爱的,干嘛一定要说出来,说出来反而不真实了。

教师:请问你们小组纸上写的是什么事情?

学生:买彩票中了 100 元。

教师：你们都打了几分，为什么这么打分？

学生A：我打了小组最高分——9分。因为我觉得中彩票这样的小概率事件发生在自己身上，说明我很幸运。

教师点评：哦，原来你是为自己这份幸运而高兴。

学生B：我打了2分。我觉得也就是100元钱，没什么开心的。

教师追问学生B：你是说，你若得到更多的钱，才会觉得幸福吗？

学生B思考了一会儿，幽幽地说：不是的，我对钱没有什么要求，钱多钱少对我没有什么影响。

教师询问：那你比较一下其他3件事情，你觉得哪件事情能够给你带来幸福感？

学生B：太阳好的时候出去散散步，我觉得阳光总能带给我希望，让我有温暖舒服的感觉。

教师点评：看来，你是个简单阳光的男生（女生），不太在意物质。

……

教师：同学们，通过小组分享我们发现了什么？

学生：每个人的幸福标准是不一样的，这与个体的性格、年龄、经历、思考方式等有关。

教师：刚才我们分享了幸福的感受。这些小事都是发生在当下的，是我们触手可及的。所以，我们可不可以理解为幸福应该是包括了现在时的快乐。

学生们纷纷点头表示同意。

教师小结：幸福是……

教师提问：如果说现在这些事情已经带给了你幸福，那是不是意味着我们已经找到了幸福？我们现在开始就可以什么都不用做了，只要晒晒太阳，发发短信就够了？

学生：那可不行。人是在不断发展的，不能只满足于眼前的利益。

学生：不行的。这样简单机械的重复，再有趣的事也会索然无味的。人生应该是有追求的、有目标的、向前进的。

……

教师小结：看来幸福不仅仅指当下，还应该对未来有所指。

（4）知识链接：

汉堡模型——4种人生模式。

被称为“幸福导师”的泰勒·本-沙哈尔博士，在哈佛大学开设了《积极心理学》的课程，成为学生们选择最多的一门课。本-沙哈尔把“幸福”从一个抽象的名词变成“可以定义、实验和练习的科学”。他提出了“汉堡模型”来说明幸福是什么。这个模型就是根据刚才我们同学罗列的两个坐标划分的4个象限，他们代表了4种生活模式，分别是：享乐主义型、虚无主义型、忙碌奔波型和第四型。

刚才我们讨论的“只关注眼前的利益，不管未来的利益”，应该属于哪个象限？

学生：属于第四象限。

教师讲解：对的，本-沙哈尔博士把它称为“享乐主义型”。

接着，让我们一起来看一段视频《幸福家味道》，再根据上述坐标继续探讨幸福的类型。

视频1：林晓西大学毕业，为了圆自己做画家开画展的梦想来到大城市。结果屡屡受挫。

教师:你们觉得这样的生活模式应该归在哪个象限?你觉得这样的生活幸福吗?

学生:属于第二象限。现在很辛苦,但是未来还是很光明的。应该是"忙碌奔波型"。

至于喜不喜欢,学生基本分为两派。在充分表达了彼此的观点之后,我们暂时搁置争议。继续看视频。

视频2:为了糊口,林晓西放弃了梦想,找了一份送快递的工作。工作中受尽了他人的冷眼,鄙视,他对生活不再抱有幻想,得过且过。

教师:你们觉得这样的生活模式应该归在哪个象限?你觉得这样的生活幸福吗?

学生:属于第三象限——虚无主义型。生活中无欲无求,没有值得开心的事情……

同学们都不喜欢这样的生活。

视频3:一次偶然的机会,让林晓西发现在工作中,也能用上自己画画的才能,给他人带来快乐。

教师:你们觉得这样的生活模式应该归在哪个象限?你觉得这样的生活幸福吗?

学生:属于第一象限——第四型。每天的工作都有快乐的收获,这样的快乐也让他自己的价值和能力不断地得到肯定与锻炼,他离梦想越来越近……

教师:在比较了4种类型的生活模式,你觉得你会选择怎样的生活模式?你觉得哪种生活模式才是幸福的。

学生:选择第一象限的生活模式。谁都希望开开心心地实现自己的梦想,体现自己的价值。

学生:原来觉得第二象限就是幸福了,但是比较了第一象限,才发现一味地牺牲眼前的幸福,去追求未来的目标也不是真正的幸福。很多时候,就像林晓西一样,我们坚持不到最后幸福到来的那一刻就已经放弃了。即使最后成功了,那份幸福可能也打了折扣。

教师总结:其实第一象限的"第四型"就是本-沙哈尔博士认为的"幸福型"。幸福应该是"快乐与意义的结合"。

3. 回音壁:绘制我的幸福藏宝图

事件	快乐指数(0~10分)	意义指数(0~10分)

请同学们根据上述表格,绘制属于自己的幸福蓝图。

4. 总结

教师展示这节课的主题:"摸得着的幸福"。

真正的幸福=快乐+意义,幸福需要用心寻找、用心感受,并不是所有令你在此刻感受到快乐的事情都是幸福。我们也应该努力地去让自己在从事有意义的事情的时候快乐起来。当我们这样做的时候,幸福就离我们不远了。最后我想送上本-沙哈尔博士总结的幸福小贴士:

(1) 遵从你内心的热情,选择对你有意义并且能让你快乐的课。

(2) 多和朋友们在一起,不要整天沉溺于日常事务里。

(3) 学会失败。

(4) 接受自己是个凡人。

(5) 简化生活。

(6) 有规律地锻炼。

(7) 睡眠。

(8) 慷慨。

(9) 勇敢。

(10) 表达感激。

祝愿大家都能感受到幸福!

【教学建议】

1. 幸福与快乐的区分是本课的重点内容,也是难点。在学生眼中,常常觉得幸福和快乐是一回事。本课关于幸福的设计取自美国哈佛大学本-沙哈尔博士的著作《幸福的方法》,对"汉堡模型",即享乐主义型、虚无主义型、忙碌奔波型和幸福型。教师在授课之前可以先进行学习,结合视频材料的理解,帮助学生更好地了解幸福是快乐和意义的结合。

2. 学生可能会觉得"意义"这个词太抽象了。教师需注意引导学生感受"意义"就是一个很亲民的词,教学中可以通过一些学生熟悉的简单易做的事件把"意义"具体化、生活化,这样对学生来说就可以更好地理解幸福是"快乐"和"意义"的结合。因此,整节课的讨论中心都应围绕着我们身边发生的事情,从我们触手可及的事情中发现幸福,引导学生懂得寻找幸福,主动追求幸福。

参 考 资 料

一、共享资源

(一) 视频

1. 动画短片《怕怕不怕》

该片长 12 分钟,适合小学生和初中生观看。怕怕是一只生性腼腆的小鳄鱼,它刚搬到猫族小镇,因为不敢挤进围满小猫的雪糕车,总是吃不到钟爱的红豆雪糕。某天,一只小霸王龙出现了,和它成为了朋友,怕怕由此变得开朗、大胆了许多。影片中有一段小鳄鱼鼓起勇气去买冰激凌的情节,紧张的感觉被表现得很细致。在教学中可截取小鳄鱼前后两次前往冰激凌店购买冰激凌的片断引入活动,以唤醒学生曾经有过的类似感受。

2. 影片《阳光小美女》

该片长 100 分钟,适合初中生和高中生观看。电影讲述胡弗一家每个人都有自己的问题,可当7岁的小女儿奥利弗听到广播中传来的“阳光小美女”选美比赛那一刹那,他们决定长途跋涉从小镇到加州参加比赛。一路上遇到各种困难和问题,每个人都有说不尽的烦恼和压力,却都坚持向梦想前进。可选取电影片段,作为学习情绪调节的教学素材。

(二)绘本

以下绘本比较适合小学和初中学生使用。借助绘本能帮助低年级学生理解情绪。

1.《菲菲生气了,非常非常生气》

理解菲菲情绪变化的过程及原因,知道生气是一种正常的情绪表现,遇到不愉快的事情能尝试自我调节情绪。

2.《生气的亚瑟》

描绘了每个孩子都会碰到、但难以言喻的生气或愤怒的情绪,有助于学生理解生气情绪。

3.《生气汤》

引导学生在生气时学会自我疏导。

4.《妈咪生气时》和《罗伯生气了》

两本绘本都关注亲子关系中的情绪问题,展现了家长情绪对孩子情绪的影响,有助于促进亲子之间的相互信任和彼此包容。

5.《我的感觉》系列(7本)

丛书汇集了孩子经常发生的7种情绪:害怕、难过、自信、嫉妒、生气、关爱和想念,展现出各种情绪的表现特征和相应的处理方式。

6.《我的小小忧伤》系列(8本)

展现了儿童生活中常见的情绪困扰,主题包括自我发展、同伴关系、亲子关系、生命议题等,可作为儿童的情绪保健读本。

(三)故事

1.《钉子的故事》

有一个坏脾气男孩,爸爸给了他一袋钉子,告诉他,每次发脾气或者跟人吵架的时候,就在院子的篱笆上钉一根钉子……适合用于初中生,帮助他们理解情绪会对他人带来的影响。

2.《踢猫效应》

描绘的是一种典型的坏情绪的传染所导致的恶性循环。适合用于初中生,帮助学生理解负面情绪在生活中的流动及其带来的连锁影响。

3.《美国年轻人眼里的开心时刻》

二十几件生活中的小事。可以列出自己的开心时刻,发现快乐其实很简单。

(四)音乐

“风潮音乐”:致力于开发功能性音乐的台湾唱片公司。近年来,“风潮音乐”陆续发展出传统器乐、健康音乐、心灵音乐、大自然音乐等各种音乐类型,可以在冥想和放松时使用。

二、推荐阅读

《"共创成长路"青少年培育计划概念架构及课程设计手册》,石丹理、马庆强、刘兆瑛等著,学林出版社,2007

《幸福其实很简单》,张怡筠著,河北教育出版社,2007

《情绪心理学——从日常生活到理论(第5版)》,(新西兰)斯托曼著,王力主译,中国轻工业出版社,2005

《情商》,(英)克里斯汀·韦尔丁著,尧俊芳译,天津教育出版社,2009

《中小学生情商培养活动实例》,(美)莱沃茨著,侯英妮译,中国轻工业出版社,2009

《学习乐观》,(美)马丁·塞利格曼著,洪兰译,新华出版社,2002

《活出最乐观的自己》,(美)马丁·塞利格曼著,洪兰译,北方联合出版传媒(集团)股份有限公司,2010

《教出乐观的孩子》,(美)马丁·塞利格曼著,洪兰译,北方联合出版传媒(集团)股份有限公司,2010

《改变人生的快乐实验》,(美)埃德·迪纳、(美)罗伯特·迪纳著,江舒译,中国人民大学出版社,2010

《幸福多了40%》,(美)索尼亚·柳博米尔斯基著,闻萃译,华东师范大学出版社,2009

《灵魂之心:情绪的觉察》,(美)盖瑞·祖卡夫琳达·弗朗西斯著,阿光译,华文出版社,2010

《别跟情绪过不去》,(美)亚伯·艾里斯著,广梅芳译,四川大学出版社,2007

《每天10分钟,学会情绪管理技巧》,刘小红编,凤凰动漫绘,机械工业出版社,2011

《积极情绪的力量》,(美)弗雷德里克森著,王珺译,中国人民大学出版社,2010

《幸福的方法》,(美)泰勒·本-沙哈尔著,汪冰、刘骏杰译,中信出版社,2013

《美国心理学会儿童情绪管理完全手册》,(美)唐·许布纳、(美)邦妮·马修斯著,秦丹萍译,南海出版社,2014

第七章

学 习 发 展

第一节 专 题 解 读

一、知识链接

（一）学习的定义

什么是学习？这是一个既简单又复杂的问题。行为主义认为，学习是由经验引起的行为的持久变化。认知心理学家将学习定义为：学习是因检验而使行为或行为潜能产生持久变化的过程。也就是说，学习是指一个主体在某个现实情境中的重复经验引起的，对那个情境的行为或行为潜能的变化。人本主义心理学家认为学习是有意义的心理过程，不是机械的刺激和反应联结的总和，而是学习者内在潜能的发挥。

吴增强教授认为，在理解学习的定义时，有三大要点：学习的变化可以是外显的行为，也可以是内隐的心理过程；学习的变化是相对持久的；学习产生于经验，而不是来自于成熟。

（二）学习动机

学习动机是激发个体进行学习活动、维持已引起的学习活动，并使个体的学习活动朝向一定的学习目标的一种内部机制。学习动机一旦形成，就会自始至终贯穿于某一学习活动的全过程。因此，学习动机可以加强并促进学习活动，学习活动又可激发、增强甚至巩固学习动机。对于学习动机的实质及培养与激发的规律，心理学家提出了多种不同的理论观点，这些理论从不同的角度解释了人类的学习行为产生的原因，并为如何激发学习动机提供了操作依据。

强化动机理论：行为主义心理学家认为，凡过去受过强化的行为，比过去没有受过强化的行为或受过惩罚的行为更有可能发生。强化可以使人在学习过程中增强某种反应发生的可能性。因此，在学习活动中，采取各种外部手段，如奖赏、赞扬、评分、竞赛等，可以激发学生的学习动机，引起其相应的学习行为。

需要层次理论：需要层次理论是人本主义心理学理论在动机领域中的体现。马斯洛认为人的基本需要有五种，它们由低到高依次排列成一定的层次，即生理的需要、安全的需要、归属和爱的需要、尊重的需要和自我实现的需要。学习就是为了追求自我实现，即通过学习使自己的价值、潜能、个性得到充分而完备的发挥、发展和实现。在某种程度上说，学生缺乏学习动机可能是由于某种缺失性需要没有得到充分满足而引起的。如家境贫穷，使学生不能得到足够的温饱和安全感;父母离异,使归属与爱的需要得不到满足;教师过于严厉和苛刻,动辄训斥和批评学生,使得学生的安全需要和尊重需要得不到满足等。这些都会成为学生学习和自我实现的主要障碍。

成就动机理论:奥苏伯尔提出学校情境中的成就动机,至少应包括三方面的内驱力成分,即认知内驱力、自我提高的内驱力以及附属内驱力。认知内驱力是一种需要获得知识、技能以及善于发现问题和解决问题的需要,常常以好奇心、求知欲、探索、操作等心理因素表现出来。自我提高的内驱力是一种因自己的能力或成就而赢得相应地位的需要,往往以自尊感、荣誉感、胜任感等心理因素表现出来。附属内驱力是一种为了获得长者(父母、教师)和同伴们的赞许和认可而努力学习的需要,表现为一种依附感。

(三)注意与记忆

注意是人的心理活动对一定事物的指向和集中。注意的指向性与集中性表明注意具有方向和强度的特征。注意的品质包括:注意的范围,即一瞬间意识能把握的事物的数量;注意的稳定性,即注意能否较长时间地集中于某一事物上;注意的转移,即注意能否根据需要较快地从一事物转移到另一事物上;注意的分配,即能否同时把注意分配到两种或几种事物上。

记忆是过去经验在头脑中的反映。所谓过去的经验是指过去对事物的感知,对问题的思考,对某个时间引起的情绪体验,以及进行过的动作操作。这些经验都可以以映像的形式存储在大脑中,在一定条件下,这种映像又可以从大脑中提取出来,这个过程就是记忆。记忆的内容可以分为五类:形象记忆(对感知过的事物形象的记忆)、情境记忆(对亲身经历过的有时间、地点、人物和情节的事件的记忆)、情绪记忆(对自己体验过的情绪和情感的记忆)、语义记忆(又叫词语-逻辑记忆,是用词语概括的各种有组织的知识的记忆)、动作记忆(对身体的运动状态和动作机能的记忆)。记忆分作瞬时记忆、短时记忆、长时记忆三个系统。

(四)学习策略

学习策略的研究兴起于20世纪中后期,是心理科学不断发展的产物。有关学习策略的定义和实质,国内外并没有统一的界定,主要有以下几种观点:第一,学习策略是学习的程序、方法和规则;第二,学习策略是学习的信息加工过程;第三,学习策略是学习监控和学习方法的结合。

吴增强教授将学习策略分为三类:(1)基本学习策略,指学习者对学习材料的认知加工策略,包括复述、组织、精细加工等策略;(2)支持性学习策略,是指学习时间的分配和学习活动中的各种技巧等一些具体的学习方法,诸如划出课文重点、记笔记、运用考试技巧、集中注意等;(3)自我调控策略,又称为元认知策略,主要是指学习者对其使用的基本的或支持性学习策略的监控、评价与调节。

(五)多元智力理论

传统的智商理论和皮亚杰认知发展理论都认为,智力是以语言能力和数理-逻辑能力为核心的、以整合方式存在的一种能力。近十几年来，西方不少心理学家在批判上述两种理论的基础上提出了人不仅具有多种智力，而且人的多种智力都与具体的认知领域或知识范畴紧密相关且独立存在的观点。其中，哈佛大学教授、发展心理学家加德纳提出的“多元智力理论”引起了世界范围的广泛关注。

加德纳的多元智力框架中相对独立地存在着7种智力：言语-语言智力、音乐-节奏智力、逻辑-数理智力、视觉-空间智力、身体-动觉智力、自知-自省智力和交往-交流智力。

加德纳的多元智力理论为我们提供了看待“聪明”问题和“成功”问题的全新视角。智力是多方面的，智力的表现形式是各不相同的，我们判断一个人聪明与否、成功与否的标准当然也应该是多种多样的，多元智力理论的本质是：承认智力是由同样重要的多种能力而不是由一两种核心能力构成的，承认各种智力是多维度地、相对独立地表现出来的，而不是以整合的方式表现出来的。

二、学情分析

（一）小学阶段

根据皮亚杰认知发展理论，小学低年级学生仍处于前运算阶段（2~7岁）的末期，这一阶段的主要特点是，他们的思维和语言常常是以自我为中心的，没有认识到其他人可能具有的不同观点和视角。而到了7岁左右，儿童进入了具体运算阶段，他们能够去中心化，能够使用逻辑原则，具有可逆性操作的心理运算能力。而到了小学高年级，儿童进入到形式运算阶段，主要表现为，他们开始不受真实情境的束缚，能将心理运算运用于可能性和假设性情境，能利用经验归纳、假设演绎和命题间推理。

虽然皮亚杰认知发展理论的思想性大于实证性，但它的提出为教育实践提供了有意义的参考。

小学生的学习心理辅导与学习发展，要注意以下几方面的特点：

1. 学习兴趣的激发

要完成学习过程，不仅需要大脑皮层的兴奋，还需要抑制作用。儿童年龄越小，大脑的兴奋越明显，兴奋也特别容易扩散。这意味着，年龄越小，学生在学习过程中受到兴趣和情绪等外部因素的影响越大。如果学生感到学习无趣，就很容易产生厌学情绪，学习效果也自然受到影响。而随着年龄增长，大脑皮层的抑制机能也相应地得到发展，学生对学习活动的主动调节和控制能力也会随之增加。

2. 学习习惯的培养

学习习惯对于学生现阶段和今后的学习效果都有重要影响。刚进入小学的学生，还没有养成良好的学习习惯，在作息安排、听课发言、作业完成等方面均存在这样那样的问题。在学习知识的过程中，老师和家长也一直在帮助学生养成良好的学习习惯，使他们的纪律意识、时间意识和规则意识等得到加强。到了小学中高年级，虽然大部分学生已经能够意识到学习习惯对学习的作用，但培养和改进学习习惯仍然需要老师和家长的监督和引导。

3. 认知能力的发展

小学阶段,也是观察、注意、记忆和想象等认知能力快速发展的阶段。这些认知能力主要表现为以下发展特点:小学生的观察力,特别是中低年级小学生往往目的不明确、无顺序地观察,观察对象比较笼统,不够细致,观察内容普遍比较表面化;低年级学生的注意力持续时间较短,无意注意占主导地位,容易受外界影响,注意力易分散,而且不善于分配自己的注意力,将注意力由一种活动转移到另外一种活动上的能力欠佳。随着年龄增长、学习任务的增加和有意识的培养与训练,学生的注意力持续时间和注意品质都会逐步发展。儿童记忆广度的发展随年龄增长而增加,在小学阶段始终呈现上升趋势。低年级学生的无意记忆占主导地位,到了三四年级时会逐步形成有意记忆,有意记忆占主导地位,但记忆策略和技巧仍然比较缺乏。小学低年级学生的想象往往是模仿和简单再现,中高年级学生的想象更富有创造性,想象内容也更为细致丰富。小学生想象的主题易变性还比较明显,想象不能很有效地指向某一预定的目的,但在教学要求的不断训练下,想象的有意性、目的性都会加强。小学低年级学生的想象往往是脱离实际的,中高年级小学生的想象已能够比较真实地表现客观事物,其想象的内容也趋于现实。

(二)初中阶段

学习是青少年生活中的重要活动,学习的好坏常常影响学生的自我评价与自我意象,因此学会学习具有重要意义。初中是学生学习的一个重要转折期,从小学到初中,无论从知识上还是教学上都有着明显的变化。小学升入初中后,课程增加了,书本变厚了,作业量也大了,学科的要求也增高了,这时学生需要一个适应的过程。在小学阶段养成良好学习和生活习惯的学生,会比较快地适应初中的学习生活,而有些学生则不能很好适应,出现了无法完成学习任务、虽认真努力但成绩并不理想、不知为何而学等问题,焦虑、自卑、迷惘等不良情绪也随之而生。这个时候能否快速调整学习状态,有效而积极地学习显得至关重要。初中生只有能够客观、理性、多角度地理解自己的学习生活,分析自己的学习风格,诊断自己的学习情况,对自己的学习过程进行监控与反思,有效保持学习效果,真心享受学习过程,才能在未来学习之路上越走越远,越走越轻松,越走越高效。

初中生的认知发展呈现出这样的特点:

1. 观察力显著提高。观察的自觉性提高了,除了能够完成教师布置的观察任务外,还能自觉地选择观察对象,自觉制定观察计划,自觉采用观察方法,进行有意识的观察。他们观察的精确性日益提高,能抓住事物的主要特点,并把它和相近的事物区别开来。

2. 记忆力得到了发展。有意识记忆逐步占据优势,对一些比较抽象的材料,如系统的理论、公式、定理、法则等也逐渐能够记忆;在具体形象记忆的基础上,抽象记忆逐步形成和发展起来;随着年级的升高,意义记忆的成分增多,而机械记忆的成分相对减少。

3. 有意注意能力得到进一步发展,开始能够独立地、专心地去完成自己的学习任务,能够有意识地调节和控制自己的注意,使自己的注意力集中在必须注意的事物上,不受外界无关因素的影响。

4. 注意力的稳定性不断增长。初中生注意力持续的时间一般能保持在40分钟左右,并随着年龄增长,注意力稳定性水平还会不断提高。此外,初中生的想象力、创造性思维能力都得到了长足的发展。抽象逻辑思维开始占主导地位,思维的独立性、批判性日益增强。

(三)高中阶段

进入高中后,学生需要进入主动学习的适应期,学习科目比初中多,学习任务比初中重,学习检测比初中要更自觉。在初期高中生就意识到学习方法的重要性,开始反思自己的学习过程,有意识地培养良好的学习习惯与学习方法。他们会观察周围同学如何学习,会尝试老师介绍的学习方法。同时也会产生一种困惑:为什么有些方法对同学很有用,自己尝试却没有效果?开始意识到学习方法与自己的个性、风格相关,追求适合自己的学习方法。同时高中学习的内部动机更强。他们比小学、初中时更渴望在学习上有出色表现,一方面是由于自我意识的发展,使得他们对自我有了更高的期待,另一方面是面临高考,对理想大学的渴望,当然其中也有来自父母、学校、社会的外部动机内化的作用。随之,高中生意志努力的作用更大地得到发挥,而不再是凭借兴趣或是教师的叮嘱,自主性进一步加强。

高中生在学习过程中体现出如下心理特点:

1. 高中生的智力发展水平已经接近成人状态,他们能不断提出新的假设、推论,思维的敏捷性、灵活性、深刻性、独创性和批判性明显增强,学习的自主性也日趋完善,但学习的动机以及学习目标的指向性有待增强,学习的自主意识也有待加强。

2. 高中生的学习过程中常常存在这样或那样的问题,而且他们不能很好处理在学习中遇到的各类问题。如创造性思维表现得不是很明显,也不够成熟,容易受到思维定势的消极影响;对自己的认知特质毫无所知,缺乏对非智力因素的有效调节;照搬别人的方法,被老师牵着鼻子走,没有自主性;学习上缺乏计划性,或者制定的学习计划缺乏弹性,难以操作,而当计划不能完成时又非常烦恼和自责等。因此,帮助高中生突破思维定势,学会自主规划、自主调控、合理安排时间,并在了解自己学习风格的基础上优化自己的学习策略是一个重要的内容。

3. 合作学习的意识开始形成,能用良性竞争和合作学习来促进自己的学习发展。和人际小团体一样,高中也开始出现学习小团体,学习小团体的成员往往有一些共同的学习需求,如不满足教师课堂授课需要扩展的、某门学科有薄弱需要提升的。团体成员以合作学习的方式完成额外的学习任务,并互相督促、取长补短、共同进步。

4. 学习压力更大,调节压力的需求更迫切。高考改革后,“3+3”的考试模式对学生提出新的挑战:选科科目增多的不适应性、自主招生的高要求、对理想大学理想专业的高期待、同伴之间的竞争、家长与教师的评价等。高中生承受着巨大的压力,他们既渴望缓解压力又怯于放松,特别是一些认知上存在不合理信念的同学,更容易受到压力的困扰。

三、目标与内容

学习是中小学生成长过程中的重要任务,也是他们学校生活中的重要内容。学习效率的高低、学习负担的轻重、学习质量的高下,都极大地影响着学生的生活质量和生活幸福感。对中小学生进行学习辅导极其重要,国家教育部颁发的《中小学生心理健康教育指导纲要(2012 年修订)》中,对中小学心理健康教育的总目标和具体目标中都提出了“充分开发学生的潜能”“使学生学会学习”的指导要求，并针对不同学段学生的不同情况与需求，围绕学习发展，循序渐进地设置了分阶段的具体教育内容。

(一) 中小学阶段学习发展辅导的教学目标

学段 目标	小学	初中	高中
学习兴趣培养与学习动机激发	初步感受和体验学习的乐趣；激发学习兴趣和探究精神，体验学习成功乐趣，感受解决困难的快乐；端正学习动机，正确对待成绩，乐于学习。	了解学习动机，理解学习动机对于学习效率的影响，结合自身特点进行感悟和反思，不断激发学习动力。	理解多元智力理论，对“聪明”与“成功”有全面认识，悦纳自我，增加自信心。开发学习潜能，提高学习效率。了解自己的归因特点，认识不合理归因产生的不良后果，掌握合理的归因方法。
学习习惯养成与学习风格形成	学习习惯训练，有意识培养适合自己的良好学习习惯，增强时间管理意识，学习自我控制，树立纪律意识和规则意识。	了解自己的学习习惯，觉察自我现有的学习状态，改善学习方法，提高学习效率，学习轻松应考策略。	了解时间管理的重要性，学习“四象限”时间管理理论，提高时间管理能力。培养创新精神和创新能力，学习自主规划、自主调控，形成自己的学习风格。
认知能力提高与学习策略运用	培养学习能力，了解观察、注意、记忆、想象等认知能力在学习中的重要性，初步掌握一些科学方法，并运用在平时的学习中。	了解注意力、观察力、记忆力、思维能力和想象力的特性，有意识培养这些能力；体验时间管理的重要性，科学有效地利用学习时间。	掌握记忆规律，总结记忆方法并运用；了解思维导图在学习与记忆中的作用，并学习绘制；了解思维定势及突破思维定势的重要性，学习突破思维定势的方法；积极应对考试压力，克服考试焦虑；优化学习策略。

(二) 中小学阶段学习发展辅导的教学内容

1. 小学阶段

(1) 学习真有趣

通过观察、画画或分享，引导学生感受校园学习生活的快乐，感受学习知识的乐趣；“我的兴趣”活动，让学生知道什么是兴趣，发现自己的兴趣，思考兴趣对自己的影响和带来的快乐；“兴趣魔方”活动，让学生了解课外兴趣不仅能带来快乐，还能提高能力，促进学习，培养兴趣爱好。

(2) 养成好习惯

“学习好伙伴”活动，可以让小学生学习整理书包，爱护学习用品；“上课这回事”活动，引导学生知道如何上课，学习上课时如何保持安静、专心听课，如何发言提问等基本要求；“玩耍和学习”活动，让学生学习合理安排时间，不让学习受玩耍的影响；“学习好习惯”的讨论，能使学生了解学习习惯的内容（如做作业习惯、预习、复习、作息安排等），知道养成良好的学习习惯的重要性，找到适合自己的良好学习习惯，有意识地养成好习惯；“时间的妙用”活动，让学生认识到时间安排对学习和生活的作用，发现自己在时间安排上做的好与不好的地方，初步学习一些时间管理的方法，尝试合理安排时间，并自觉遵守。

（3）认知能力的提高

“学会观察”活动，让学生明白观察力在学习和生活中的作用，学习一些基本的观察技巧，如有目的的观察、按顺序观察、对比观察、多感官结合观察等；“集中注意力”活动，使学生知道注意力对学习的作用，通过游戏活动等训练集中注意力，探索在实际学习中排除干扰、提高注意力的方法；“记忆达人”活动，让学生初步了解一些记忆的基本知识，以及复习对记忆的必要性，初步掌握一些科学的记忆方法，如联想记忆、分组记忆等，有意识地在学习中运用这些方法；“想象的空间”活动，通过进行一些想象活动，使学生在其中体验到想象的快乐，激发想象的兴趣，引导学生主动积极并结合实际地展开想象。

2. 初中阶段

在学校中我们会发现，一个会学、善学、学得好的学生，通常有这样两个特点：一是愿意学，能够主动学；二是会学习，掌握好的方法。愿学、主动学属于学习动机问题；会学习属于学习策略问题。因此，要帮助初中学生学得轻松、愉快、高效，需要在小学初步培养兴趣与养成良好学习习惯的基础上，着重在学习动机激发和学习策略的运用方面加强相关的辅导和训练。

（1）学习兴趣与学习动机激发

“学习这件事”活动，引导学生了解学习动机对学习的重要影响，并通过自测，了解自己的学习动机，对自己的学习动机做出评估；“兴趣温度计”活动，让学生了解自己的兴趣所在和兴趣倾向性，明确兴趣是一个人努力学习，并且获得成功的巨大动力，初中生应该注意广泛发展自己的兴趣；另外可组织“学习中的高原现象”“用一点力量来坚持”等话题讨论，结合学生的实际和需求，帮助学生了解、正视自己的现状，培养正确的学习观念。

（2）学习的色彩

“开启创造之门”的游戏活动，让初中学生对发明创造产生浓厚的兴趣，并初步尝试进行一些创造性思维，吸引初中学生关注创造力、发挥创造力；“学习新概念”和“一切从‘新’开始”的活动，可通过游戏让学生思考自己的学习习惯，觉察现有的学习状态，逐渐形成自己的学习风格。

（3）发展学习能力

“注意你的‘注意’”活动，通过游戏体验、经验分享等，让学生感悟注意力集中的重要性，获得更多集中注意力的好方法；“寻找记忆面包”活动，指导学生在一系列的活动和心理学实验故事中，了解并理解记忆和遗忘的基本规律，认识到记忆有法可依，学习并掌握一些常见的记忆方法，体会有效记忆方法的效果，提升学习自信心；另外还可以围绕提升学习能力，设计“‘注意’集结号”“倒过来看世界（思维）”“记忆拼图”“遨游想象的天空”“将瓶口打开一厘米”等活动；设计“时间竞赛”等游戏，引导学生懂得时间管理的重要性，学习科学合理管理时间,提高学习效率。

3. 高中阶段

(1) 增强自信

“多元你我他”活动,理解多元智力理论,对“聪明”与“成功”有全面的认识,增强自信;“合理归因”活动,让学生了解自己的归因特点,认识不合理归因产生的不良后果,掌握合理的归因方法。

(2) 思维导图

了解思维导图在学习与记忆中的作用,并学习绘制各种思维导图;“记忆奥秘”活动,进一步掌握记忆规律,根据记忆规律总结记忆方法,并尝试运用。

(3) 思维宽、天地转

对思维定势有初步的认识与体验,理解思维定势的两面性,体验突破思维定势的乐趣,掌握突破思维定势的方法与技巧,培养创新意识。

(4) 与学习结伴

培养学生的自主学习意识,感受优化学习方法的重要性,反思自己的学习习惯和学习方法,了解自己的学习风格,掌握提高学习效率的一般技巧,充分利用自身有利条件,选择适合自己的学习策略。

(5) 做时间的主人

体验时间的流逝性,深入理解时间的价值;“时间容器”活动,学习“四象限”时间管理理论,对学习生活中时间的重要性与紧急性进行分析,分清事情的轻重缓急,提高时间管理能力。

第二节 教案分享

▶▶小学阶段

上课这回事

戴雯 上海市浦东新区浦东南路小学

【教学目标】

1. 通过游戏,学生初步体会上课保持安静的重要性。

2. 通过体验,学生初步找到如何听课的方法。

【教学对象】

小学一年级学生。

【课前准备】

课件,音乐,活动道具(活动板、眼罩、头饰)。

【教学过程】

1. 导入

教师:今年9月,喜羊羊进入羊村学校上小学了,让我们偷偷去看看,他们是怎么上课的?

学生看《喜羊羊》动画片段。

教师:你看到了什么?

学生交流喜羊羊的上课表现。

教师:喜羊羊和你们一样是一年级的学生,上课时应该怎么做,他们还不是很清楚,今天我们一起通过游戏来了解一下上课究竟是怎么回事吧!(板书课题:上课这回事)

2. 主题活动:贴鼻子

学习贴鼻子游戏规则:

◎ 全班分成两组,分别选出一个游戏者参加游戏。

◎ 游戏者眼睛被眼罩蒙上后,必须原地转3圈,才可向前贴上猪鼻子。

◎ 猪鼻子位置贴正确的组为胜。

第一次游戏。(目的:选出指挥官)

以组为单位,每组选出一名学生参与。(第一次尝试通常都会失败)

教师:游戏失败了,大家想想有什么好办法帮助游戏者获胜?

教师:我们可以每个大组选一位指挥官来指挥游戏者,但是指挥官必须坐在椅子上进行指挥。(出示增补规则)

第二次游戏。(目的:需要安静的环境,做到不插嘴、坐端正。)

再次进行游戏。

教师(采访游戏者):这次有了指挥官,怎么又失败了?(学生会提到声音很多,听不清。)

教师(对组员):刚才你们都在说什么呢?(学生分别回答)

教师:一起指挥,反而让游戏者听不清。平时上课时,也有同学插嘴,影响了其他同学听讲。那有什么办法改掉插嘴的坏习惯?(板书:不插嘴)

学生讨论,交流发言。

教师:还看见有些同学站起来为组员加油,有什么办法使他们安静下来呢?

学生讨论,交流发言。

教师:想要在游戏中获胜,需要一个安静的环境,就请大家坐端正,在心里为伙伴加油。(板书:坐端正)

第三次游戏。(目的:不懂就问)

教师:请大家在游戏中保持安静,努力做到不插嘴、坐端正这两点。(板书:安静)

再次进行游戏。

教师(采访失败组):游戏为何又失败了?对于指挥官的口令,你听得懂吗?

教师:如果游戏者对于指挥官的指挥没有完全听懂,就可能造成游戏的失败(或者速度比另一组慢)。平时上课时,如果你们遇到听不懂老师讲课的情况,你会怎么做呢?

教师:学习上遇到不懂的问题就要问。(板书:不懂就要问)

根据游戏中实际出现的情境,可进行选择性提问(选 A 或 B 问题):

A.那你们有没有问指挥官啊?为什么不问?老师知道班级里有胆子小的同学,在学习中遇到困难不敢问老师,你们有什么办法帮助这些同学吗?

B.如果有人问了,表扬他能做到不懂就问。

根据游戏的实际情况,还可以对以下问题进行延伸提问:

老师发现虽然指挥官说清了左右方向,但还是有同学搞不清楚哪里是左边,哪里是右边,那如果你是指挥官,你会怎么指挥呢?现在我规定指挥官不用坐在椅子上指挥,他可以站在游戏者的背后进行指挥。和小伙伴讨论一下,有什么方法?

学生讨论、交流发言。(可能提到:拍肩膀、在耳边告诉他等)

教师:这些方法都不错,无论是游戏还是上课,我们不是只靠看、听、说这三项能力,有时还需要依靠感觉、肢体动作来帮助自己理解知识。

第四次游戏。

教师:我们最后再进行一次游戏,要求大家坐端正、不插嘴,游戏者遇到听不懂的指令就发问,指挥官可以用刚才大家想到的方法来帮助自己指挥。

再次进行游戏。

小结:这次游戏虽然有输有赢,老师要为每个人喝彩,因为在游戏的过程中,大家都很努力地按照黑板上的这几条规范去做,真的很了不起!

教师:通过玩这个游戏,大家能说说上课应该怎么做吗?

学生交流,教师补全板书:"上课、学习、发言要举手"。

3. 结束活动

读儿歌:

上课要安静,学习坐端正,

发言要举手,不懂要发问,

学会这几点,才能有收获。

教师:一年级是你们小学生活的开始,当你们渐渐明白上课是怎么回事的时候,你会发现学习是多么有趣、多么快乐,最后老师送你们一首歌,希望你们的学习生活更精彩!

播放湖南卫视《一年级》节目主题曲。

【教学建议】

1. 需要尽可能详尽仔细地准备教案,尽可能预设课堂情境和教师的应对反应。但即使这样充分准备,在真正的课堂上,孩子们的所有反应也不一定都能被预设到,这时需要教师用心去聆听孩子真正的想法,积极调动孩子的积极性,要围绕着教学目标寻找新的思路去应对孩子们的反馈。

2. 在整个教学过程中,还需要注意一年级的孩子从心理上已经慢慢开始在意别人对他们的评价了,尤其在意老师怎么看待他们。因此在教学过程中要多用激励性的语言,可以运用肢体语言去鼓励他们,比如摸摸头、抱一抱他们,也可以给予一些物质上的奖励,以增强学生学习的兴趣，让他们感受到自己在课堂上的存在感、价值感，使教学在轻松愉快的气氛中进行。

会拐弯的毛毛虫

吕大为　上海市松江区第三实验小学

【教学目标】

1. 知道人在思考的过程中会产生思维定势，思维定势有时会干扰到我们解决问题的过程。

2. 学会用多思考、跳出习惯的方法来打破思维定势。

3. 体会突破思维定势所带来的“豁然开朗”的心灵快感，激发多思考的兴趣。

【教学对象】

小学三年级学生。

【课前准备】

制作 PPT 课件、课堂活动单。

【教学过程】

1. 引入

发课堂活动单，观察活动单上“神秘人物”的眼神和表情，猜猜他心里正在想什么。

学生自由交流，结果大相径庭。

教师：老师给大家看到的是同一个人，可为什么我们对他的评价差别那么大呢？

揭示神秘人物的真相：其实有些同学看到的神秘人物下写了“名侦探”，而有的同学纸上写的却是“罪犯”。

小结：照片下的提示影响到了我们，把我们的思维给框住了，使我们不由自主地顺着它的思路想下去，这就是我们常说的思维定势。那么思维定势对我们的生活有什么影响呢？我们先来看一个实验。

课堂活动单(1)

名侦探

课堂活动单(2)

罪犯

2. 探究新知：毛毛虫的启示

(1) 课件出示毛毛虫的实验

法国心理学家约翰·法伯曾做过一个著名的“毛毛虫实验”，他把许多毛毛虫放在一个花盆的边缘上，首尾相连，围成一圈，并在花盆不远处撒了一些毛毛虫比较爱吃的松叶，毛毛虫开始一个跟着一个,绕着花盆的边缘一圈一圈地爬。一个小时过去了,一天过去了,又一天过去了,这些毛毛虫还是夜以继日地绕着花盆的边缘在转圈,最终因为饥饿和精疲力竭而相继死去。

约翰·法伯在做这个实验前曾经设想,毛毛虫会很快厌倦这种毫无意义的绕圈而转向他们比较爱吃的松叶,遗憾的是毛毛虫并没有这样做。造成这种悲剧的原因就在于,毛毛虫总是习惯于坚持原来的习惯,不会改变自己,结果为此付出了生命的代价。

(2) 了解思维定势对生活造成的不利影响

教师:听了这个故事,你有什么感受?你觉得思维定势会给我们的生活带来什么影响呢?如果你是一条毛毛虫,你打算怎么做?为什么?

学生交流。

小结:学会灵活改变自己的思路,换一种思考方式,做一条"会拐弯的毛毛虫"。(出示课题)

3. 做一条"会拐弯的毛毛虫"

过渡:做一条"会拐弯的毛毛虫",要做好哪些事情呢?我们来看看下面的这些问题。

(1) 多思考

① 出示一个圆,说说它可以是什么东西?

② 出示数字1~9,把这些数字分类。(奇偶数、声调、数字里是否含有圆、能否站稳、一笔写成/两笔写成……)

教师:做了这两个游戏,你觉得我们首先应该做到什么?(多思考,找到多种解决问题的方法)

过渡:丰富的思维可以让我们有很多办法来解决问题,但还有一件更重要的事……

(2) 跳出习惯

① 请用最快的速度告诉我这个字是什么颜色?(红色的"蓝"字)

② 广场上有一匹马,马头朝东站立着,后来又向左转了270度,请问,这时它的尾巴指向哪个方向?(向下)

③ 什么老鼠有两条腿?(米老鼠)什么鸭子有两条腿?(所有的鸭子)

④ 赛跑比赛,你超越了第二名,你是第几名?(还是第二名)

⑤ 用双手捏住红领巾的两个头,谁能在不松开手的情况下把红领巾打个结?(先双手交叉抱胸,分别捏住绳子的两个头,然后把手抽出即可)

教师:刚才的这些问题里大家为什么会遇到困难呢?(按照习惯在思考)所以我们要破除思维定势,必须试着跳出自己的习惯。

4. 总结

教师:今天我们在思维训练营里丰富了自己的想法,锻炼了自己的反应,最重要的是学会了做一条"会拐弯的毛毛虫",老师希望大家从今以后可以养成好习惯,让自己的思维更活跃。

【教学建议】

1. 对于思维定势的认识是本节课的重点,在引入环节中采用了观察"神秘人物"的游戏。教师准备的活动单分为两种,班级里一半学生拿到的活动单在人物照片下面印有"名侦探”,另一半则印有“罪犯”。学生在交流中表现出的差异非常明显,通过揭示真相让学生理解什么是思维定势。如果通过这个心理实验的呈现,学生还是没有真正理解思维定势的意思,教师可以增加几个生活中的例子加以辅助说明。

2. 课堂上教师引导学生从两个角度来思考如何破除思维定势:多思考和跳出习惯。这里的活动要充分激发学生的参与度和兴趣。“看见一个圆可以想象它是什么?”和“数字1~9的分类”两个问题,没有标准答案,最重要的是引导学生积极思考,要给予学生充分表达的机会。随后以几个容易产生思维定势的题目来让学生解答,教师可以在上课过程中不停询问学生:你觉得这个问题的思维定势在哪里?从而让学生意识到当思维停滞时,不妨突破常理去思考。

3. 在课程的最后,还可增加实践运用的环节,教师可根据情况,设计学生在生活中会遇到的实际问题,通过多思考和跳出习惯两种方法来突破思维定势,以此巩固这节课学习的内容。下面的两个问题仅供参考:

(1) 如果学校组织旧书义卖会,你会怎样让自己的书更受欢迎呢?(促销、装饰书等)

(2) 怎样把你的书推销给不爱看书的同学?(买书可作礼物)

初中阶段

我往哪里去

刘诗薇 上海市第一中学

【教学目标】

1. 体会制定目标的重要含义,增强制定学习目标的意识。

2. 知道如何制定并实施具体目标,提高制定和管理目标的能力。

【教学对象】

初中一年级学生。

【课前准备】

1. 准备小故事并制作多媒体课件。

2. 学生任务单。

【教学过程】

1. 导入:听故事,讲感悟

教师讲述一名游泳健将的故事。

有一个真实的故事,说明一个人若看不到自己的目标,就会有怎样的结果。

1952年7月4日清晨,加利福尼亚海岸笼罩在浓雾中。在海岸以西约34千米的卡塔林纳岛上,一个34岁的女人进入太平洋中,开始向加州海岸游去。要是成功了,她就是第一位游过这个海峡的妇女。这名妇女叫费罗伦丝·查德威克。在此之前,她是游过英吉利海峡的第一位妇女。

那天早晨,海水冻得她身体发抖,雾很大,她连护卫自己的船都几乎看不到。时间一小时一小时过去,千千万万人在电视旁注视着她。有几次,鲨鱼靠近了她,被人开枪吓跑了。在以往这类渡海游泳中,她的最大问题不是疲劳,而是冰冷刺骨的海水。

她不断地在游。15个小时之后,她被冰冷的海水冻得浑身发麻。她知道自己不能再游了,就叫人拉她上船。她母亲和教练在另一条船上,他们都告诉她海岸很近了,叫她不要放弃。但她朝加州海岸望去,除了浓雾什么也看不到。

几十分钟之后——从她出发算起15小时55分钟——人们把她拉上了船。又过了几个钟头,她渐渐觉得暖和多了,这时却开始感到失败的打击。她不假思索地对记者说:“说实在的,我不是为自己找借口。如果当时我看见陆地,也许我能坚持下来。”

人们拉她上船的地点,离加州海岸只有800多米!后来她说,真正令她半途而废的不是疲劳,也不是寒冷,而是因为她在浓雾中看不到目标。查德威克小姐一生中就只有这一次没有坚持到底。两个月之后,她成功地游过了同一个海峡。她不但是第一位游过卡塔林纳海峡的女性,而且比男子的纪录还快了大约2小时。

教师提问引导:听了查德威克的故事,你有什么感受?

过渡语:人生是一个漫长的旅程,在这个旅程中,目标指引着我们前行的方向,也是我们前行的动力。因此我们在追求成功的道路上,可千万别低估了制定目标的重要性。如何制定目标可是个大学问,让我们在这个游戏活动中获得启示。

2. 游戏:拍手比赛

(1) 活动规则

游戏活动分成两轮,第一轮全班活动,第二轮小组比赛。每次活动请大家先就自己的拍手次数进行预估,然后进行实践。

(2) 班级活动

首先询问每个同学预估一分钟能拍手多少次?然后请大家先练习一分钟,然后再预估一次。最后请同学们挑战自我,看看能不能达到或超过自己预估的数值。

(3) 小组活动

每个小组选送两位选手参与比赛,一位拍手,一位计数。流程和班级活动相似,先预估,然后正式拍手。获胜者可以获得奖励。小组比赛的计分规则为:以拍手次数为主,拍的最多的得10分,其次是8分,然后是6分,最后为4分;预估和实际的差别为辅,差别最小的为4分,然后依次为3分、2分、1分。简单来说,就是既要拍的多,又要估的准。

(4) 游戏活动的启示分享

教师:回顾刚才的游戏过程,你两次预估有什么不同,这个游戏对于我们制定目标有什么启示?

教师:考虑问题应该全面,实现目标所采用的方法也是需要特别考虑的。要注意以下几点:

① 目标的制定取决于我们对自身能力的了解与评估。

② 我们制定的目标要略有挑战性,即跳一跳能达到的目标。

③ 具体、明确的目标可以激励我们提高行为效果。

3. 辨一辨

(1) 教师总结游戏的启示

总而言之,我们要制定一个“SMART”的目标:

S:Specific——具体;

M:Measurable——可以衡量;

A:Achievable——可以实现;

R:Realistic——比较现实;

T:Time-bound——有时间限制。

如果无法满足这5条标准中的任何一条,那就不是学习目标,而是学习“梦想”或“幻想”。

(2) 列举几个目标,请学生进行辨别

◎ 我要掌握《新概念英语》。

◎ 我要学好英语。

◎ 我要下次月考英语提高5分。

◎ 我以后上课要认真听讲。

◎ 我每天背10个英语单词。

◎ 我每天花半个小时做英语阅读。

◎ 下次月考我的英语成绩要超过这次。

◎ 我要在一个月内将这本历史书看完,我计划每天晚上6∶30~7∶00看20页,达到基本能将看过的历史事件复述出来的阅读效果。

(3) 教师引导及总结的注意事项

① 目标制定要符合“SMART”原则,尽量是明确具体,可以衡量,有时间限制的。

② 关注结果和关注过程的目标是各有利弊的,但是关注过程的目标对于行为有直接的激励与调控作用。

③ 目标的制定过程中,有人关注的是自身知识的掌握、能力的提升,有人更多关注的是与他人的比较。

过渡语:一个聪明的“SMART”目标制定好了,接下来在实现这个目标的过程中还会有什么问题呢?

4. 案例分析

(1) 案例展示

这次月考小A和小C的英语都没有考好,他们都痛定思痛,进行了深入的自我分析,并制定了下阶段努力的目标。

案例1:小A制定的下阶段英语学习的目标是“通过自己的努力学习,使自己的英语成绩在下次月考时提高10分”。小A发现自己这次英语失分比较多的项目是听力和作文,于是他决定每天晚上做完作业后要听5篇听力短文,并且写1篇作文。第一天,小A顺利完成了任务。可是第二天,作业做得比较晚,他只是大概听了2篇听力短文。第三天的时候,他觉得听力和作文的提高真是太难了,也就懒得继续坚持了。

案例2:小C觉得自己这次英语成绩不够理想,主要是自己的单词记忆不够牢固,另外就是阅读理解做得不太好,小C制定的下阶段英语学习目标是“用1个月的时间背好本学期的英语词汇表,保证每天背10个新单词,并且复习前一天背诵的单词,保证单词拼写正确,并且每天做2篇阅读理解”。目标制定好后,小C还确定了具体的背单词和做阅读理解的时间,小C做了一个目标实施记录表,当自己完成任务时进行记录,当自己连续一周完成任务时奖励自己。偶尔小 C 也会想偷懒,可是翻开记录表发现自己已经坚持了那么多天的时候,他就觉得非常有动力。

教师提问:小 A 和小 C 在制定目标和实施目标过程有什么不同吗?你能分析下案例,并说明原因吗?(学生分享)

(2) 教师引导及总结的注意事项

① 具体的目标和严格的管理一定能够提高学习效率,每日的坚持和积累一定会促进我们的学习。

② 目标的实现不是一触而就的,而是一个长期坚持的过程。

③ 要管理好自己的目标,一定要做记录,及时给自己的行动以反馈。

④ 对自己的成功要奖励,对自己的失败要鼓励,贵在坚持。

5. 结束语

我们今天了解了目标制定与管理的相关内容,请同学们也根据自身的实际情况制定出属于自己的学习目标,并且在接下来的学习中进行自我管理,预祝每个同学都能在下一阶段的学习中实现自己的学习目标。

【教学建议】

"目标"这个话题对于学习心理辅导板块来说是比较重要的一部分,因为只有调动学生自己制定并管理自己的学习目标,才能激发学生的主动性,才能让学生主动地参与到学习活动中。但现实生活中,中学生的目标管理存在这样或者那样的问题:学生的目标制定过于长远,不具备可执行性;目标制定后,缺乏监控和反馈;甚至还有些学生的学习目标并不是自己制定的,而是家长、老师制定的等等。

因此,本次辅导活动课针对学生的这些现实问题,采用了形式多样的辅导方式——游戏体验、故事分享,促进学生对制定目标的重要意义的认同。学生能感受到目标对于成功的重要作用,尤其是几个具体案例的讨论,层层深入地对如何制定适宜的目标、执行目标、进行自我监控,都进行了细致入微、具有指导性的辅导,使学生真正能够从辅导中有所收获,能在现实中有所行动。

建议教师在课前准备时,尽可能了解本地本校学生的情况和需求,寻找来自身边同龄人的故事,稍作修改后在课堂引导大家分析讨论,会更贴近学生,效果会更佳。

由回形针想到……

朱炜　上海市黄兴学校

【教学目标】

1. 了解创造并非高深莫测,生活中无处不在,人人都可以创造。

2. 知道创造需要观察、思考和实践。

3. 体验创造的乐趣,激发学生的创新潜能。

【教学对象】

初中一、二年级学生。

【课前准备】

1. 多盒回形针、胶水、盛满水的杯子。

2. 课前采访行动。

3. 课前完成创意添画活动。

【教学过程】

1. 创意添画

教师:今天,老师想请大家帮忙解决一个棘手的问题,在我的笔记本上不小心泼到了墨迹,请大家任意添上数笔,让墨迹变成图画。

学生完成创意添画。

教师:同学们的创意添画,给朱老师的笔记本增加了一抹亮色。我们能否用一些词来形容同学们的作品呢?

学生发言。

教师:大家所说的这些词(板书)都和我们今天的话题有关——创造力(板书)。别出心裁的想法(独立性思维),也包括出其不意的组合(发散性思维),更包括意想不到的结果(想象力),这些都是创造力的表现形式。有人说“创造力”离普通人太遥远,你同意这种观点吗?

教师:人人都可能创造,人人都可以创造。大家刚才的创作就是创造力的一种表现。创造有时就这么简单,并非高深莫测,它给人们的生活带来了变化。那么如何更好地激发我们的创造力?请出我们今天的道具主角,回形针(看到它你想到了什么?)。利用它一起来做一个小实验。

2. 小实验

教师:在盛满水的杯子中,在不让水溢出的前提下,能放多少枚回形针?大家是否想知道最后的答案?让我们一起来试一试。

……

你认同他人的答案吗?你觉得呢?

你原本认为能放多少?实际操作下来呢?

在实验中你的想法有没有什么变化?

实际放入的回形针数和我们的猜测为什么会有如此大的差距?

刚才当他人说出一个答案时,你是什么反应?

……

总结关键词:学会质疑、培养好奇心、突破定势、激发求知欲。(板书)

教师:当然,我们的创造只有在实践下才能成为现实,就像我们课堂一开始的创意添画一样,朱老师能感受到,大家在创造时的一份愉悦以及在试验中的那份探求。让我们带着这种感觉继续将玩回形针进行到底。

3. 创意回形针

要求:利用回形针组成任意的图案,每个小组至少完成一件作品,可以利用粘纸塑形,也可不用。可以任意使用或变化回形针的形状,可以讨论,时间为6分钟。任务完成后,给作品命名。组长负责派一位代表介绍。

学生完成作品并展示后,教师提问:

(1) 你们的作品很棒,有什么经验可以和大家一起分享?你们的作品是如何诞生的?

(2) 当你们组开始变动回形针形状的时候,你是如何考虑的?

(3) 你对作品满意吗?可做何改进?

(4) 完成的作品和原先设想的一致吗?你原先想做什么?

(5) 在做的时候有没有遇到困难?是什么?如何克服?

(6) 刚才在做的时候有没有想过放弃?

(7) (集体创作)这个作品,哪些是你做的,怎样想到的?

4. 实践感悟

(1) 多角度思考问题。

(2) 利用资源。

(3) 集思广益。

(4) 坚持不懈。

总结:我们的创造带给大家独具匠心的作品,给大家带来了快乐和惊喜,我们是否能将今天所学的方法运用到学习生活中去呢?学习中加入了创造,是不是也能使我们快乐起来呢?让创造为生活平添一份乐趣,为生活增加一份色彩。

【教学建议】

本课的教学内容围绕"创造"这一主题,教学过程要落实以学生为本的理念,突出学生的主体地位,并要尽可能体现师生互动、情感交融的特点。本课教学内容以"3+1"的模式进行呈现。三大部分内容分别为:"创意添画""小实验"和"创意回形针"。"创意添画"通过学生为教师解惑,让大家意识到创造离自己并不遥远,人人都可以创造;在"小实验"的环节中,让大家在体验中了解创造力组成的多个要素;最后通过"创意回形针"的实践环节,让大家感悟如何进行创造,以及在创造中可运用的方法,需注意的环节等。"+1"部分,使整个课题首尾呼应。本课课题是一个半开放性课题,学生通过一节课的参与,能再次回归课题"由回形针想到……"。此时,如若学生能拓展回形针本身的功能,教育的意义就在于此。

▶▶高中阶段

从"没时间"到"花时间"
——我的时间容器

朱晓蕾　同济大学第一附属中学

【教学目标】

1. 理解时间作为生命容器的概念,掌握时间管理的技巧。

2. 参与并体验课堂活动,交流并探讨关于时间管理的感受。

3. 体会时间管理的重要性,领悟自己的内心抉择。

【教学对象】

高中一、二年级学生。

【课前准备】

1. 准备歌曲《没时间》和动画《One Minute Fly》。

2. 课堂活动需要的球：篮球、排球、实心球、乒乓球、网球，以及可以放球的框。

【教学过程】

1. 导入——“没时间”

(1) 分享歌曲《没时间》

(2) 欣赏动画《One Minute Fly》

动画简介：薄雾未散的清晨，一只小苍蝇破卵而出，却被告知只有1分钟的生命。小苍蝇列出了自己的梦想清单，开始了短暂而辉煌的一生……

(3) 学生书写：我的5个人生梦想（按重要性排序）

根据5个梦想的重要性排序，分别对应不同体积的5个球：

◎ 第一大梦想——篮球

◎ 第二大梦想——排球

◎ 第三大梦想——实心球

◎ 第四大梦想——网球

◎ 第五大梦想——乒乓球

2. 主题活动——我的时间容器

教师邀请一名男生和一名女生上台，分别交流自己的5个人生梦想，并同时完成以下3个演示。（教师可以将学生写的5个人生梦想写在黑板上，如考上大学、好男人、好工作、大房子、奥迪车等。）

(1) 演示一

将所有的球放入大桶（放球顺序不限）。利用桶的每一寸空间，我可以放入所有的球。利用每一分钟，我可以完成所有的梦想。

思考：

一分钟可以做什么？

一分钟可以打________个字？

一分钟可以说________个字？

一分钟可以跳________个短绳？

一分钟可以数________张百元大钞？

目的：明确时间价值，珍惜每一分钟。

(2) 演示二

将所有的球放入大桶（先放大球、后放小球）。如果不按合理的顺序，也许我就很难把所有的球放入桶里。如果不能合理安排时间，也许我就来不及实现我的所有梦想。

思考：5个梦想的最佳实践年龄段？学生在自己刚写下梦想的相应位置，写下自己认为的梦想最佳实践年龄段。

目的：安排合理步骤，确立阶段目标。

(3) 演示三

自由随意地将球放入小桶（放球顺序不限）。当桶的空间变小，慎重权衡，放入我认为合适的球。珍惜剩余的时间,理性取舍,完成我想且还能完成的梦想。

思考:时间有限,5个梦想如何取舍?

目的:理性权衡取舍,实现重要梦想。

3. 总结——“花时间”

(1) 体味歌曲《花时间》。

(2) 学生书写:当下,我愿意花时间去实践哪些梦想?(每人至少写下3条)

(3) 教师的期盼。

【教学建议】

这既是一堂时间管理课程,又是一堂目标管理课程,对于高中生而言有积极的意义。授课过程中,教师可以注意以下几点:首先是对学生梦想的肯定,体现心理教师价值中立的特点,如有的学生说我想娶个美丽的妻子,这其实是他对将来美好家庭的憧憬,有的学生说我想赚很多钱,这是对自身能力的渴望,需要教师进行呵护与引导;其次是引导启发学生的感受与分享,本课活动设计简洁流畅,更重要的是学生的体会与感悟,教师要注意给予学生充足的感受与思考的时间,深入挖掘他们的感悟与收获。

记忆的奥秘

马晓燕　上海大学附属中学

【教学目标】

1. 通过学习,学生掌握记忆的广度和规律的相关知识,学会利用这些记忆知识来提高自己的记忆水平。

2. 在活动过程中学会归纳、调整自己的记忆方法,获得最佳的记忆效果。

3. 增强记忆的信心和兴趣。

【教学对象】

高中一年级学生。

【教学准备】

多媒体课件、白纸。

【教学过程】

1. 导入:Game Time(英文拼字游戏)

呈现打乱的“memory”各个字母,请同学们拼成单词,导入课题《记忆的奥秘》。

2. 记忆概念

(1) 热身游戏:揉纸团游戏

① 游戏规则:双臂屈肘于胸前,两手十指交叉互握,绕环活动腕关节。选出小组中力气最大的同学,将A4纸揉成尽可能小的纸团。

② 提问:将纸团展开,铺平,你在纸上看到了什么?

③ 教师总结:如果把这张白纸比作我们的大脑,那么我们经历过的事,包括看到的,听到的,还有感受到的,都会或多或少或深或浅地在上面留下痕迹,这就是我们平时所说的——记忆。

(2) 记忆的概念总结

① 记忆是人脑对过去经验的保持和提取,记忆包括“记”和“忆”两个方面,“记”体现在

识记和保持上,“忆”体现在再认和回忆上。

② 香囊演示:把东西放进香囊的过程相当于识记;东西在香囊里面的就是保持;从香囊里面把东西拿出来就是回忆与再认。

(3) 记忆游戏

① 游戏:在上课前,教师故意在学生面前整理讲台,将一些物品放入盒子里并盖上盖子,询问学生能不能记住盒子里有哪些物品及其放进去的顺序。

② 分享:你能说出盒子里有哪些物品吗? 为什么?

③ 教师分享:注意在记忆之前先行,记忆所需的注意是稳定、可控的。

3. 记忆广度

(1) 游戏:寻找记忆之王

设置几组无意义的数字,5 位数字渐渐增加到 13 位,依次呈现给学生,请学生记忆并默写。

81927

5836416

835721946

35271386415

4698106315279

(2) 你能记住几位数字?

总结(生活中的奇妙 7 位数):汽车的牌号、唐诗 7 字一句易诵易记、26 个英文字母常常是随口念出 6~7 个字母。

我们今天通过自己的实验验证了心理学家的研究成果:短时记忆的广度是 7±2 个信息组块。

(3) 你是如何记住手机号码的?

总结:每个组块可以包含较多的信息,可以是一组数字、一串字母、一段话等等。

(4) 了解 7±2 个组块以后,有什么办法提高自己的记忆力?

应用:建立记忆组块。

① 意义化:3.14159——山颠一寺一壶酒。

② 按音节:Candidate——候选人。

③ 按意义:Microwave——微波。

④ 按类别

4. 记忆规律

(1) 游戏:词语识记

请同学们记住以下词语,材料只呈现 1 分钟,然后请同学们默写出来,顺序要一致。

太阳　母亲　夜晚　儿子　河流　星星

稻米　湖泊　祖父　耳朵　眼睛　父亲

手臂　玫瑰　棉花　雪　头　树　嘴

(2) 分享:记忆的方法。

(3) 提问

① 材料的前、中、后哪个部分最难记忆？

② 你有背过就忘的情况吗？

③ 你用了什么办法进行记忆？

（4）讨论：记忆规律

① 中间的材料较难记忆——先记中间的材料。

记忆时应注意排除记忆内容间的干扰，把相似科目的内容放在一起记容易相互干扰，再就是中间的内容比两端的内容容易忘，这是由于前摄抑制与倒摄抑制的原因。前摄抑制是指，前面学习的材料对后面学习材料的干扰；倒摄抑制是指，后面学习的材料对前面学习材料的干扰。为了防止这些干扰，对中间的部分应该采取多复习几次的办法，或采用分散记忆的方法来加强这个部分的记忆。早上与晚上的学习时间由于受到前摄抑制或倒摄抑制的影响较少，应有效利用这两段时间来记忆材料。

② 遗忘是先快后慢的——学到的东西要及时复习。

记忆需要和遗忘作斗争，记过的内容会发生遗忘，这是正常的规律。问题是如何减少遗忘，记住应该记住的东西。德国心理学家赫尔曼·艾宾浩斯的遗忘曲线揭示了遗忘"先多后少，先快后慢"的规律，说明及时复习是有效防止遗忘的好方法。而有的学生不是功课"天天清"，而是要等到考试之前再拿起书，这种方法违反心理学规律，弄得自己身心疲惫，学习效果也不佳。

同时，在记忆中可以适度多记些，如我5次记下了，再多记2次，增加学习程度可以使记忆得到巩固。心理学研究指出，一般学习程度以150%为佳，过少或过多地记，效果都不好。

③ 理解的材料好记难忘——可以运用赋予意义联想法、归类法等来帮助记忆。

记忆时应该注意理解、归纳整理、建立自己的认知结构。用编写提纲、列图表等方式把知识加以系统化。

5. 总结

背诵——记忆的根本

理解——记忆的基础

趣味——记忆的媒介

应用——记忆的动力

卡片——记忆的仓库

争论——记忆的益友

重复——记忆的窍门

联想——记忆的捷径

简化——记忆的助手

整理——记忆的措施

【教学建议】

记忆规律对于高中生而言也许不是新鲜的内容，他们在初中心理课堂上也会涉及到这部分内容的学习，但是随着高中生的认知水平发展、学习内容增多、学业要求提高，对记忆的要求也越来越高，对记忆规律的进一步学习可以帮助学生更深入地理解与运用记忆规律来提高学习效率。

在“寻找记忆之王”的游戏中，教师需提醒学生遵守规则，这样才能得出与记忆广度相符的结果。鼓励学生分享他们的记忆方法，很多学生已经在用建立记忆组块的方法了，教师可以更好的帮助他们学习、认识和掌握相关的记忆方法。

“词语识记”的重点在于帮助学生理解记忆规律，学生多使用编故事的方法来理解材料，然后记忆，教师要将此方法引伸到学习背诵上，强调学生对学习材料内容的深入理解。

参考资料

一、共享资源

（一）心理游戏活动

1. 培养观察力的游戏：找不同、校园/教室搜索。
2. 培养注意力的游戏：开火车、听故事抓手指、密码传递、数青蛙。
3. 培养记忆力的游戏：图片记忆、单词记忆、数字记忆。
4. 培养想象力的游戏：图形拼画、搭纸塔、头脑风暴、撕纸贴画。
5. 学习动机的游戏：橡皮筋游戏。
6. 学习兴趣的游戏：兴趣温度计。

（二）心理测试

学习动机测试、考试焦虑测试。

（三）视频

电影《来自星星的孩子》《少年班》。

二、推荐阅读

《儿童注意力训练手册》，（德）劳特、（德）施洛特克著，杨文丽、叶静月译，四川大学出版社，2006

《聪明的秘密》，（美）詹森著，杜争鸣、钱婷婷译，华东师范大学出版社，2008

《心灵的未来》，（美）加来道雄著，伍义生、付满、谢琳琳译，重庆出版社，2015

《亲爱的安德烈》，龙应台编著，广西师范大学出版社，2014

《学习心理辅导》，吴增强著，上海教育出版社，2012

《学习能力发展心理学》，李洪玉、何一粟著，安徽教育出版社，2004

《学习动机的激发策略》，（美）麦克姆斯、（美）波普著，伍新春、秦宪刚、张洁译，中国轻工业出版社，2002

第八章

青春健康

第一节 专题解读

一、知识链接

（一）青春期

青春期是人生最美好的时期，是人的生理、心理发展的关键时期，同时也是成长中生理与心理问题最为频繁的时期。世界卫生组织(WHO)将青春期年龄范围定为10～20岁。我国根据青少年生长发育的实际情况，将青春期定为11～18岁，恰处于中小学阶段。青春期性健康教育是学校教育的重要组成部分。性健康教育就是帮助受教育者科学而全面地认识性的生理、心理和社会成熟过程，认识友情、爱情及婚姻关系的健康发展条件，树立性别平等、责任感与相互尊重等观念，以便享有性生理健康、性心理健康和幸福的婚姻家庭生活，避免由于性的无知与失误而导致的疾病。

（二）性教育

性是人类基本的需求。对性的好奇，人人皆有，尤以青春期的青少年为最。性教育的目的和内容与社会的价值导向有关，因此存在鲜明的文化差异。世界各国的性教育目的、导向与内容各有不同。

1. 美国性教育学家柯肯德尔对性教育目的的看法

① 使每一位受教育者了解有关自己在性生理、心理和情绪等方面成熟过程的知识。

② 消除个人因性别差异和适应不同所产生的焦虑与不安。

③ 发展个体在不同的行为表现中对性的了解。

④ 对同性和异性朋友有较深刻的认识，并帮助其了解自己对不同关系的他人所应有的责任与义务。

⑤ 协助个人建立健全的人际关系，能在个人与家庭生活中获得较正向积极的满足感。

⑥ 对有关"性行为"的道德价值观有所了解，并将之作为决策时的重要参考依据。

⑦ 提供有关"性滥用与误用"的知识，使个体能保护自己，免受心理与生理的伤害。

⑧ 提供一种为社会服务的动机，以减少因"性"而产生的种种社会问题，如娼妓、私生子、对性所抱持的不合理及性泛滥等偏差行为。

⑨ 使每一个人能有效且创造性地运用自己的性，能充分发挥自己身为伴侣、父母、小区

公民等各种角色之能。

2. “青苹果”性健康教育项目是较长时间以来,中国进行青少年性教育的重要力量

发起者陈一筠老师认为,青春期性教育的目的是为了增进性健康,即1975年世界卫生组织提出的“性健康”的概念:“性的身体层面、情感层面、智力层面和社会层面的完整结合,从而积极地丰富人格、促进沟通和增进爱。”青春期教育的内容应包含狭义和广义的层面。从狭义上说,青春期教育主要是性教育,主要讲生命的孕育和诞生的基本知识,青春发育的生理规律,青春体貌的变化,性欲望、性吸引、性冲动和性宣泄的生理与心理机制,性的安全健康和身心保护知识,还要讲预防意外怀孕,注重预防性病、艾滋病,反对滥用毒品等知识。从广义上说,青春期教育作为人生教育,它还应当传授性的价值观念、性的社会行为规范与道德伦理,性的法律界限与防止性暴力等知识和理念;教导人际交往特别是两性交往的知识与技能,帮助青少年学习关于两性之间的友情、爱情、择偶、婚姻等人生课程,学习两性尊重与平等的基本概念。其内容则包括:

① 提供关于人的性潜能的科学而准确的信息,包括人的性器官与生殖系统、人的性发育、性取向与性别;关于性的安全、卫生及预防性病、艾滋病。

② 提供性价值观与性态度的教育。不含糊地向青少年传播符合本土文化的、社会倡导与支持的主流价值观,阐明这种价值观的由来及意义;帮助青少年科学地认识什么是两性之间健康而文明的关系,培养自尊感和自信心,学会对自己、对他人和对社会负责任。

③ 通过参与式教育和训练,使青少年学会两性之间的尊重、平等,获得两性交往的技能,包括沟通、做选择、应对朋辈压力,评价媒体信息以及建立诚信的友情关系。帮助青少年科学地、讲求实际地理解和接受现代社会的性别角色,以便日后在社会和家庭中正确地发挥自己的性别角色功能。

④ 教育青少年在性的表达与行动中对自己和对他人高度负责,包括洁身自爱、拒绝不成熟的性关系、反对性的强迫、维护自己与他人的性权利和性健康。

⑤ 计划生育以及做父母的责任,也应成为青春期性教育的内容,不能等到结婚和生育时再去讲解这方面的知识。

综上所述,青春健康教育是一种健全人格的教育,一种关爱生命的教育,一种行为选择的教育,一种发扬人性的教育。

3. 中国台湾的晏涵文教授对性教育目的的说明

晏涵文教授根据台湾健康教育中心“观念教育法”课程发展了三个概念——生长教育、人与环境互动、作决定,说明性教育的目的为:

① 帮助每个人正确地认识自己在性生理、心理和社会各方面成熟的过程,避免因错误知识或态度所导致的损害。

② 帮助个人对人际关系有较深的认识,并发展自己的性别角色,如伴侣、父母、子女等,学习去爱、尊重和对他人负责。

③ 培养正确的观念和建立对道德所需要的了解,它是“作决定”时的重要依据。

(三) 国内外性教育现状

在国外,许多国家都早已将性教育纳入必修课程。在日本性教育被称为“纯洁教育”,是从幼儿园开始就向儿童渗透性别、性差异的常识。英国从5岁起就要接受强制性教育，有点类似我们的义务教育，接受性教育是每个英国孩子的权利和义务。马来西亚规定从孩子4岁起就要教给他们一些与性有关的常识。荷兰儿童从6岁开始接受性教育，荷兰也成为全欧洲青少年怀孕率最低的国家。瑞典叫作“爱的教育”，从1942年起就对7岁以上的儿童进行性教育，主要在学校，以老师教育为主体，采用多种教育模式。1977年，瑞典国家教育委员会出版的教育手册拟定了一些基本的、普遍的、正面的价值观，它们构成了今天瑞典性与亲密关系教育的道德基础。其基本理念有：不能将性等同于麻烦，要积极肯定性的价值，尊重性的多元声音，性是人格成长与自我认同的重要环节等。瑞典已经成为进行性教育的典范，学校的性教育已成为国际上公认的青春期教育的成功模式。美国的性教育理念是：性是真实存在的，是随孩子身体的成长而不断成熟的，是与吃饭喝水一样需要满足的生命需求。从小学一年级开始，学校就对学生进行性与生命科学有关的具体知识的传授与引导。

我国性学家彭晓辉打过这样一个比喻，中国目前的性教育已经站上了起跑线。尽管有人想抢夺裁判手中的发令枪，有人抢跑，甚至还有人犯规，但无论怎样，运动员们都已经各就各位，一场竞技，即将展开。

在我国，青少年性发育年龄的提前已是一个客观事实，也是一个普遍现象。悄然而至的青春期所带来的生理和心理的变化与性教育的滞后，导致青少年不能及时获取足够的、正确的、科学的与之生理发育、心理发展相关的知识，甚至处于无知状态，引发了诸多情绪和情感的问题。一项国家级课题的调查结果显示：处于青春期的少男少女们有64.24%的人渴望了解青春期心理发展知识，有49.88%的人希望了解与异性交往的礼仪和方法，有42.26%的人希望了解性生理知识，有29.75%的人希望知道性对人生的意义，有20.15%的人渴望获得处理性欲的方法。2012年“中国青少年性健康教育研讨会”发布的调查报告显示，40%的人性教育起始年龄在13~16岁，但有18%的人表示至今未接受过任何正规的性教育。我国41%的青少年获取性知识的渠道集中在网络，其中大部分集中在社交网络和论坛等。青少年获取性教育的渠道前五位的是互联网、书籍、杂志、朋友和学校。

针对青少年的实际需求，学校从20世纪七八十年代开始就进行中小学青春期性教育的实践和探索。国家教委和国家计生委于1988年联合颁发了《关于在中学开展青春期教育的通知》，1996年和1998年又分别颁发了《关于普通中学进一步开展人口与青春期教育的通知》《关于开展与加强青春期教育的通知》。2002年、2012年国家教育部二次颁发《中小学心理健康教育指导纲要》，明确提出从小学到高中，各阶段应该进行的性健康教育的具体目标与内容。教育部也三令五申要求学校每学期安排一定量的性健康教育课，让孩子们感到学习性生理、性心理、性道德、性保护是正常的事，就像上语文、数学课一样。

（四）中小学青春健康教育的主要内容

在小学、初中、高中不同学段开展符合学生身心发展需求和特点的青春健康教育，包括性生理、性心理、性道德以及性法律的指导，能促使青少年接受科学的性知识、纠正与性有关的错误认知和行为偏差，促进青少年的性生理和性心理健康，树立良好的性道德和性法律意识，培养科学的性观念，促进青少年在生理、心理以及社会三方面的发展和成熟。

性生理指导：主要是关于性与生育的生物学知识，如两性的身体构造、生殖系统功能特点、生理发育的过程、生育的机理和过程等。性生理指导旨在使学生了解人类身体的基本结构,正确看待性生理现象,认识两性生理差异及变化规律,学习生理保健的知识,适时、顺利地接受自己性生理发育逐渐成熟的事实。

性心理指导:主要包括两性发育心理、性别角色、爱情心理等。性心理指导旨在使学生了解人的性心理发生发展的一般规律,了解青春期的心理躁动与不安,坦然、积极应对青春期异性交往的困惑,努力按照社会要求来规范自己的生活。

性道德与法律指导:主要包括两性间的基本行为规范、男女社会交往方面的礼仪、正确的爱情观和婚姻观、与性相关的法律知识等。性道德与法律指导旨在指导学生掌握维系和调整两性关系的道德规范和行为准则,用法律知识规范自己的性行为,学会有效地保护自己。

在青春健康教育中,对个体进入青春期后的指导尤为重要。青春期至少分为两期:青春前期、青春后期。

青春前期:10~15 岁。青春前期的特征是个体在身高、体重等形态指标上急速成长,一般来说,女孩早于男孩。虽然第二性征开始出现,但生殖系统功能尚未发育成熟。同时,随着性意识的发展,开始对性别差异较为敏感。[1]

青春后期:15~20 岁。青春后期的特征是两性生理发育速度逐渐变缓,最明显的特征是性基本成熟。在心理发展上,伴随着自我意识的增强,成人感产生,独立性增强,同时也面临着性成熟所带来的适应问题。[1]

处在青春期阶段的中学生,生理上的急剧变化会引起心理上的动荡不安。青少年男女在性心理上会有特殊的感受,这种体验就是性意识。美国心理学家赫洛克根据研究,把青少年性意识的发展分为四个阶段。进入青春期的男女在正常情况下,大都会经历这四个阶段,但各个阶段时间长短有所不同,或在某个阶段的表现并不特别明显。

第一阶段:疏远异性的性反感期。青少年在成长过程中,伴随着自己身上的生理变化以及发现了人类性生理的一些奥秘,会对性产生不安、害羞和反感,于是对异性采取回避、冷淡甚至是粗暴的态度。

第二阶段:青春初期的“牛犊恋期”。这一时期里,青少年会像小牛恋母似地倾慕于所向往的年长异性的一举一动,他们对异性的爱慕从比自己年长的异性开始。也有些男孩和女孩开始感受到异性的吸引力,开始打扮自己,以博得异性的关注。

第三阶段:接近异性的狂热期。这一时期的青少年开始关注和自己年龄相近的异性,在各种集体活动中设法引起异性对自己的注意,尽量创造出机会与自己钟意的异性接近。但由于心理发展的不成熟,对很多事件的处理理想化,或者由于以自我为中心的意识太强,容易导致各种冲突,从而引发情绪、人际交往等问题,接近的异性也容易发生变换。

第四阶段:青春后期的浪漫恋爱期。这时的青春发育已达成年阶段,他们把对异性向往的感情稳定地寄予自己钟情的一位异性身上,彼此常在一起,情投意合,在工作、学习中互相帮助,生活中互相照顾体贴,憧憬婚后的美满生活,并开始为组织未来的家庭做准备工作。这时的青年对周围环境的注意减少。女青年常充满浪漫的幻想,向往被爱,变得多愁善感;男青年则有强烈爱别人、保护别人的愿望,从中得到独立感的满足,体验到男子汉的感觉,他们的心情往往较兴奋。但这时的感情基本还处于不稳定阶段。

青少年是祖国的希望,他们的健康、智慧与人格力量,决定着国家和民族的未来。学校教育需要适时适度地指导青少年学生正确对待身体、心理的变化,有效避免由此所引发的种种生理、心理的困惑以及对学习和生活造成的不良影响;学校需要指导青少年养成良好的卫生习惯,提高生殖健康水平,增强自我保护意识,快乐、平稳地度过生命成长的这一个重要阶段。

二、学情分析

中小学生迫切需要青春健康教育的正确指导,但要注意把握度,做到适宜、适当、适时,必须符合学生的实际需求。

(一)小学阶段

小学低年级的学生,已有"男女有别"的基本意识,知道男生和女生在外貌、穿着等方面存在差别,能够了解自己的性别,建立起基本的性别意识。然而,他们对与自身性别相关的知识依然是既好奇又迷茫。例如,自己是怎么来的?自己为什么是男生或女生?面对这样的问题,很多父母不知如何应对,常常采用回避或掩饰的方式,并没有解答孩子心中的疑问。其实我们在教育实践中发现,学生年龄越小,面对性的态度反而越坦然。

小学高年级的学生,进入了青春前期,性别意识进一步增强,会对与自身发育和性有关的知识有更多疑惑,对青春健康方面的话题产生很大的兴趣,并通过同伴交流、网络、书籍等方式开始主动探索。在这一过程中,学生可能会以不恰当的方式获得不科学、不健康的知识。另外,通常女生的发育要比男生早两年,一些女生在小学四五年级即进入了青春期,需要我们特别关注。

教育要走在问题的前面。为了避免学生由于无知或者错误的知识对自身和他人造成伤害,青春健康教育不能等到青春期才进行,需要提早让学生们掌握科学健康的知识和观念。

(二)初中阶段

初中阶段的学生正面临青春期生理和心理的剧烈变化,由于性激素大量分泌的刺激,他们对"性"的兴趣正呈现爆发增长的势头,与"性"有关的困惑也在增加。

1. 渴望了解性知识

随着青春发育期的到来,少男少女在生理上发生了明显的变化。对自己和异性身上发生的变化,孩子们都很想了解是怎么回事,因而产生了对性知识的渴求和兴趣。他们渴望解释一些令人新奇的生理感受,渴望明白自己某些新的生理需求产生的原因和满足的方式。因此,他们会用各种方法和通过各种途径去探索和获取性知识,这是青少年性生理发育的必然结果。

2. 向往异性交往

此时的学生对异性充满好奇心和神秘感,渴望互相接近,希望在异性面前表现出色,展示自己的才华和魅力,以吸引和获取异性的好感。在与异性的接触和交往中,会从开始的羞涩到大胆交往,这是一种生理和心理需求的混合,是一种自发而朴素的感情。少男少女之间会产生"一见钟情"的"爱",这种两性间以自然吸引为基础而产生的情感,是性爱心理发展的原始阶段,是一种朦胧的对异性的眷恋和向往。

3. 出现性幻想

处于青春期的孩子,常会想入非非,把曾在影视、书刊等媒体中看到过的性爱镜头或故事,通过大脑的重新剪辑移植到自己的身上,或用丰富的想象力,虚构出与自己爱慕的异性交往的情境,从而满足自己的性欲望。这种带有性爱色彩的梦幻心理称为性幻想(有时也称之为性爱的白日梦)。性幻想在初中生中普遍存在,只是有的想得多一点,时间长一点;有的想得少一点,时间短一点。通常情况下,女孩比男孩要多一些。他们有性爱的主观愿望,而无性爱的客观可能,因而就容易产生性幻想,以梦幻取代现实。

4. 心理"断乳",渴望独立

进入青春发育期的孩子自我意识逐步形成。他们开始具有独立意识、成人感意识,自尊心增强,想离开父母的保护,以求得个人的自立。他们遇事希望自己拿主意,自己作决定,最不喜欢他人把自己当小孩子看待,渴望得到人格的尊重和行为的独立。他们常常会有许多自己的小秘密、自己的隐私,并且只有对信赖的人才会敞开心扉。

(三) 高中阶段

作为青年初期的高中生,正处在从幼稚的儿童期向成熟的青年期过渡的时期。在这一时期,他们渴望成熟、趋于成熟,努力以成人的方式去应对成长中的困惑。

据上海市教科院研究项目"青春期两性情感话题的实践与研究"近期公布的最新调查数据:对青春早恋问题,66.4%的高中生会选择"相互了解后再作决定";71.6%的高中生认为只有"自己喜欢才接受表白";高中生恋爱时会与对方有亲密行为,有40%的高中生有过牵手、拥抱和亲吻经历,有"性交行为"的比例不高;高中生的性道德和法制观念还很淡薄,缺乏必要的性行为约束能力,78%的高中生希望得到青春期两性交往的心理咨询,36%的学生希望学习避孕的知识与方法。可见,现代高中生谈起"性"和"爱情"的话题已不感到尴尬,并迫切希望得到这方面的帮助和指导。

随着高中生性生理的成熟,性心理的发展,性意识的增强,青春两性已经成为他们生活中备受关注的话题,主要定位在"异性交往"上。他们情感丰富、易对异性产生爱慕心理,也会发展为青春期恋爱。虽然他们的身体逐渐达到成人标准,生理发展迅速走向成熟,但心理的发展却相对落后,在理智、情感、道德和社交等方面还未达到成熟的指标,还处在人格形成的过程中,面临很多困惑。

由于性成熟后性激素水平的迅速升高,生理发育正常的高中生,到了这一年龄后会产生性欲,即对性感兴趣,包括喜欢读言情小说,看有两性关系的影视剧,做有性内容的梦。性欲强烈的还伴有手淫现象,这些其实都是很自然的事,但要引导他们正确地对待和处理。既不能把性欲望和性冲动看作是思想不健康和低级下流的事,从而不断地自责或产生内疚感;也不能让欲望控制自己,突破性道德和性文明的约束,使自己或他人的身心受到伤害。

三、目标与内容

青春健康教育是学校心理健康教育必不可少的重要内容。国家教育部颁发的《中小学心理健康教育指导纲要(2012年修订)》中,将青春期教育作为各个学段的主要内容,并根据不同学段的实际情况和特点，分别提出了具体的目标和任务。

（一）中小学阶段青春健康教育的教学目标

青春健康教育不仅是性生理与性心理知识的传授，更是性道德的教育与培养，其教育目标是要让青少年做到道德规范、感情升华、行为自制。

三个学段青春健康教育的具体教学目标如下表：

学段 目标	小学	初中	高中
性生理	有性别意识，懂得男孩女孩的区别；初步了解生命的诞生。	了解青春期生理变化与发育特点；学习青春形象的塑造；了解并学习性生理保健的知识与方法。	了解生命的诞生与人生历程，懂得生殖过程与避孕；学习青春美的塑造与健康保健方法。
性心理	了解男孩女孩的优势与特点，喜欢自己的性别，学习恰当的异性交往。	了解青春期性心理变化特点，悦纳性别，培养正确的审美价值观；正确对待两性交往的性心理表现，恰当对待青春期朦胧情感，了解性心理自我调节与保健的基本方法。	了解性别角色的互补与优化；正确认识异性交往，知道友情、亲情与爱情的不同；正确认识爱情，学习妥善处理两性关系。
自我保护与性道德培养	知道自己身体的小秘密，有自我保护意识，学习自我保护的方法与技能。	懂得异性交往原则，学习健康的异性交往方法；了解性骚扰与性侵害，增强自我保护的意识，并学习自我保护的方法；了解艾滋病和其他性传播疾病的传播与预防，有自我保护意识。	了解性行为应承担的义务和责任；懂得正确的恋爱婚姻观与家庭责任；了解艾滋病和其他性传播疾病的传播与预防，培养健康的生活方式；懂得防范性骚扰与性侵害，并掌握自我保护的方法。

（二）中小学阶段青春健康教育的教学内容

1. 小学阶段

（1）生命的足迹

通过植物动物现象，了解“我从哪里来”，初步知道人类新生命的诞生；“我像谁”，让孩子知道自己是父母生命的延续（生命的神奇与宝贵），激发珍惜生命和对父母的感恩之情。

（2）性别密码

通过游戏，了解男孩女孩体貌上的不同之处，了解男孩女孩不同的性格特点与各自的优势；培养我是男孩我喜欢（我是女孩我喜欢）的意识。

（3）身体红绿灯

初步了解自己的身体，懂得男女有别，知道身体上的小秘密，要自我保护；设计“怪叔叔”等活动，帮助学生学习识别可疑的人（陌生人或熟悉的人），掌握自我保护的关键点，初步建立性别保护意识。

（4）神秘园

了解准青春期男女身心的不同变化，解决准青春期的一些困惑和烦恼，为即将到来的青春发育作准备。

2. 初中阶段

（1）并不神秘的青春期

了解进入青春期后男生女生的变化，确立健康的性别观念，塑造良好的性别角色；“魔法荷尔蒙”“青春美丽列车”等话题可引导学生正确面对青春期的生理变化，应对体相烦恼，并能在悦纳自己性别的基础上，突破性别刻板印象的束缚，更全面地发展自己的个性。

（2）男生、女生，谁该羡慕谁

通过游戏活动，引导学生喜欢自己的性别，也欣赏异性的性别，悦纳自己的性别，并学习欣赏异性，从而促进男女学生和谐相处，让学生明白无论男女，每个人的尊严和价值是平等的。

（3）静心听花开

指导学生理解青春期的性心理发展所带来的男生女生的交往变化，学习男生女生相处之道，恰当对待青春期懵懂的情感，把握青春友谊；讨论在初中阶段建立异性交往的过密关系可能带来的影响，树立健康慎重的异性交往观，鼓励自然、广泛的异性交往。

（4）好奇进行曲

引导学生面对、接纳自己和同伴对性的好奇心理，同时探讨合适的满足性好奇的方式和途径，给学生传递健康的面对“性”的态度，让学生明白性是自然而私密的，对性产生好奇是正常的，但探索性知识的途径需顾及对他人和自己的影响。

（5）青春保护伞

通过案例分析与情境创设，引导学生辨别生活中可能会发生的性骚扰，包括陌生人或熟悉的人，尤其是校园情境中的同伴性骚扰，希望能引起学生的自我觉察，并学习拒绝性骚扰的方法；同时还要引导学生注意自己平时言语行为，尊重异性。

（6）青春红丝带

帮助初中学生了解艾滋病对于人类的威胁与开展预防艾滋病工作的必要性；掌握相关艾滋病的常识，包括什么是艾滋病，艾滋病的传播途径等；感悟预防艾滋病是全社会的职责等。

3. 高中阶段

（1）生命的诞生

了解有关妊娠与生育的知识，领略生命的神秘性、伟大性和纯真性，增强珍爱生命以及感恩父母的意识。

（2）“女”+“子”=好

引导学生深入认识性别角色，以及性别角色的互补和优化，引导高中生吸取两性的优势，培养更适应社会发展的双性化性格，使男女性别角色达到互补与优化。

（3）爱的盛宴

对学生感兴趣并存在困惑的关于爱情的话题进行讨论，认识爱情的本质与需要的条件和准备，指导高中生确立正确的爱情观。“如果爱……”“真爱需要等待”等都是很好的话题和切入点，让处在异性交往茫然期的高中生有冷静、理智的思考，客观认识爱情，明白爱情需要有面对爱情挫折的承受力，明白爱无法通过性来检验或证明，理解现实生活中高中生的恋爱是青涩、懵懂的，也是复杂的。

（4）情感课堂

学习异性交往的方法与原则。引导高中学生讨论面对异性交往而产生的莫名的迷惘、困惑、忧愁和烦恼，引导学习与异性和睦相处，建立健康的异性交往观。

（5）毛毛虫的等待

通过课内学生自我小调查，帮助学生了解自己在未成年人性行为问题上的观念与态度；通过《长大未成人》等视频材料的观看与分析讨论，让学生明白未成年人性行为可能产生的后果。明白每一人都要对自己的行为负责，学习选择负责任的行为。

（6）珍爱生命，自我保护

了解性骚扰和性侵害的形式，学习自我保护的方法，并知道遭遇性侵害后的处置方式；知道性病的危害与预防性病的方法；了解艾滋病的症状表现、危害、流行形势、传播途径以及与青少年的关系，使学生知道“正确地、一贯地使用安全套”是预防艾滋病病毒感染比较安全有效的方法。

第二节　教 案 分 享

▶▶小学阶段

身体红绿灯

侯萍　上海理工大学附属小学

【教学目标】

1. 了解身体保护的基本准则，知道身体的隐私部位是不能让人随意触碰的。
2. 学会依据自己的感受，判断不同的情况，增强自我保护意识。
3. 懂得尊重他人也是尊重自己，人与人相处，应该互相尊重。

【教学对象】

小学三、四年级学生。

【课前准备】

1. 全班围坐成多个小组，每组4~5人。
2. 按照班级人数准备代表“红黄绿灯”的牌子和任务单“你会亮几盏灯”。
3. 每组准备一张男孩和女孩的身体图。

【教学过程】

1. 游戏：找朋友

游戏规则：边唱边跳找到自己的好朋友，听老师的口令和好朋友一起做动作。

（媒体出示）音乐响起，教师说：

握握手，勾勾肩，抱一抱！

顶顶头,碰碰鼻,拉拉手!

摸摸头,贴贴脸,抱一抱!

教师提问:当你和好朋友做这些动作时,你有什么感受?

教师小结:和好友、亲人做亲密的动作会让我们感到愉悦。

2. 活动:身体红绿灯

过渡:但有时身体的接触会让我们感到不快,现在就让我们做个身体红绿灯的游戏。

游戏规则:哪些部位他人不能随便触碰的,亮上红灯;哪些部位家人或亲人可以触碰的,亮上绿灯。(媒体出示)

小组合作完成活动。

教师提问:先来看看男孩图。这里为什么亮红灯? 这是男孩的隐私部位,那女孩呢?

学生交流分享。

媒体出示:男孩女孩泳衣图。

教师小结:平时我们穿泳衣遮住的地方就是我们的隐私部位。没有得到本人的许可是不可以随便触摸、随意查看的。但是如果爸爸妈妈带我们去医院做检查,那么应该积极配合医生,这样我们的身体会变得更健康。

3. 活动:亮红黄绿灯

(1) 出示图片:夏天时,男生掀起女生的裙子。

教师提问:如果你是图上的女孩,遇到这样的事情,会有怎样的感受? 学生交流。

(2) 教师小结:老师这里也有几件事,如果你遇上了,会有什么样的感受? 请根据你的感受,来判断一下。如果你觉得可以接受,请亮绿灯(举起绿色牌),不能接受亮红灯(举起红色牌),看情况而定的亮黄灯(举起黄色牌)。

逐条出示图片:

① 妈妈亲吻宝贝,和他说“晚安”。

② 体育课上玩打野鸭游戏时,男生不小心碰到了女生的胸部。

③ 医生让小朋友解开扣子,检查身体。

④ 老师走过来摸摸学生的头。

⑤ 男生拿出一张女性裸体的照片给同学看。

学生举牌亮灯。

教师随机询问:你为什么要亮红灯(或绿灯或黄灯)?

(3) 出示图片:轿车旁边,一个阿姨热情地邀请小男孩进去,男孩摇头。

创设情境:教师饰演车上的阿姨,邀请一位小朋友上车,看学生的反应,再进行适当的追问。

教师小结:当别人的行为让你感到难受,不能接受时,就应该表示不同意或拒绝。

4. 活动:你会亮几盏灯

游戏规则:亲密动作让你感到有点不舒服,你可以亮一盏红灯;以此类推,让你很不舒服,可以亮5盏红灯;舒服的话,不需要亮灯。

学生完成任务单“你会亮几盏灯”。

游戏规则:我们可以用微笑表示你没有亮灯;拍一下桌子表示亮了一盏灯;以此类推,拍

5下桌子表示亮了5盏灯。

教师逐条出示任务单上的事件,学生交流分享。

教师随机询问:为什么亮5盏灯? 你有什么样的感受?

教师小结:不管是谁,只要他的行为让你感到不舒服、不安全,你都要提高警惕。

5. 练习:学会说"不"

媒体出示图片:一个叔叔亲吻一位小女孩的脸颊,小女孩别过头。

教师提问:面对这样的事情,我们该怎么办?

学生交流。

教师小结:最好的办法就是逃离,而且要用坚决的态度对他说:"不,不要碰我!"今天我们就要来学习说"不"。

教师提问:如果我就是这位侵犯你的叔叔,你会怎样说?

指导学生说"不",要求做到:表情严肃、态度坚决。

学生练习:个别说、小组说、全班齐说。

【教学建议】

1. 在本节课的教学中,要创设轻松平等的课堂氛围,让学生畅所欲言,特别是"亮红黄绿灯"和"你会亮几盏灯"这两个环节的活动,没有统一的答案。对于同一件事,每个学生的感受和想法可能不一样,要鼓励孩子们说出自己的真实感受和想法。

2. 教师在尊重每个学生感受的同时,也要教会学生"视情况而定",不可一概而论,这样才能既真正地保护自己,又不影响到与人正常相处。例如,涉及同伴相处、师生相处、亲人相处的讨论话题,教师要特别注意把握适度的原则,要引导学生弹性地处理这些问题。

3. 学生在课堂上讨论这些问题时,难免会出现看法不一致的情况,甚至可能出现争论,这时教师不要轻易下结论,应该把问题抛给其他同学,让学生们在讨论中感悟其中的道理。

【附件】

<table>
<tr><td colspan="2">你会亮几盏灯?
下面这些事情带给你什么感受?
如果你感到不舒服,请按不同程度画出不同数量的红灯。</td></tr>
<tr><td>1. 公交车上,有一个男人站得离苗苗很近,他的身体马上就要贴到她了。
○○○○○</td><td>2. 晚上,小荣拉开窗帘,不小心看到对面楼里有人正在换衣服。
○○○○○</td></tr>
<tr><td>3. 小新在图书馆看书,一个男生在她旁边坐下来,要和她一起看书。
○○○○○</td><td>4. 走在马路上,一位不认识的叔叔忽然拉住佳佳的手,佳佳喊:"叔叔,不要!"
○○○○○</td></tr>
<tr><td>5. 二伯父来文文家里做客,他搂着文文坐在沙发上,脸上露出怪怪的表情。
○○○○○</td><td>6. 学校里,男生跑过来拉住小意的书包,就是不放手。
○○○○○</td></tr>
</table>

初中阶段

好奇进行曲

朱雅勤　上海市时代中学

【教学目标】

1. 理解、接纳青春期萌发的对性的好奇和关注。

2. 了解获取性知识的正确渠道和需要遵守的道德准则。

【教学对象】

初一年级学生。

【课前准备】

1. 课前调查:关于青春期发育的困惑。

2. 海报纸、记号笔。

3. 红绿灯卡片。

4. 图画书《我从哪里来》。

【教学过程】

1. 活动导入:天生好奇心

(1) 欣赏漫画《我从哪里来》。

(2) 学生分享:你有没有问过爸爸妈妈“我从哪里来”这个问题? 他们是怎么回答的?

(3) 观看图画书《我从哪里来》。

解说:首先我有相爱的爸爸妈妈,一起进入了婚姻的殿堂。爸爸妈妈相亲相爱,过着甜蜜的生活。已经度过了青春期的成年人爸爸的身体是这样的,妈妈的身体是那样的。当爸爸和妈妈的身体亲密接触时,爸爸会将精子送给妈妈,然后在妈妈的身体里,精子和卵子结合,形成了最初的我。受精卵不断分裂和成长,慢慢长成婴儿的模样。所有这一切都在妈妈温暖的子宫里完成的。大约 40 个星期后,我觉得我可以出来了,于是我出发了。经过医生的帮助,我来到了这个世界,成为了幸福家庭中的一员。

(4) 教师点评

父母对这个问题感到羞涩和回避,是由于这个问题和“性”有关系。性在我们的生活中是非常私密、非常严肃的事情。但是同时,我们每个人的出生都与“性”有关系,性是很正常、很自然的,对性产生好奇也是很正常、很自然的。

2. 讨论分享:好奇现在时

(1) 呈现学生调查的部分结果

◎ 我还没有来月经,需要去看医生吗?

◎ 乳房发育不对称,有问题吗?

◎ 什么是手淫? 正常吗?

◎ 阴茎的发育怎样才正常?

……

(2) 头脑风暴:了解性知识的途径

① 分组讨论:大家可能会采取哪些方式去了解和性有关的知识?(提醒学生把小组想

到的所有方式都记录下来,不管这种方法你们是否赞成。想到的方法越多越好。)

② 讨论结束后,请小组代表把海报纸贴到黑板上。

③ 教师归纳,呈现出学生想到的不同的探索方式。

(3) 案例讨论:这样的探索方式合适吗?

① 案例呈现:有一位男生,他不清楚目前自己的发育是不是正常的。他采取的方法是偷偷观察他人上厕所。

② 教师提问:他采取了怎样一种方法?(偷窥)这种方法你认为是否合适呢?原因是什么?

③ 教师点评:判断某种探索行为是否合适的标准,即会不会给自己带来困扰,会不会对他人带来伤害。(偷窥可能会给自己与他人增加困扰,自己看到的未必就是科学的答案,若让人发现会很难堪,会让他人觉得不舒服等。)

3. 价值澄清:你会推荐这种探索方式吗?

(1) 亮出观点:如果你觉得这种办法很好、可行,可以推荐给大家,就亮"绿灯";如果你不赞成这种办法,或者认为这种办法行不通,就亮红灯;如果你认为还需要看情况而定,就亮黄灯。

(2) 针对头脑风暴归纳的结果,逐条提问:你会推荐他使用的这种方法吗?

(3) 根据学生的回答,为探索方式贴上"红灯""黄灯""绿灯"。

教师需要澄清:由于"性"涉及人的隐私和尊严,所以在探索的过程中,我们需要甄别内容、注意场合,这样才不会给自己带来困扰和压力,给他人带来骚扰或伤害!此环节重点澄清的探索方式为:

① 看书(杂志、广播、电视等公共媒体):看什么书都合适吗?看色情书籍,合适吗?原因?(我们要学会选择适合我们年龄的、科学的内容。)

② 上网:上含有色情信息的网站会带来什么问题?(问题:病毒、虚假信息。我们要有控制力来抵制诱惑,选择合适的内容。)

③ 讨论(和父母、亲戚、同学):在任何场合讨论都合适吗?和任何人都可以谈论吗?(性涉及隐私,不恰当的讨论、议论会构成性骚扰;与之讨论的对象必须愿意讨论,而且更适合在私下里讨论。即我们要选择合适的场合和对象。)

④ 行动(观察、触碰):对方愿意吗?(对方不愿意的目光、身体接触构成性骚扰。我们要选择合适的方式。)

4. 活动总结

"性",是我们成长过程中不可回避的乐章,也是最让我们好奇和关注的成长内容之一。有好奇,就会有探索。在探索过程中,我们需要保护自己,更需要尊重他人。正所谓:君子好奇,探索有道!

【教学建议】

1. 本课主要讲解性道德与性价值观,即指导学生如何处理对于性的好奇与探索,教师要强调性知识的获取需在保护自己、尊重他人的基础上进行。希望培养学生对色情品的自觉抵制能力,并减少青少年因为性好奇而产生的性骚扰、性侵犯。

2. 本课主要挑战来自学生生成性的探索方式,教师须对此保持开放的态度,并尽可能做好预设并坦然面对与引导。

3. 关于对色情品的态度:色情品是成年人的娱乐品,是关于隐私的;许多内容是夸张的、虚假的、错误的,不是真实的生活,因此,不能成为正确的性知识的来源。未成年人对色情品应该做到“不传不看不模仿”。看色情品,会增加自己的困扰;传播色情品或模仿其中情节,会违法犯罪。

4. 本节课主要探讨性探索的方式,因此针对学生课前调查反映的具体的对性的好奇与困惑,可以另辟课堂或者以讲座的形式,进行集中性的反馈。

5. 推荐教学资源:科学的青少年性教育读物与青少年性教育网站。

花开的声音

朱雅勤 上海市时代中学

【教学目标】

1. 明白初中阶段对异性同学产生朦胧的好感是自然的,接纳青春期的情感变化。

2. 学习应对青春期异性交往过程中的问题,并在交往中促进自身个性的完善和提升人际交往的能力。

【教学对象】

初中学生。

【课前准备】

1. 与学生建立关系:头脑风暴的规则说明,选好组长、记录员和汇报人。

2. 海报纸和记号笔。

3. 情境讨论任务单。

4. 抽签分六组,每组6名学生,男女生分开坐。

5. 五角星若干。

6.《非常青春非常自信》教学片、《陆绮和王鹏的故事》视频。

【教学过程】

1. 热身:无声的见面礼

(1) 让我们用身体姿势来意会你和你身边TA的见面礼仪

◎ 双手抱头——点点头

◎ 双掌相击——击个掌

◎ 双臂交叉——抱一下

要求:如果你觉得没问题,就照做;如果你觉得为难,可以摇头表示拒绝。起立面对面进行,正式且礼貌。至少和6位同学互致问候,本组3位,隔壁异性组3位。

(2) 教师提问:互致问候的过程当中有什么特别的感受和发现吗?

(3) 教师点评:性别影响着我们的见面礼,女生之间、男生之间或者男生女生之间互相问候的感觉,似乎有些不大一样。这是怎样的感觉呢?

(4) 课题引入:是的,在男生女生相处的过程中,有时候会感觉有些微妙。今天,就想和大家一起来讨论男生女生的相处,让我们一起来用心聆听花开的声音。

2. 感受青春

(1) 播放视频《陆绮和王鹏的故事》

故事梗概:陆绮是一个多才多艺的女生,王鹏是一个聪明帅气的男生。两人在戏剧社相识,从一起排练节目到结伴上学放学、互相讨论问题,相处得很愉快。

(2) 教师提问:

◎ 你看到了什么?

◎ 作为旁观者,你有什么感受?

◎ 接下来会发生什么?

(3) 教师点评:的确,青春的萌动是正常和自然的,有时候我们会对某位同学产生朦胧的好感,有时候某人似乎对我们关注特别多,有时候会遇到旁人的起哄,有时候也会遇到自己不确定该怎么做的茫然无措。这样的故事你或者你的身边有发生吗?你会有怎样的感觉?如果这样的事就在你身上发生,你会怎样处理?

3. 应对青春

(1) 每两组(男、女生各一组)抽取一个情境,分组头脑风暴。

(2) 情境讨论(任务单见附件)

◎ 如果你发现有一位异性同学向你示好,怎么办?

◎ 如果同学们总是起哄你和某某某是一对儿,怎么办?

◎ 如果你发现自己特别关注某一位异性同学,怎么办?

(3) 分组活动规则

第一步:头脑风暴,想出的主意越多越好,每个人都发言,但不要否定他人的主意。

第二步:甄选方案,挑选你比较赞同的做法进行投票(贴五角星),每人可以选两条,小组选出得票数最多的三个。

第三步:全班交流。

每个组首先交流得票最多的三项,以及大家都不赞成的若干项(各组补充)。

持不同意见的同学展开讨论,倾听并回答——有什么发现?猜猜他们为什么比较赞成/不赞成这几项?

发言小组代表或者其他人补充自己小组的看法。

(4) 教师点评

① 如果你发现有一位异性同学向你示好,怎么办?

(提问:男生和女生应对的方式不一样吗?你们怎么看这种他喜欢我,我也喜欢他?拒绝需要注意什么?)

——照顾他人的感受。

② 如果同学们总是起哄你和某某某是一对儿,怎么办?

(提问:起哄的原因可能会是什么?)

——注意场合举止分寸。

③ 如果你发现自己特别关注某一位异性同学,怎么办?

(提问:你们喜欢的同学有过变化吗?故事《那些年我们一起追的女孩》)

——关注自身的成长。

4. 面对青春情感

继续看《陆绮和王鹏的故事》。回到故事的最初,如果陆绮和王鹏想要维护这种单纯和美好的感觉,你会给他们怎样的建议呢?

教师点评:初中阶段的异性交往以集体交往为宜;自然、适度、独立、尊重的准则,普适于人际交往,无论是同性之间还是异性之间。

5. 活动总结

每个人都会经历青春萌动的花季。我们会经历好奇和期待,感受欣赏和被欣赏的甜蜜,也可能会承受纠结、担心、失望的压力。在这个过程中,我们需要学习照顾他人的感受,注意交往的场合以及举止的分寸,更要记得,个人的成长才是联系青春和未来最重要的枝干。让我们用心呵护青春的花朵,把芬芳留给最美的年华。

【教学建议】

1. 本教学着眼于青春期的异性交往对学生成长的积极的意义,包括对学生自我成长的积极影响,如发现和塑造自我、人际交往能力的锻炼、尊重和体谅他人等。

2. 在教学过程中,教师可以特别关注男生和女生对事情看法的不同之处,引导学生关注在异性交往中的性别差异问题,同时也引导学生发现和倾听他人的不同观点,学会彼此了解和尊重。

3. 心理课提供平等开放的讨论空间,而不强求正确的观点。教师需要保持价值观的相对中立,以促进信任关系的建立。而使用头脑风暴的方式应用于集体讨论之中,有助于班级舆论的形成。教师需要相信学生的智慧和彼此的影响,但也需要灵活的应变以应对可能出现的讨论偏向。

【附件】

情境讨论任务单(1)

规则:

◎ 组长负责组织,记录员负责记录,发言人负责汇报。

◎ 按顺序轮流说,每个人都要参与,讨论出的方法越多越好。

◎ 其他人要注意倾听,不能打断,可以提问。

情境:

如果你发现有一位异性同学向你示好,怎么办?

1. ______________________________

2. ______________________________

3. ______________________________

4. ______________________________

5. ______________________________

情境讨论任务单(2)

规则:

◎ 组长负责组织,记录员负责记录,发言人负责汇报。

◎ 按顺序轮流说,每个人都要参与,讨论出的方法越多越好。

◎ 其他人要注意倾听,不能打断,可以提问。

情境:

如果同学们总是起哄你和某某某是一对儿,怎么办?

1. ______

2. ______

3. ______

4. ______

5. ______

情境讨论任务单(3)

规则:

◎ 组长负责组织,记录员负责记录,发言人负责汇报。

◎ 按顺序轮流说,每个人都要参与,讨论出的方法越多越好。

◎ 其他人要注意倾听,不能打断,可以提问。

情境:

如果你发现自己特别关注某一位异性同学,怎么办?

1. ______

2. ______

3. ______

4. ______

5. ______

高中阶段

爱,你准备好了吗

徐琳　上海市洋泾中学

【教学目标】

1. 了解爱情的本质和组成要素。
2. 澄清学生在爱情选择中所面临的困惑和挑战。
3. 帮助学生作出负责任的爱的决定。

【教学对象】

高中学生。

【课前准备】

1. 学生分组,6~8 人一组为宜。
2. 大白纸、彩笔,每组一份。

【教学过程】

导入语:今天,我们一起来探讨青春期最感兴趣的一个话题——爱情。不管,你是已经初尝爱的滋味,还是没有任何的经验,大家一起来讨论。当我们打开爱情之门时,先来探讨爱情的真谛和组成要素,将帮助我们更好地去面对爱情之路上所要面对的种种困惑和挑战。

1. 活动导入:什么是爱情

(1) 小组活动:爱情的重要元素

教师组织学生在大白纸上画"爱情树",用简洁的词语概述爱情的重要组成元素。

(2) 小组作品展示与交流。

(3) 教师点评

教师结合美国心理学家罗伯特·斯腾伯格著名的爱情三角理论,帮助学生认识到亲密(情感层面)、激情(生理层面)和责任(理性层面)是构成爱情的三大要素。

2. 活动深入:关于爱的选择

(1) 动漫欣赏:《失落的一角遇见大圆满》。(见附件)

(2) 讨论分享:对动漫作品的疑惑和感悟。

(3) 教师点评

教师结合学生和网友的感悟,启发学生思考在爱情之路上可能要面临的困惑和挑战,帮助学生进一步理解"爱情"的真正内涵,认识到自我成长的力量和爱的质量之间的关系。

3. 活动拓展:关于爱的决定

(1) 爱的决定

教师呈现真实的高中学生爱情故事案例,请学生预测他们情感故事的发展结局,教师揭晓真实故事的结局。(教师可以围绕爱的四大能力,自主设计学生案例,供学生交流分享。)

(2) 教师点评

爱需要培养四大能力:第一,人格稳定;第二,心理独立;第三,体察他人的感受;第四,尊重和关怀。

4. 活动总结

让我们精心去浇灌那棵爱情的小树,使它变得更加高大更加强壮,才能抵御风风雨雨。不是每个人天生就会爱,因此,每一个准备步入爱情殿堂的人,都需要认真地问自己:"我准备好了吗?"

【教学建议】

1. 活动导入中关于爱情本质和组成要素的讨论,引用的是斯腾伯格的爱情三角理论。心理学家对于爱情的本质研究有很多不同的学说,所以教师不用完全拘泥于此,但是特别要强调爱情中责任这一重要元素。因为不少高中生在恋爱初期,往往只注重追求外在的形式,如送礼物、发求爱信等,而忽略了爱情是需要相爱的双方以无私奉献和高度的责任感去培养的,只有担负起爱的责任,才能既提高自己,又能帮助对方提高,那才算爱得深沉。

2. 活动深入环节采用了美国漫画家谢尔的作品《失落的一角遇见大圆满》。通过观看这个作品,帮助高中生了解爱情路上可能会碰到的种种挑战和诱惑,帮助他们更好地学会独立的生活和成长。由于学生的生活阅历和思维深度差异较大,该作品有部分学生反映看不懂,只有一些思想比较成熟的学生能谈出自己的见解。因此,建议此活动根据学生实际情况选择性使用。

3. 活动拓展环节结合学生的实例帮助高中生培养自身爱的能力,自觉延迟恋爱的进程。实例的内容教师可结合本地本校学生的情况,采用发生在学生身边真实的故事,但要注意对故事做一些处理,避免学生对号入座与不必要的伤害。通过实例讨论,引导爱的四个方面的能力:一是人格稳定,二是心理独立,三是体察他人的感受,四是尊重和关怀。由于高中生尚缺乏成熟的爱与被爱的能力,有些同学把爱情看得很简单,男女同学之间往往把对对方的好感急于发展为爱情,并模仿成年男女谈情说爱,结果把真挚而高尚的情感给破坏了。因此,如何让高中生提升爱与被爱的能力,在异性交往实践中培养学生健康高尚的爱情观,需要教师有较高的教学艺术。

【附件】

《失落的一角遇见大圆满》简介

失落的一角彷徨地停在一旁,等待有谁路过将它带走。它遇到的人也不少,有一看就知道不相宜的、不懂配合的、自私的、很多缺陷的、像恶狼般吞噬很多人的、精挑细选的或胆小的,总之无论谁来到都可以试一试,结果当然是失落的人更失落。好不容易等到了。“终于出现了,一个正好合适的”它们组成了一个完整的圆,可以自由的滚动。可是“意外地,失落的一角开始长大,越来越大”,缺了一角的圆说:“我不知道你会长大”。那一角说:“我也没想到会这样。”于是,缺了一角的圆离开了,去寻找它那失落的一角,不会长大的一角。于是,失落的一角又孤单了,它又踏上了寻找的路途。后来有一天,它遇到了大圆满,也就是一个完整的圆。它很遗憾,本来希望能和大圆满一起滚动的。不过大圆满却说失落的一角或许可以自己滚动。“我自己? 失落的一角不能靠自己滚动的。”那一角说。“你试过吗?”大圆满问。“可是我有棱有角,”失落的一角说,“我的形状注定我滚动不了。”“棱角可以磨掉,”大圆满说,“形状也会改变。不管怎样,我必须说再见了。或许我们将来会再见面……”说完,它走了。失落的一角又独自一人了。好长一段时间,它就这样待着。后来,慢慢的,它靠自己站了起来,重重倒下,再起来,前倾,再倒下……它开始向前挪动,不久,它的尖角开始磨掉,它的形状开始变化,它不再重重倒下,而是开始颠簸前行,然后一蹦一蹦,最后开始自由滚动。书的最后写到:“它不知道自己身处何方,它不在意。一直向前。”

理“性”青春

谢晓敏　上海市中光高级中学

【教学目标】

1. 引导学生了解婚前性行为对青少年身心健康发展的危害。

2. 增强自我尊重和自我保护的意识,学会拒绝婚前性行为。

【教学对象】

高中学生。

【课前准备】

1. 学生分组,6~8 人一组为宜。

2. 学习单:“真爱立约卡”。

【教学过程】

1. 活动导入:关于“性”的联想

(1) 讨论分享:看到“性”,你联想到了什么?

（2） 教师点评

“性”是个体在生命发展过程中必须迎接的一个成长话题，科学、理性地接受这一成长的任务，是对自己和他人人生的负责。

2. 活动深入：爱与伤害

案例：班上有一位女生生病请假，反复推脱不让老师和同学探望她，大家都觉得很纳闷。后来才知道这位女同学因为怀孕而做了流产，而她的男朋友也是一名中学生。

（1） 讨论分享：婚前性行为对青少年身心健康的影响。

（2） 教师点评

非理性的性行为会给人带来伤害，尤其是对于正处在生理发育和心理成长关键期的青少年。（见附件1）

3. 活动拓展：理“性”青春

（1） 讨论分享：如何拒绝婚前性行为？

（2） 教师点评

面对婚前性行为的要求，每一个人都要勇敢地说“不”。

说“不”的“113”技巧：

一个意识——时刻有保护自己的意识；

一个信念——献身不等于爱，对方也不会因为你的献身而更爱你；

三个要素——态度要明确、语气要坚决、理由要充分。（见附件2）

（3） 珍“爱”行动

① 美国“银戒计划”的诞生（见附件3）。

② 真爱立约卡（见附件4）。

发放“真爱立约卡”，鼓励学生签约，可以找好朋友为自己做见证人。

4. 活动总结

爱是一种责任，但不自愿的性行为是一种极不负责的行为。“性爱”是圣洁而庄严的，这就意味着你要耐心地等待和具有一定的克制力。当你说“不”时，是因为你爱你自己，所以要明确表达自己不想要的立场。

【教学建议】

青春期性教育的指导是一个循序渐进的过程，《理“性”青春》一课的教学效果，取决于以下三个方面：

1. 关于“性”的联想环节：学生联想到的内容可能涉及性生理、性心理、性行为、性道德、性法律等内容，教师需要引导学生了解“性”这个词本身没有褒贬之意，是一个中性词，是每一个人在成长过程中必然面对的问题，就如同吃饭睡觉一样，是一件自然、健康的事情。教师需要创造一个开放、包容的氛围。

2. 对青春期性行为可能造成的危害的理解。教师需要引导学生认识到，处于青春期的少男少女，生理发育尚未成熟，恋爱观和婚姻观尚未形成，处于求学阶段的青少年还需要承受一定的学业压力、人际交往压力，而且缺乏一定的经济能力，因此在面对青春期性行为时，身心健康的发展容易受到危害。

3. 教师对于青春期性行为应持有正确的态度。教师需要引导学生，“性”虽然是爱的表现,但却建立在尊重的基础上,不自愿的性行为是一种极不负责的行为;对不想要的性行为说“不”,是爱护自我的重要方式,是对他人、对自己负责的一种人生态度。

【附件】

1. 婚前性行为对青少年身心健康的影响[2]

(1) 婚前性行为对男孩的危害

① 生殖器官损伤。

青少年身体发育不成熟,生殖器官尚处于生长发育阶段,局部皮肤黏膜娇嫩很容易受到损伤,导致尿频、尿痛、尿急等症状。

② 担心女友怀孕。

少男的性伴侣一般都是同龄少女。一天到晚担心女友怀孕,带来一定的心理压力。

③ 学习成绩下降。

有的男孩发生性关系后,满脑子都是与女友在一起的情形,无心学习,上课老走神,学习成绩一路下滑。

④ 同伴关系紧张。

中学阶段的人际关系,往往具有群体性,一般是三五个同学凑在一起谈天说地、交流学习经验或体会。但与某一异性发生亲密关系后,两个人很容易经常黏在一起,减少了与更多同学接触的机会,同伴关系疏远。

(2) 婚前性行为对女孩的危害

① 带来极大的心理压力。

婚前性行为的发生,少数时候是女方主动提出的,而更多的是男方要求女方迎合,它给女方造成了心理压力,如恐惧、自卑、冲突等。

② 对身体健康造成严重影响。

在不想生育的前提下受孕,其补救措施就是人工流产。对婚前性行为者来讲,人流的不良后果有三:一是不能正常地恢复身体的健康状况,有的女青年为了不让别人知道,做完手术后不休息,严重影响了身体的恢复,甚至导致大出血;二是容易损伤生殖器官、出现意外事故,有的女青年找非正规机构进行手术,使生殖器受到很大损伤,有的甚至付出了生命的代价,也有的遭到品质恶劣的江湖医生的凌辱,身心均受摧残;三是引起许多并发症,医学研究和临床资料表明,人流对女性可造成月经量少、闭经、性冷淡、不孕,再次妊娠易导致流产、子宫内膜异位、生殖器官发炎,甚至引起宫颈癌等后遗症。而对于青春期的少女而言,由于生理发育尚未成熟,死于生育和怀孕并发症的危险概率是25岁以上年轻妇女的十几倍。

③ 使恋爱关系出现不利于女方的发展趋势。

在未发生婚前性行为时,恋爱双方是相互平等、自由选择的关系,可发生之后情况则有所不同:一是双方吸引力比过去逐渐减弱,二是女方再选择机会减少,三是男方对女方的猜疑开始萌生。

2. 拒绝小贴士[2]

拒绝是一种艺术:由于女性从小就被灌输要温柔、顺从的观念,连带对身体的权利也不是那么肯定。这常造成女性在面对情爱时,自主权不足,以为爱他就是奉献自己,就是迁就对方,结果性行为与否往往不是看自己想不想要,而是担心拒绝对方会让自己失去这份爱。

直接且坚决表达“不”的立场，并非是要激怒对方，可以用相对委婉的语气，直接向对方说明原因，如“我还没有心理准备”等。

爱是相互尊重，爱是为对方着想，为对方负责任。你必须很清楚地了解，当你说“不”，是因为你爱你自己。“性”虽然是爱的表现，但不自愿的性行为却是一种极不负责任的侵略行为。如果你的他不能体谅你，不尊重你的理由，他未来也不可能会尊重你。如果他因此离开你，那么说实在的，早一点离开对你反而是一种解脱。

3. 银戒计划[3]

20 世纪 60 年代，美国性革命的主张是性解放、性自由，对性不加任何约束。这一场性革命给西方社会造成了难以解决的身体健康、心理健康问题和社会问题，超过 6500 万的美国人得了性病。20 世纪 50 年代，美国的主要性病有 2 种，到了 20 世纪 90 年代主要性病增加至 25 种。大批少女未婚怀孕、性滥交、吸毒、性病成为美国社会最棘手的青少年问题。面对严酷的社会现实，美国青少年提出了新的口号：守身如玉直到结婚。新一轮“性革命”开始风行美国。

1995 年，一个帮助青少年摆脱美国“性解放”思潮负面影响的组织“约翰客队”正式成立，为了扩大组织影响并且设计更容易被青少年接受的宣传形式，“约翰客队”改名为“银戒计划”：参加者自愿在结婚前不发生性行为，并签下誓约书以示决心，同时在佩戴婚戒的无名指上戴上一枚银戒，直到结婚那天，才会由结婚戒指取代。

“银戒计划”主要面向的对象是初中及高中学生，而且“银戒计划”组织的领导层大多也是年轻人。因此，它了解青少年需要什么。“银戒计划”为不同年龄段的青少年设计不同的聚会节目，有摇滚乐音乐会、幽默故事会、公开演讲会、视听音响会等，并通过这些活动将节欲的好处、如何正确处理两性关系等知识与观念传递给青少年。

此外，“银戒计划”认为父母是帮助孩子坚持“守贞”誓言的关键，因此，专门安排父母与青少年一起参加聚会活动。该组织还与一些有关团体联合，专门对如何帮助青少年树立正确两性观念开设讲座，邀请父母参加。对于那些从父母那里得不到支持的参加者，该组织会专门给他们安排辅导员。

“我已经戴了好多年银戒”耶鲁大学二年级学生舒特说，“我和女朋友决定把我们的‘第一次’留到新婚之夜。”舒特承认，这个誓言并不那么容易遵守，“有好几次我们差点忍不住，但是手上的戒指总在提醒我们曾经立下的誓言。”

4. 真爱立约卡

我现在知道并且相信在我的生命中可以有一份真正的、美好的爱情。为了得到它，我决定等待。我郑重承诺：为了我自己、我的家庭、我的朋友、我未来的伴侣以及我们未来的孩子，我要把性保留在婚姻当中。我要为我的决定负责并且坚持到底。无论我遇到什么压力和试探，我都要谨记我的诺言。如果我遇到不同观点的挑战或无理取笑，我会亮出我的观点并说明缘由。我知道在全世界有很多和我一样的人，我们做出的是正确、成熟、勇敢的决定。我们珍爱生命、珍爱自己，并且尊重他人。我们愿意为自己的生命和爱情负责！

立约人：＿＿＿＿＿＿见证人：＿＿＿＿＿＿　　＿＿＿＿年＿＿＿＿月＿＿＿＿日

参考资料

一、共享资源

(一)视频

1.《一分钟性教育》

它是一部系列短片,每集一分钟,用幽默的脚本和边说边画的形式,简单易懂地讲述了必要的性知识以及自我保护的方法等。

2.《我从哪里来》

中央电视台街头采访“我从哪里来?”2012 年 11 月 20 日央视新闻频道播出。

(二)绘本

1.《小威向前冲》

小威是布朗先生身体里的一个小精子,他必须在游泳比赛中获胜才能赢得奖品——一个美丽的卵子,他最终战胜了数十亿的对手,获得冠军。该绘本以有趣、可爱的方式讲述了生命诞生的过程,适合小学阶段使用。

2.《有什么毛病》

英文名称是《A Hair in Funny Place》,以生动、直观的方式介绍了青春前期男生和女生会发生的身体变化。

二、推荐阅读

《心理健康教育课程设计》,吴增强、蒋薇美著,中国轻工业出版社,2007

《高中生心理健康自助手册(试验本)》,上海中小学课程教材改革委员会,上海教育出版社,2012

《陪伴孩子走过青春期——一个心理咨询师给家长的建议》,蒙谨著,清华大学出版社,2012

《青春期心理保健》,姚斌主编,人民卫生出版社,2013

《青春期性教育教师实用手册》,闵乐夫主编,西南师范大学出版社,2010

《青春期心理健康》,吕厚超主编,西南师范大学出版社,2012

《生命　健康　青春(高中教育读本)》,王立强、胡国琳编著,百家出版社,2004

《男孩女孩(性别教育教材)》,上海理工大学附属小学编著,上海教育出版社,2012

《男孩女孩(性别教育家庭版)》,丁利民主编,上海教育出版社,2012

参 考 文 献

［1］ 林崇德,杨治良,黄希庭. 心理学大辞典［M］. 上海:上海教育出版社,2003.

［2］ 王立强,胡国林. 生命　健康　青春(高中教师用书)［M］. 上海:百家出版社,2004.

［3］ 杨莉. 美国青少年组织发起“银戒计划”拒绝婚前性行为(网络资料).

第九章

自我认识

第一节　专题解读

一、知识链接

（一）关于自我认识

“我是谁?”这是世界上最简单、也是最复杂的问题,同时也是亘古以来的永恒话题。据说,在古希腊宗教中心德尔菲神庙前的石碑上镌刻着一句箴言“认识你自己”。这句箴言一直受到古希腊人的敬仰,对后人的生活和思想产生了巨大的影响。这句话也成了伟大的哲学家苏格拉底的名言。他认为人唯一知道的就是自己一无所知,从怀疑自己的知识开始的“自我认识”是认识美德的来源。他常常爱说“我知道我一无所知”,是为了不断地怀疑一切而寻求真知。所以人的一生都要不断地去探索知识,其中最重要的就是认识自己。

自我意识一直是心理学研究中的一个古老的热门话题。心理学的根本问题是“人是什么”。因为自我的概念高度概括,又太过复杂,为了方便人们理解,心理学家于是界定:自我意识就是个体对自身的认识和对自身与周围世界关系的认识,就是对自己存在的觉察。心理学界把“自我”大致分为以下三方面的内容:

一是个体对自身生理状态的认识和评价。主要包括对自己的体重、身高、身材、容貌等体像和性别方面的认识,以及对身体的痛苦、饥饿、疲倦等感觉。

二是对自身心理状态的认识和评价。主要包括对自己的能力、知识、情绪、气质、性格、理想、信念、兴趣、爱好等方面的认识和评价。

三是对自己与周围关系的认识和评价。主要包括对自己在一定社会关系中的地位、作用,以及对自己与他人关系的认识和评价。

认识自我很困难,因为有太多的东西阻碍我们看见自己。当今的医学和信息科学高度发达,人类可以客观清晰地找到身体上的任何一种器官、任何一条神经和血管,但是我们对自己精神世界的了解或者说对人类心理的了解并不比1000多年前进步多少。从某种角度来说,文明和科技的进步甚至阻碍了我们去认识自己。我们发明电话、手机,方便了人们即时的沟通,同时也失去了许多面对孤独的机会;我们发明网络,方便了信息的搜索和传递,同时也失去了许多独立思考的机会;我们发明无线技术,方便了随时获取信息,同时也让我们失去了面对面交流的机会;我们发明工业化机械,方便了改造自然和建设家园,同时也让我们失去了对大自然的敬畏。许多科技发明都让我们可以名正言顺地逃避面对真实自己的选择。生活在当今的社会中,我们几乎不可避免地被时代文化推动着向前走。面对目不暇接的碎片化的信息,我们可能已经无暇关注我们自身。

认识自我很简单,因为每一天,人都在面对自己。如果一个人能够不被眼前的花花世界迷惑住眼睛,简单而专注地探索自己,勇敢地面对自己的欲望、恐惧和无助,那么日复一日、滴水穿石,他会慢慢地认识真实的自己。一群美国人,在非洲丛林探险,聘请了当地印第安人做向导。前三天印第安人勤勤恳恳,但第四天坚决不肯走了,要求休息。每个人问为什么,印第安人说:"人走路走了 3 天,走得太快了,灵魂就会赶不上躯体。所以,要停下来休息一天,等等你的灵魂"。我们拥有最高级的认知器官、最丰富的情绪情感和最复杂的意志,可我们却常常羡慕小鸟、小鱼和小猫。因为当人们"复杂"地活得久了,自然会向往"简单"的事物。这个"简单"就是最本质的自我。

(二) 自我认识的意义

充分的自我认知有助于降低心理问题的发生率。其实所有生活的问题,最终都会指向个体本身。问题原本不存在,只有当个体遇到了生活事件以后问题才会出现。在生活中我们总能够看到一些人,他们总是会有情绪上的麻烦,总是会埋怨周围,总是生活在重复的循环之中。除却个体的差异之外,我们可以在这些人身上找到类似的地方,比如很少反省、自以为是、依赖过度、急功近利等。在生活中仅仅向外看是没用的,因为任何情境、任何事件的应对都要结合环境与自身实际情况才能作出合理的应对。从来不看自己,意味着盲目,就像你开车行驶在高速公路上却不知道自己驾驶的是卡车、汽车还是摩托车一样,早晚会出事故。当今的精神病学对疾病的身心关系也有了进一步的研究,情绪控制和血压、性别认同和子宫肌瘤、自我攻击和癌症、前进的愿望和关节炎等之间有着非常相关的联系。看清自己,方可在人生的道路上游刃有余地自在前行。

西方哲学的三大问题:"我是谁?我从哪里来?我要到哪里去?"在自我认识中就占据了两项。知道自己是谁,便知道自己从哪里来。知道自己从哪里来,才能清楚自己要到哪里去。

不论有意还是无意,每个人都在不断地探索、认识然后成为自己。处在青春期的孩子几乎都对将来有过迷茫,不知道何去何从,也并不真正清楚自己现在读书求学是为了什么。一部分人完全不知道,一部分人有些模糊的答案,一部分人会把父母的意愿当成自己暂时的答案,更有一部分人把父母的意愿误以为是自己真实的答案。在这个问题上,如果不是通过自己的努力和经验得到的答案,那么这个孩子还是会去不断地寻找真正的自我。所以在生活中对于自我的认同感能够让人自发而又坚定地确定并实现目标。

(三) 心理学各流派关于自我认识的理论

自詹姆斯 1890 年把自我概念引入心理学至今,心理学对自我概念的研究几度兴衰。在行为主义出现之前,心理学对自我概念的研究兴趣浓厚,但随着行为主义的兴起,自我概念的研究逐渐被忽视。后来人本主义出现,特别是罗杰斯,对自我概念又进行了深入的研究。20 世纪 80 年代后,认知学派对自我概念的研究也很重视。自我概念得到人们的广泛关注,对其研究和应用也得到普及。在研究自我概念时,由于认识、方法、人性观及研究取向上的差异,不同学派的心理学者有不同的认识。

1. 詹姆斯的“经验自我”和“纯粹自我”

詹姆斯,美国心理学家、美国实用主义哲学家。他是自我概念的创始人,在其著作《心理学原理》《彻底的经验主义》中,对“自我”概念进行了详尽的阐述。詹姆斯认为“自我是个体所拥有的身体、特质、能力、抱负、家庭、工作、财产、朋友等的总和”,其把自我分为经验自我和纯粹自我。

“经验自我”(the Empirical Self)指人们可能经验到的一种对象,即与世界的其他对象共存的存在物。詹姆斯认为:“每个人的经验自我,就是他试图用‘我’来称呼的一切。”詹姆斯认为“我”与“我的”很难区分。他反对将“从属于我的”东西与“真正的我”区别开,自我与世界之间没有明显的界限,我的身体、服饰、妻子儿女及财产都是自我本身的各种关系,参与了自我的构成。

经验自我又分为物质自我(Material Self)、社会自我(Social Self)和精神自我(Spiritual Self)。

精神自我高于社会自我,社会自我又高于物质自我。詹姆斯认为物质自我的核心部分是身体,因为人一生中总是通过身体与周围的事物发生关系,并依据身体提出各种需求。社会自我指一个人“从同伴那得到的承认”,即他在别人心目中的形象,最特殊的社会自我是他的恋人的态度。精神自我就它属于“经验的自我”而言,意味着一个人内心的或主观的存在。具体地说,指他的心理能力或性情。

“纯粹自我”指一个人知晓一切东西,包括自我的那些东西,所以又称为能动自我或主动自我。詹姆斯在论述纯粹自我时,是以“个人同一性”(Personal Identity)理论为依据的。个人同一性就是“现在的自我与它想起的那些过去的自我相同”。纯粹自我是由不断更迭和传递其内容的当下思想所构成。詹姆斯把作为对象的个人称为经验自我,把当下思想看成是纯粹自我。他认为纯粹自我接受不同的感觉,并影响感觉所唤起的动作;它是兴奋的中心,接受不同情绪的震荡。它是努力和意志的来源。

2. 弗洛伊德的“本我”“自我”和“超我”

精神分析学派的创始人弗洛伊德在他的心理学中阐述了他的自我概念。弗洛伊德认为,人格由本我、自我、超我组成。“本我”来自人的本能,在社会生活中表现出追求各种个人欲望的满足和追求个人利益实现的特征;本我是人的生物性本能,只知快乐,活动盲目。“超我”来自社会文化,是个体在成长经历中已经内化为自身价值观念的种种文化信念,其中以道德、信仰为主要内容,超我是人内化了的社会道德原则。这些社会文化与道德信念对个体的要求,往往以牺牲个人服从整体为主,甚至要求个体行为完全道德化,因而常与本我相对立。“自我”是人的理性部分,往往处于超我的道德追求与本我的利益追求之间,自我按照现实原则协调超我与本我的矛盾,尽可能地兼顾两者,是个体最终行为表现的决策者,时而管理本我,时而服从超我,只有自我知道活动的目的和方向。

3. 罗杰斯的“现实自我”和“理想自我”

最初,罗杰斯也不重视自我概念,但他在临床上发现他的患者倾向于用自我来叙述,所以才重视自我概念。罗杰斯认为自我概念是个人现象场中与个人自身有关的内容,是个人自我知觉的组织系统和看待自身的方式。

罗杰斯继承了詹姆斯的观点，认为自我包括主格我和宾格我两个方面。他认为宾格我是自我意识的对象，同时也是自我意识的本体，它是通过接受别人（社会）对自我的有意识的态度系统而形成的；主格我是自我的动力部分，是自我活动的过程，虽然它在宾格我的框架范围内活动，但它具有面向未来的特征，使人可能超出现有的宾格我的框架，使人的行为具有自由意志性、创造性和新异性。

4. 埃里克森的人格发展阶段论

埃里克森是美国著名精神病医师，新精神分析派的代表人物。他认为，人的自我意识发展持续一生，他把自我意识的形成和发展过程划分为八个阶段，他认为这八个阶段的顺序是由遗传决定的，但是每一阶段能否顺利度过却是由环境决定的。在心理发展的每一个阶段上都存在一种“危机”，或称矛盾、冲突。对危机的积极解决有助于自我力量的增强，有利于个人适应环境。埃里克森的人格发展阶段论中八个阶段的划分及内容见下表：

时间	基本特质	积极的结果	消极的结果
婴儿期（0~1.5 岁）	信任感—怀疑感	希望、信任	恐惧、不信任
儿童期（1.5~3 岁）	自主感—羞怯感	意志（自制力）	自我怀疑
学龄初期（3~5 岁）	主动感—内疚感	自主和价值感	无价值感
学龄期（6~12 岁）	勤奋感—自卑感	能力、勤奋	无能
青春期（12~18 岁）	自我同一—角色混乱	忠诚、自信	不确定感
成年早期（18~25 岁）	亲密感—孤独感	爱和友谊	泛爱（淡漠）
成年期（25~65 岁）	生育感—自我专注	关心他人和创新	自私自利
成熟期（65 岁以上）	自我调整—绝望感	智慧	绝望和无意义感

埃里克森的人格发展阶段论，为不同年龄段的教育提供了理论依据和教育内容，任何年龄段的教育失误，都会给一个人的人格发展造成障碍。

二、学情分析

自我认识对于中小学生在个体发展方面具有重要作用。个体从出生到青春期，其实经历了一个复杂而又漫长的过程。从母亲的怀抱到步入成人世界，中间需要完成许多的任务，尤其是心理成长方面的。系统地探究青少年的自我意识的发展，有助于我们更好地了解他们。这样一来，无论是在课堂内外，我们都能够用一种新的视角和态度去对待他们。另外，学生需要具备真实、客观的自我认识，才能够比较容易地完成自我同一性的各阶段任务，从而形成良好的个性。

（一）小学生自我认识的特点

小学阶段是自我意识萌芽期，此时的儿童的自我意识处于客观化时期，是获得社会自我的时期。在这个阶段，小学生的自我意识会随年龄的增长从低水平向高水平不断发展，但过程呈现的趋势是有所不同的。据研究表明，学生在小学一年级到小学三年级处于自我意识的上升时期,小学一年级到小学二年级上升幅度最大,是上升中的主要发展期。学生在小学三年级到小学五年级处于自我意识的平稳发展阶段,年级间无显著差异。小学五年级毕业班又处于第二个上升期,整个过程学生的自我意识的发展趋向深刻。

自我概念通过自我描述来反映:自我概念是在经验积累的基础上形成发展起来的,自我概念是个人心目中对自己的印象,这种印象是对自己在一切方面的认识基础上形成的。最初它是对个人和才能的简单抽象认识,随着年龄的增长而逐渐复杂化,并逐渐形成生理的自我、心理的自我、社会的自我等不同的层次。小学生的自我概念是通过小学生的自我描述反映出来的,即小学生的自我概念是从比较具体的外部特征的描述向比较抽象的心理术语的描述发展的。

在小学阶段,当和小学生谈及“我是谁”这样的问题时,会发现它的答案会随着学生的年龄不同而发生变化。小学低年级学生往往提到长相、姓名、年龄、性别、家庭住址、活动特征等方面。到了小学高年级的自我评价,学生开始试图根据个体品质、人际关系、自身能力等特点来描述自己。当然即便是到了小学高年级,小学生对自己的认识仍带有很大的具体性和绝对性。

自我评价从外显到内在:自我评价是自我意识发展的主要成分和主要标志,是在分析和评论自己的行为和活动的基础上形成的。小学生自我评价的发展特点主要表现为:从顺从别人的评价发展到有一定独立见解的评价,小学生的自我评价的独立性随年级的上升而增高;从比较笼统的评价发展到对自己个别方面或多方面行为的优缺点进行评价;开始出现对内心品质进行评价的初步倾向;自我评价处于由具体性向抽象性、由外显行为向内部世界的发展过程之中,抽象概括性评价和对内心世界的评价能力都在迅速发展;自我评价的稳定性逐渐加强。

当然,直到小学高年级,能进行抽象性评价和内心世界评价的学生仍然不多。比如说在小学生进行评价的时候,他们还是会较少出现爱国主义精神、有团队意识、为人诚信等这样的评价字眼。

自我体验不断地深入发展:自我体验主要是自我意识中的情感问题,发生于学前期(4岁左右),自我体验在小学阶段有了较大的发展。小学生的自我体验的发展与自我评价的发展具有很高的一致性,也是从表象开始逐渐深入。小学生的自我体验的发展又与他们的自我认识、自我评价的发展密切相关。可以看到随着小学生理性认识能力的增加和提高,他们的自我体验也逐步深刻起来。

自我体验的一个重要表现形式是自尊,自尊高的小学生往往对自己的评价比较积极,所表现出的状态也是比较阳光乐观。相反,自尊低的小学生往往自暴自弃。在谈及自我体验的过程中还要说说自我控制,随着儿童认识水平的不断提高,他们的自我体验也会随之逐步加深。但是,在小学阶段,学生的自我调控,还是落后于自我评价、自我体验的发展,自我调控能力还不高。

(二)初中生自我认识的特点

初中阶段是学生身心急剧变化的时期,在这个时期,学生自我意识开始萌发,并快速发展。很多时候,他们都在悄悄地进行着自我问题的探索,虽然他们往往并不能够清晰而系统地表达自己探索的内涵,有时可能连他们自己也不明白从什么时候起或为什么关注这个问题。这个时期,他们既获得来自他人的关于自我的信息,也获得来自本人的关于自我的信息,有时这些信息是一致的,但有时这些信息也相互矛盾。这个时候,很多学生并不知道该如何应对,有的可能会和好友分享,有的会向父母倾诉,但更多的时候是带着这个困惑不知所措。这时的他们非常需要有人从专业的角度,运用他们能接受的方法帮助他们对自我从内到外进行梳理,有效地完成自我的整合。在以往的心理课程中,我们常常发现,在自我认识部分,初中学生有着强烈的探索愿望,他们非常愿意分享,真诚地表达自己的想法,在长辈和书籍的影响下,他们懂得不少认识自我、悦纳自我的方法。但是更多的时候只停留在口号上,他们并不知道自己真正的需求在哪里,在真实的事件面前缺乏深刻而有针对性的思考。而且有的时候,会受到来自周围环境的影响而人云亦云。所以在自我认知部分,让学生准确地探索自己的真正所需是非常关键的第一步。

同时在成长的过程中,初中生会遇到各式各样的问题和困惑,这时常常会出现两个极端现象:一种是“我不会,我不懂,我不知道”;另一种是“我什么都知道,我什么都可以”。造成两种极端现象出现的原因,一个是学生内心由于没有得到积极处理的过往事件所形成的“不好的自我”不断发挥着负向能量,给学生带来巨大不安和压力;另一个是盲目自信、过度成人化、惧怕竞争、自制力水平不高等问题,带来了学习和生活上的混乱。很多时候,刚开始同学们会觉得“我什么都知道,我什么都可以”是一种阳光心态,但渐渐会发现,其实背后隐藏着许多问题。如何将两种极端现象进行平衡,运用初中生所能理解、接受方式,引导学生合理认知、自我评价、积极面对、接纳自我、快速调整、不断提升,是非常重要的。

(三) 高中生自我认识的特点

1. 自我认识基本成型,但又存在很大弹性

高中阶段已接近青春期的尾声,学生的生理和心理都接近成熟,这是自我同一性整合和个性形成的关键阶段。在这个由不成熟到成熟的转折时期,就像黎明前的黑暗,心理矛盾和冲突暗潮汹涌,碰撞激烈。在经历了混乱而又复杂的青春期,个体终于从一个儿童向成人蜕变。就如法国著名心理学家温尼科特所描述的那样,旧的软件体统已经随着硬件的突变而变得过时,无法应对周围的环境。因此,青少年急需安装一个新的系统,就像旧瓶装新酒那样。青少年是孤独的,又是渴望亲密的。他们已经有一定的自我意识,希望自己作很多决定,希望能够为自己的行为负责,但同时心理又非常不确定。他们心中期待家人、教师给予指引,但另一方面又不希望被他人影响,所以高中生在很多事情上都感到迷惑和矛盾。对于他们自己已经形成的一些观点,即使是不合理的,外界也比较难以修正和改变,除非是他们自己有意愿进行修正。另外,近年来我国的孩子普遍存在身体发育提前,心理成熟延后的情况,所以高中生自我认识的不稳定性较之从前也在增加。所以在高中的课堂中会经常看到学生个体差异非常大的情形:一些孩子对于自己的认识非常深刻,还有一些孩子就像刚从小学升到初中一样对于自己一无所知。

2. 自我探索偏向内部深度化,且喜欢独自探索

高中生对于自我的探索不再像小学生和初中生那样主要停留在外表和身份上,他们更多的开始向自己的内部探索。探索的深度也不再满足于兴趣爱好,而是转向性格、气质

等较为本质的心理特质。一些高中生开始涉猎哲学、心理学类书籍，寻找一些关于自我最根本问题的答案。他们也会从小说、电影或者动漫中的人物情节得到启发，去探索独一无二的自己。

在讨论一些表层的心理话题（如兴趣）时，高中生尚且表现得挺愿意和周围的同伴一起分享，然而一旦涉及自我的某些核心成分（如性格、秘密）时，高中生则会表现得非常有隐私感，他们不太愿意与他人分享这些内容。所以更多的时候，高中生会独自进行深度的自我探索。温尼科特说："青少年是孤独的，但是所幸他们可以一起孤独。"作为教师和家长很难触及这一层面，不是他们不愿意而是他们不能，谁也无法明确地分享一个自己心里也不是很清楚的行为过程和答案。我们也大可不必着急，因为这是高中生成为自己的一个过程，不论结果如何，不论有没有找到答案，至少探索的过程就是一种成长。

3. 外在行为表现积极性不高

在外人眼中高中生自我探索的积极性也许不如初中、小学阶段的学生那么高。一方面，他们在这个阶段不太愿意分享；另一方面，他们因为有更加紧迫的学业任务。

如果教师让一个高中生在心理课堂上分享自己的性格特质，也许他会随口说一两个答案来敷衍你。你看着他茫然的脸庞，试图鼓励一下或刺激一下，希望能得到真实的回答。但是最后你沮丧地发现，他并没有什么分享的愿望，也不想按照你的思路进行探索。但是课后你又会惊奇地发现在他的作业本中却写下了整整一页关于自己的描述和困惑，希望得到你的回应。也许这就是许多高中生的真实情况——期待与拒绝共存。

另一方面，目前我国的高中生面临着高考这一人生重大使命，以至于他们在这一阶段的大部分时间和精力都用于学习知识和应对考试上。对于自我探索的愿望虽然强烈，但比起考试成绩的紧迫性，有时候他们会无暇顾及前者。如此就会进一步削弱高中学生探索自我的行为的发生率。

4. 缺乏勇气去接纳真实的自己

高中阶段的青少年往往在潜意识中觉得自己是独一无二的、非常特别的，认为自己应该是优秀的、美丽的、受人关注的。这种自恋存在于每个人身上，但过于强烈的自恋往往会阻碍个体真正认识自己。每个青少年都曾幻想自己拥有明星般的脸庞和身材、极高的智商和远大的前程。当有一天他们发现自己只不过是芸芸众生里的一员，自己的外形和能力和其他人并无太大差别，再加上前途未卜，那么他们将立刻面临两个选择：一是接受幻想的破灭，即自恋受损；二是否认现实，逃回自己的想象之中。一个人的成长需要经历一次又一次的自恋受损，但这需要一定的勇气和支撑。有许多青少年之所以害怕去探索自我，正因为他们害怕面对这种幻想的破灭，这的确是一个让人难过的历程。因此一些人即使触碰到了真实的自己，也会马上逃开，然后从另外一个角度继续探索，试图能找到符合自己期望的答案。

青少年需要一些勇气来面对自己，需要一些时间来处理心中的难过。在成长的道路上，有些事必然会发生，有些感受也必然被体验。如果自己真实的位置永远和自己的认识不一致，那么个体便会困在原地不能动弹。接纳真实的自己，看清自己在哪个位置，才能够一步一个脚印地向前进。

三、目标与内容

自我认识是中小学阶段心理辅导活动课的重要主题。国家教育部颁发的《中小学生心理健康教育指导纲要(2012 年修订)》指出,“正确认识自我”是中小学生心理健康教育的具体目标和主要内容,文件还指出“心理健康教育应从不同地区的实际和不同年龄阶段学生的身心发展特点出发,做到循序渐进,设置分阶段的具体教育内容”,我们根据文件的精神,并依据不同学段学生的身心发展的需求,分别提出了不同的教学目标和教学内容,设定各有侧重,体现小学、初中、高中的衔接与发展特点,体现阶段式、螺旋式、系列课程的特点。

(一)中小学阶段自我认识的教学目标

学段 目标	小学	初中	高中
了解自我	帮助学生了解自我,初步认识自我,有安全感和归属感。	了解自我意识的产生,明白自我认识的方法。	在客观自我认知的基础上正确自我评价,形成正确的自我意识。
悦纳自我	引导学生正确认识自己的优缺点和兴趣爱好,在各种活动中悦纳自己;看到并接受自己的不足,确立喜欢“不完美”自己的健康心理。	懂得每一个人都是独特和值得欣赏的,虽有不足,但都是有价值的;能从不同角度认识自我,客观评价自己,积极看待自己,喜欢自己,自我接纳。	每个人都是优劣势的综合体,对自己的优势和劣势形成正确的态度,感悟到全面接纳自我才能逐渐完善自我,做真正的自己。
发展自我	发现自我的积极性,发现自己的潜能,相信自己拥有开发潜能的可能性,发展成长自我。	通过理想目标的讨论架起理想我与现实我的桥梁,不断发展自我;从不同视野认识迷惘、困惑和挫折,提升自我承受能力,积极发展自我。	能运用自己的优势,积极寻找改变劣势的方式;充分发挥自己的特质和潜能,迎接自己的成功之路。

(二)中小学阶段自我认识的教学内容

1. 小学阶段

(1) 独一无二的我

通过设计各种活动或游戏,如“我是一片小树叶”“不同的你我”等,引导学生了解自我,初步认识自己,明白自己与别人既是不同的,又有相似之处,与大家在一起,成为集体中的一员,培养自身的安全感和归属感。

(2) 喜欢我自己

“我的家谱图”活动,引导学生了解自己的家庭,寻找生命中的重要他人,了解自我成长中的唯一性;“我的与众不同”或“说说我心目中最崇拜的人(偶像)”,从中发现自己的喜好、兴趣与特长;“优点轰炸”活动,可以帮助学生看到自己的优点,同时也可发现自己的不足,但仍然喜欢和悦纳自己。

(3) 我的千万种可能

通过游戏“‘不可能’的任务”或绘本《鼠小弟》的阅读,引导学生明白每个人都有多种能力,都有潜能,积极看待自己,相信自己拥有开发潜能的多种可能;可以设计“我的能力图谱”,通过自己和同学的帮助,发现自己的潜能;还可以通过“明天我来设计”或“未来在我脚下”等活动,引导学生以发展的视角探索“昨天的我”“今天的我”和“明天的我”的特点,从而发现每个人的变化与成长,对自己的发展成长充满信心。

2. 初中阶段

(1) 这就是我

“我的手印画”与“寻找我的特质”活动可以引导学生认识自我,发现自己的与众不同;绘本《我不知道我是谁》和活动“别人眼中的我”,可了解认识自我的方法,了解自我意识的内涵;简单介绍“乔哈里窗”理论,能让学生更明白自我认识的四种状况。

(2) 做自己最快乐

“自我挖!挖!哇!”“我有我精彩”“我棒我可以”“我爱我自己”这些内容都可以设计成活动或游戏,让学生在活动中发现自己,充分看到自己的优势与长处,也发现自己的不足与短处,能从不同的角度看待自己,并明白自我的认识是由自己决定的,自我认识可以改变,自身的行为也会随之改变,合理而全面的自我认识会影响自身的身心活动,要喜欢自己,明白做真正的自己最快乐。

(3) 掌声响起

设计“理想越来越远了”活动,通过阅读讨论,引导学生看到,每个人从小到大,会不断地改变着自己的理想,而这种变化是对自我的一个澄清,同时也是一个自我意识完善的过程。理想似乎离自己越来越远,但它恰是对自我的一个探索与思考,也是理想我与现实我在不断修正,进而架起理想与现实的桥梁,不断发展自我;“生命的折线”活动,引导学生积极参与和体验,从不同的视角认识生活中的迷惘、困惑和挫折,提升自我承受能力,积极发展自我。

3. 高中阶段

(1) 我本丰富

通过层层递进的活动,让学生发现自我是多层次的,觉察到自己的不同面,进一步感受“我是谁”,明白探索自我的重要,个人成长离不开自我的探索。

(2) 我的自画像

运用多种测试软件与工具,进行自我测试,帮助学生了解自己的气质、人格特质等,可以介绍气质及测试量表,进行卡特尔 16 种人格因素测试并分析介绍(有需要的同学可以课外个别交流);可以组织个人或小团体的图画投射测试,并做一些介绍与说明;还可以进行音乐投射测试,活动可以“我们的杰作”“音乐食谱”“悦己”等名称命名,进一步帮助学生了解自己,悦纳自己。

（3）X 元素

设计活动和分析讨论，让学生在初步了解自己的基础上，进一步发现自己的优势，同时也接纳自己的短处，活动可以“荣耀的背后”“活在当下”命名，让学生勇敢面对真实的自己，既接纳自己的优势与长处，也悦纳自己的劣势与短处。

（4）遇见自己，从心出发

引导学生回顾自我的成长经历，思考自己的成长过程给自己带来了什么，明白人生中有许多关键和重要的时刻，要抓住成长中的重要时刻；可以指导学生思考如何发挥自己的优势和潜能，争取自我更好成长，又如何对待自己的短处与不足，但不影响自我的发展。“我这一辈子”“特别的黑点”都是很好的活动，通过这些活动，让每一个学生都做真正的自己，在悦纳自我的基础上发展自我。

四、温馨提示

自我认识是每一个中学生成长阶段的重要任务和内容，因而上好初中和高中的自我认识辅导课尤为重要。

初中学段的活动目标和活动内容应依据学生身心发展特点由浅入深依次安排。初中生更喜欢有趣生动的内容，对于一些问题的思考往往会比较单纯，更容易受身边同学的影响，所以运用恰当的课程设计，充分发挥同伴互助的作用，会有较好的辅导效果。

相关的心理学理论知识可以作为教师进行教学设计的理论储备，作为科学设计课程的基础保证。

在教学设计中可以根据活动目标安排丰富多样的活动形式，努力创设良好的课堂氛围，引导学生积极自我关注的愿望。在体验中学会不断悦纳自我，并能够客观评价、不断调整自我。对于课堂中的突发问题或者学生表现出的极端负向的想法，教师要在表示理解的同时悉心巧妙引导，有时也可以适当将课堂向课外延伸，通过一些有趣的课外小任务，让学生在实践中不断完善自我。

自我认识是心理课的起始也是基础，所以不能简单的一两节课就带过，可能需要 1～3 个单元的教学，带领学生全面、系统地了解这一内容。

在高中阶段，首先要注意对探索程度的把控。每个人对于自我都有不同的答案。如果教师在备课时无止境地寻根问底，最后难免涉及哲学层面或宗教层面的话题。这样，一是对教师本身挑战非常大，没有足够的阅历和学识无法把控；二是教师还要遵循当今教育背景下的主流价值观。所以教师在上此类课程前，自己要清楚最终在课堂上和学生能够探索到什么程度。教师对于自我认识板块的所有话题应该有一定的研究、经历和体验，在备课、授课时应怀着包容和谦逊的态度。每个人都有他的独特性，在学生身上总有自己从未看到过的东西。教师应时刻提醒自己，切勿认为自身所学所得能涵盖自我认识的全部。如果对于某个话题，教师自己心中还有比较大的疑惑，不如先放一放，或者适当调整一下教学目标和内容，等自己有了足够的准备再进行教学活动。

当然，心理教师在生活和工作中也应该不断提升自我的素质和修养。心理辅导活动课与其他学科教学不同，它不仅要求教师对教材内容熟悉精通，而且自身应该在教材所对应的心理领域有比较深的功底，这样才能达到较好的教学效果。在教材选择上的相对自由性，对于心理教师自身的修养反而提出了更高的要求。自己心中不清楚的话题，在心理课堂上也别指望能够让学生弄清楚。

第二节　教 案 分 享

▶▶小学阶段

我的千万种可能

王晓群　上海市宝山区第一中心小学

【教学目标】

1. 在游戏中，发现自己的优势，并为自己的优势而感到自豪。

2. 通过故事，感悟到每个人不仅有自己的优势，还有无限的潜能。

3. 通过活动，懂得了只有善于发现，才能发掘自己的无限潜能。

【教学对象】

小学中年级。

【课前准备】

1. 问卷小调查：我们的优势在哪里。

2. 准备绘本《爷爷一定有办法》，并根据活动内容制作 PPT。

【教学过程】

1. 话题引入，发现优势

(1) 你们喜欢哈利波特吗？喜欢他什么？(交流)

(2) 那么，在这些优势中，哪些也是你所具有的呢？(交流)

(3) 除了这些优势以外，你还有哪些优势呢？(交流)

(4) 真不错，把它们记录在哈利波特送给你的那张魔法纸上吧！(学生记录)

(5) 小结：刚才大家交流的优势，有些是你们共有的，有些是你们独有的。老师为你们有这些优势而感到自豪。

2. 启发想象，揭示课题

(1) 哈利波特给大家带来了一份礼物，大家瞧瞧，这个箱子里究竟装的是什么呢？

噢，原来是两个椭圆。如果用神奇的魔法棒轻轻点一下，看，它变成了……(学生说)再一点呢？……(指名说)

(2) 现在老师把这根神奇的魔法棒交给你们，给这两个椭圆添上几笔，你们会让它变成什么呢？拿出笔，在魔法纸的背面给它们添加吧。

(3) 学生上台交流。

(4) 小结：同学们的想象力真丰富，其实这也是你们的潜在优势。哈利波特邀请我们把

它记录在魔法纸的下方。(学生记录)

出示:想象力丰富。

(5) 只要我们有丰富的想象力,我们就能构想出千万种可能来。今天,我们就来学习"我的千万种可能"。

(6) 出示课题

3. 故事诱导,发掘潜能

(1) 为了奖励大家,哈利波特还给我们带来了一个精彩的故事,大家可要仔细听一听哟!

(2) 听故事《爷爷一定有办法》。(看图片)

(3) 猜一猜:这条领带旧了,还会变成什么? 爷爷又会怎么做?(交流)

(4) 假如这条领带被爷爷改成一块手帕,手帕又用旧了,还会变成什么?(交流)

(5) 这块毯子已经小得不能再小了,最后变成了一粒纽扣,一粒让小约瑟的背带裤不会滑落下来的纽扣。有一天,纽扣突然不见了,连有办法的爷爷也束手无策了。故事到这就结束了吗? 没有! 小约瑟居然把这条毯子的神奇经历在学校里写成了一个奇妙的故事!

(6) 这个结尾一定很出人意料吧!

你喜欢故事中的爷爷吗? 你喜欢小约瑟吗? 为什么? 说说你的理由。(交流)

(爷爷:聪明、办法多、手巧。小约瑟:创造力、创新能力、遇到问题不放弃、能从爷爷那里学到想办法解决问题。)

(7) 小结:是啊! 无论是爷爷,还是小约瑟,他们运用了智慧的大脑,变废为宝,这是他们人生经历中的宝贵财富! 其实,在学习故事的时候,老师发现你们也很善于思考、善于创造、善于感悟,这也是你们在学习、生活中必不可少的优势啊!

出示:善于思考、善于创造、善于感悟。

(8) 请把你们的潜在能力赶紧记录下来吧!

4. 互为启发,激发潜能

(1) 现在,请你们发挥自己的潜能来帮一帮想吃苹果的鼠小弟吧!

先自己读一读故事《想吃苹果的鼠小弟》,然后四人一组交流,学着第一、二幅图的样子,把后面的四幅图的内容补充完整,并完成图下的两个问题。

想吃苹果的鼠小弟

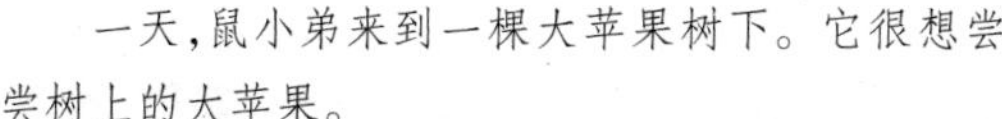

一天,鼠小弟来到一棵大苹果树下。它很想尝尝树上的大苹果。

这时来了一只小鸟。它飞上树,拿了一个苹果。鼠小弟想了想,自己没有翅膀。

又来了一头大象，它________拿了一个苹果。鼠小弟想要它长长的鼻子……

又来了一头长颈鹿，它________拿了一个苹果。鼠小弟想，要是我也有长长的脖子……

这时，来了一只袋鼠，它________拿了一个苹果。鼠小弟也拼命跳了跳，可是……

又来了一头犀牛，它________拿了一个苹果。于是鼠小弟也……可是……

(2) 学生准备。

(3) 让我们一起重温故事，你能把图中的意思补充完整吗？(交流)

(4) 问题一：这时，又来了一头海狮，它是怎样吃到苹果的？问题二：鼠小弟的潜在能力在哪里？

学生讨论并分享。

(5) 小结：谢谢你们的帮助！在你们的指引下，鼠小弟终于发现了自己的潜能，摘到了苹果。从中，我们也感受到故事中的鼠小弟只看到了别人的优势，却忽视了自己的潜在能力。

5. 心灵感悟，潜能无限

(1) 我们在生活、学习中是否也像鼠小弟那样忽视了自己的潜在能力呢？请你们静心想一想，把你的潜在能力记录在魔法纸上。

(2) 学生书写。(音乐)

(3) 交流。

(4) 总结：通过今天的学习，王老师也和同学们一样都悟到了很多道理。其实，每个人不仅有自己的优势，还有无限的潜能。只要善于发现我们的潜力，万事皆有可能！

孩子们，哈利波特会带着魔法纸，将你们的潜在能力分享给他的朋友听，好好夸奖你们一番呢！

【教学建议】

每个人都有自己的优势。在课前的调查问卷和课堂上，大多数孩子都是从音乐、美术、体育技能入手介绍自己的本领，最大的拓展也还是手工技能方面或者玩的方面。怎样开发自己的潜能是孩子精神世界里所忽视的，小学生心理发展的可塑性比较大，小学时期是开发智力和心理潜能的大好时机。三年级的孩子已经开始逐步对自己有了一定的认识和一定的分辨能力。这时候，引导孩子正确认识自己的大脑优势和心理潜能，学会科学用脑，激发和培养小学生学习和发展的自信心，使心理机能达到最佳状态。

初中阶段

这就是我[1]

【教学目标】

1. 发现“每个人都是独一无二的”。

2. 尝试客观地认识自我。

3. 了解认识自我的途径。

【教学对象】

初一年级。

【课前准备】

1. 学生用的彩色印泥、白纸。

2. 歌曲《自己》或类似主题的歌曲。

3. 多媒体课件。

【教学过程】

1. 热身活动：大风吹，小风吹，台风吹

活动解释说明：教师根据班级同学的不同特征开展。如：单眼皮，双眼皮；戴着的眼镜；长长的耳垂；扎着的马尾辫，短发……

2. 我 SHOW 你 SHOW

(1) “我的手印”

请学生在白纸上用印泥留下手印和名字，然后与小组里的每个同学进行对比。发现了什么？

让学生在轻松愉悦的氛围中发现“每个人都是独一无二的”。

(2) “我的十二行诗”

教师引语：在人生这个色彩斑斓的大舞台上，我们每个人都扮演着自己的角色，同时充当着他人的观众。随着时间的推移，我们也在点点滴滴地积累着对自己的看法——积极的或消极的。我们心目中从此有了一个自己。我是什么样的呢？请同学们闭上眼睛想象一下，你的面前放着一面镜子，你在看，你看到了什么？里面的人漂亮吗？帅气吗？独立吗？里面的人需要什么？……他到底是谁？你还看到了什么？好，现在让我们睁开眼睛，拿起手中的笔，把你看到的写下来，完成属于自己的“十二行诗”。

我______________________________

我______________________________

我______________________________

……

完成后,请学生自愿分享交流。请每位同学认真倾听,尊重每一个作品。(交流的方式可以多样:口述、张贴展示、投影灯。)

2. 自我探索

引导学生思考:通过以上的活动,我发现我拥有____,我缺少____,其实,我__________(不/非常/比较/有一点)了解自己。

请学生进行分享。对于其中觉得自己相当了解自己的同学,请其余同学给予热烈的掌声鼓励。

3. 怦然心动

请学生自我阅读《我是一棵什么树》的故事(内容见附件),也可以请学生分角色朗诵或表演。

学生分小组讨论读了该故事的想法与收获。

引导学生感受到"只有参与学习和生活,才能真正认识自己"。同时可以进一步引申"从这个故事中,你还联想到/感受到什么?"。

4. 心心点灯

请学生自我阅读如下小贴士,引起学生进一步的思考:

茫茫人海,万千世界,你独一无二,无可替代。没有谁能和你一模一样,过去没有、现在没有、将来也不会有。每个人都是这个世界上独特的存在。每个人身上有许多优点,也会有一些不足,但这不影响你成为一个有价值的人。

爱自己,就是爱自己本来的样子。

【教学建议】

本节课氛围的营造非常的重要,通过热身活动既活跃了气氛,也引出了"我"的独特与丰富多彩。对于其中的"我的手印"和我的"十二行诗",教师可以根据班级特点进行不同形式的呈现,以营造最好的气氛,引发学生更深的感悟。如在"我的手印"环节,教师可以让学生将手印印在A4白纸上,然后运用彩笔在空白处进行创意作画,可以是风景、动物或人物等,并给它起个名字。这样既极大地激发了学生的兴趣,又将自我的独一无二渗入到每个学生的心底。又如"我的十二行诗",教师可以用吟诗诵读的方式,既让学生体验到新奇的氛围,又激发了学生自我探索的愿望。

【附件】

这是一棵什么树

房前有片菜地,自从用篱笆圈起来,里边就长了一棵树。孩子两岁时,去了一次乡下,回来问我:"妈妈,爷爷院子里有一棵枣树,我们家的这一棵也是枣树吧?"大人不在意的事,经孩子一问,就会显得非常复杂。听了儿子的问话,我顿时犹豫起来。我还真不知道那是棵什么树。于是每有人来,我便多了一件事,那就是,问别人是否认识这棵树。

一天,农校的一位朋友来,他审视了一下,说:"这是一棵李子树,一看叶子就知道。"当天晚上我就告诉儿子:"以后你有李子吃了。我们家的那棵是李子树。"寒来暑往,日复一日。

李子树一天天长大。就在孩子升小学的那一年,它开花了。此时,恰逢爷爷从乡下来。他看看房前的李子树,说:“今年你们有樱桃吃了,你看门前的那棵樱桃树,花开得多茂盛。”“爷爷,那是一棵李子树。”孙子给爷爷纠正。“傻孩子,李子树什么样我能不知道吗?你们家的这一棵是樱桃树。”爷爷给孙子纠正。被我们叫了3年的李子树,原来是一棵樱桃树。

爷爷走后,樱桃花开始飘落,几粒青色的果实开始显露出来。就在儿子等着吃樱桃的时候,不知是因为雨水太大,还是别的什么原因,树上看得见的几个果子开始脱落,直到一个不剩。那棵树从此再没人关心。深秋的一天,房前有人丈量土地,听说开发公司要在这盖一栋大楼。一位划线员在那喊:“这是谁家的核桃树,要移赶快移,明天挖掘机就来了。”明明是我们家的樱桃树,怎么又成了核桃树?我从家里出来说:“那是我们家的樱桃树。”“樱桃树?我没见过樱桃树,还没吃过樱桃吗?你看看那上面,明明挂着一颗核桃。”划线员边说,边顺手指向树梢。那儿确实挂着一枚小小的核桃。我们家房前的那棵树,不是樱桃树,它是一棵核桃树。10年过去了,每次想起我们家的那棵树,心中总有一种说不出的感慨。这棵树多次被我们张冠李戴,最后是它用一枚小小的果子,向我们证实了它的真实身份。

一棵树必须奉献出果实,才有人认识它。一个人也是如此。凭着自己生命树上结出的果实,不管它是甜美的还是酸涩的,我们才能真正认识自己!

我,精彩!

徐娟　上海市回民中学

【教学目标】

1. 发现自我的独特性和价值。

2. 能够从多个角度理解“接纳自我”。

3. 感受成长的特别和美好,认同和接纳每个阶段的精彩自我。

【教学对象】

预备年级或初一年级学生。

【课前准备】

1. 制作多媒体课件。

2. 准备心理档案范本、心形彩色卡片等。

【教学过程】

1. 发现自我

(1) 每个人都是独一无二的

① 故事分享

神奇的石头

有一个小男孩是个孤儿,他觉得自己活在这个世界上没有什么价值,没有人爱他,他到神父那里哭诉自己的不幸。

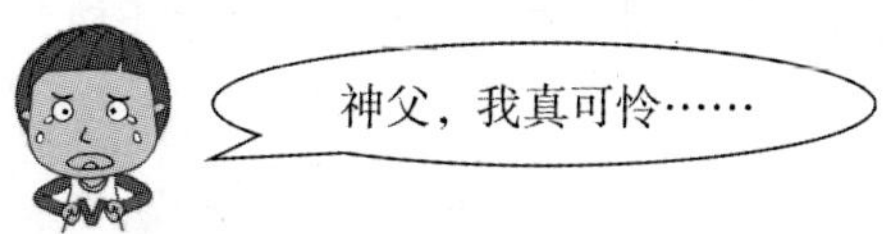

神父什么也没有说，而是给了他一块石头，让他到市场上去卖。在市场上有人觉得好奇，随便给他开了个价钱，他不卖，别人便以为这块石头是个宝石，于是价钱越涨越高，简直不敢相信一块石头会值这么多钱！

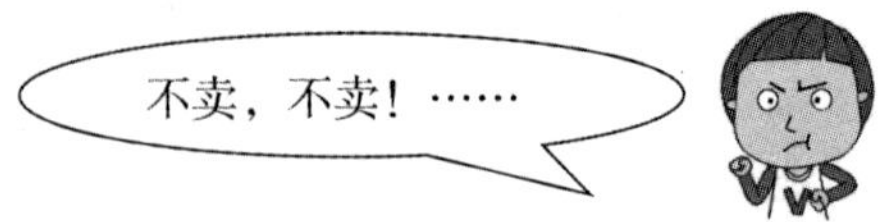

第二天，神父让他到黄金市场去卖，结果到收市的时候，价钱已经出到了昨天的10倍。第三天，他去宝石市场去卖石头，价钱已经涨了百倍。由于他始终不肯卖，别人都认定这块石头是无价之宝。

② 头脑风暴

石头还是那块石头，但随着时间和地点的不同，别人对它的评价却不一样了。普通的石头为什么会变成无价之宝呢？

③ 心灵的收获

教师小结：如果你认为自己是一块扔在路边没有人要的石头，那么别人也就会认为你一钱不值；如果你认为自己是一块宝石，那么，别人也会认为你价值连城。每个人在这个世界上都是独一无二的，我们要活出生命的价值，要得到别人的尊重，首先要接纳自我。

（2）拓展延伸——你知道吗？

① 故事分享

神奇的发卡

有一个女孩子，总觉得自己不讨男孩子喜欢，因此有一点自卑。

一天，她偶尔在商店里看到一支漂亮的发卡，当她戴起它的时候，店里的顾客都说漂亮，于是她非常高兴地买下发卡，并戴着它去学校。接着奇妙的事发生了，许多平日不太跟她打招呼的同学，纷纷来跟她接近，男孩子也约她一起去玩！更有不少人向她表示好感，原本死板的她，似乎一下子开朗、活泼了许多。

这个少女心想，都是因为我戴了奇妙的发卡。随即她想到店里似乎还有很多其他样式的发卡，应当也都买来试试。于是放学后，她立刻跑去那个商店。岂知她才进店门，老板就笑嘻嘻地对她说："我就知道你会回来拿你的发卡。早上我发现它躺在地上时，你已经一溜烟儿地跑去上学了，所以我就暂时替你保存了。"这时她才发现自己的头上根本就没有带什么神奇的发卡。

② 同学讨论

同学们，你们知道使这位女孩变得更美丽、更自信、更开朗的"神奇的发卡"其实真正是什么吗？

③ 小结

容貌并没有因戴发卡而改变,改变的只是人的心态,人因为可爱而美丽。

2. 接纳自我

(1) 接纳自我,动力无限

① 猜猜这是谁

“我常常不知不觉地陷入绝望,感到这个世界是不会给我这样一个丑陋的人以幸福。鼻子这么宽,嘴唇这么厚,眼睛小小的,还是灰颜色的。还有什么比一个人的外貌更能影响他的前程的呢?”

同学们猜猜看,以上的话语是出自一个什么样的人之口?这个发出如此哀叹的男人是谁?

学生竞猜。

教师揭晓:他就是俄国有名的大作家——列夫·托尔斯泰,没想到吧!(相关资料:列夫·托尔斯泰的主要作品有长篇小说《战争与和平》《安娜·卡列尼娜》《复活》等,也创作了大量的童话,是大多数人所崇拜的对象。他的作品描写了俄国革命时人民的顽强抗争,因此被称为“俄国十月革命的镜子”。列宁曾称赞他创作了世界文学中“第一流”的作品。他的作品《七颗钻石》《跳水》《穷人》已被收入人教版和冀教版小学语文书。)

② 头脑风暴:想一想,这位丑陋而又绝望的男子是如何成为一代名家的呢?

③ 教师小结:接纳自己的容貌,把对容貌的遗憾转化为动力。

(2) 拓展延伸

① 美人也有不足

我国古代的“四大美人”够美了,但也经不起人们的苛求。有人研究认为,如果按照“非常”的标准来衡量:貂禅的耳垂“小了点”;王昭君的肩臂“窄了点”;西施的脚“大了点”;杨贵妃的身材“胖了点”,并且还有“狐臭”。

② 互动讨论

美人美还是不美?

你对自己的相貌认可度?请以秤为喻,0~10十个刻度,你自己心中那杆秤的秤砣是放在哪个位置呢?

0 1 2 3 4 5 6 7 8 9 10

请闭上眼睛边想边悄悄地对自己说:“对自己的相貌越认可,相貌也随之变得越可爱、越有分量。”

教师引语:这时你是否还对自己的相貌“横挑鼻子竖挑眼”吗?还会抱怨自己个子矮、肤色黑、鼻梁太低、额头太窄、眼睛小、嘴巴大,甚至还偷偷埋怨父母把不良的基因遗传给了自己,让自己无“颜”见人吗?

请同学们在心形彩色卡片上写出自己的感言。

3. 轻轻告诉你

分享下列语句:

在每个人的身上既有亮点,也有盲点;既理智,又盲目。我们要凭借自身的光明与理智去探索世界,去寻找自己。

世界因为有了我而多了一份色彩。

在每个人身上都蕴藏着巨大的能量，一旦被开发出来，将会释放出神奇的力量。

4. 课后小任务

制作自我心理档案。该档案可分为几个阶段：过去的我——幼儿时期的我（0~3岁）、儿童时期的我（4~6岁）、小学时期的我（7~12岁）和现在的我。内容形式不限，鼓励创新，激发真实的感受，可请爸爸妈妈及了解自己的亲戚朋友参与其中。

【教学建议】

1. 本节课的重点在于引导学生对自我的认同和接纳，其中选用的两个故事起到穿针引线的重要作用，这里可选用故事悬念或故事接龙的方式，让学生在想象故事发展和结尾的过程中发现自己的内心感受，引发更深入的思考，这样会比平铺直叙更加有效。

2. 根据这个年龄的学生常对外貌的困扰而特别设计的竞猜和刻度尺环节，让学生在轻松的氛围中得到积极引导。

3. 对于心形卡片的感言，可以采取不记名的分享方式，收上来，随机抽选朗读，或是下课张贴在教室四周，让学生自由观看，将自我接纳的氛围进行延伸和拓展。

4. 最后的心理档案任务，是对自我接纳的再一次强化和巩固，让学生在回忆自己成长的过程中，感受成长的特别和美好，同时也接纳和认可每个阶段的精彩自我。

▶▶高中阶段

特别的黑点

杨琳琼　上海市三林中学

【教学目标】

1. 知道每个人的一生中都会有各种缺憾（生来就有的或者是后续发生的）。

2. 思考如何面对自己人生的缺憾。

3. 用接纳的态度面对人生中的缺憾，激发内心的能量，将缺憾转化为动力，给生命赋予正面的能量。

【教学对象】

高中一、二年级学生。

【课前准备】

1. 准备有黑点的白纸、白纸、笔、剪刀、修正液等各种工具。

2. 准备尼克·胡哲的视频剪辑。

3. 制作视频。

【教学过程】

1. 黑点的N种处理方式

设计思路：本环节让学生通过处理黑点，以及处理后的分享，来思考和领悟不同的处理方式对白纸和黑点产生的影响。

教师：手持印有一个黑点的白纸展示给全班同学，并给每个人发一张有黑点的白纸，请大家用自己的方式处理白纸上的黑点。

学生自由处理白纸上的黑点,并向全班分享自己的处理方式。

教师与学生交流分享,引导学生思考不同的处理方式对黑点和白纸的影响,并且板书。

板书示例:

处理方法:	抠掉	绘图	涂掉	折起	撕掉	不处理	……
黑点变化:	不见	有用了	不见	看不见但依然存在	不见	无变化	……
白纸变化:	破损、缺憾美	丰富而有意义了	有疤痕	有皱褶、不再舒展	彻底毁灭	无变化、挺好	……

分享结束,老师结合板书做简单总结:无论哪种处理方法,都会对黑点和白纸造成影响,有的会让白纸变得更加好看、有的会让白纸遭到破坏甚至毁灭、有的会让白纸发挥更好的作用……

2. 特别的黑点

设计思路:本环节让学生通过"黑点"的意象面对缺憾、感受缺憾、思考缺憾。初步领悟接纳缺憾、超越缺憾的人生哲理。

(1) 画下黑点,开始思考

教师:如果我告诉你,这张白纸不是一张普通的纸,是我们每个人有且只有一次的人生,黑点也不是普通的黑点,它代表我们人生中不可避免的缺憾。你又会做何处理呢? 大家不要着急去处理,请你静下来想一想,在你的人生中,这个缺憾是什么? 它有可能是你的一个特点,这个特点,你有点不太接受,有点不太喜欢;它也有可能是你人生中一次不愿意再经历的失败或者痛苦的经历;它还有可能是你人生中摆脱不掉的境遇,比如不那么幸福的家庭。请大家想想你的缺憾是什么,然后在白纸上画一个黑点,用这个黑点来代表你人生的缺憾,这个黑点的大小、位置、深浅都由你的缺憾以及你对自己缺憾的感觉来决定。(发给每个学生一张白纸)

学生一边思考一边在白纸上以黑点的形式画下自己人生的缺憾。此过程中,老师可用缓慢简洁的语言引导学生思考,并画下自己的缺憾。

征求学生的同意后,请部分学生展示自己的黑点并表达自己对黑点的理解。

(2) 视频启发, 引申思考

教师:谢谢你们的分享,还有的同学没有画下黑点,没有关系,毕竟面对自己人生的缺憾需要慎重,也需要勇气。下面我想分享一个让我很有感触的人物,他的人生有一个大大的黑点,在他 8 岁时,他觉得难以承受这个黑点,然后开始怀疑这张白纸的意义。在他 10 岁时,他想要毁灭这张白纸,可是没有成功,后来他用智慧找到了自己处理黑点的方式。下面,我们来看一小段关于这个人物的视频,看看这个人是如何诠释他的黑点,看看他能给我们什么样的力量。

播放尼克·胡哲的视频剪辑。

视频播放完后,教师提问:在视频中,你印象最深的是哪一句话?

学生分享发言。

教师结合学生发言引导学生更加深入地理解人生和缺憾。可以引申学生思考讨论的方向:

① 8 岁时的尼克关注的东西和现在的尼克关注的东西是否有不同?(关注缺憾,还是关注充满无限可能的人生?)

② 尼克现在的黑点的大小和 8 岁时的比是否有改变?(心中感觉缺憾的大小是否会随着心理能量和智慧的变化而改变?)

3. 致我的特别的黑点

设计思路:本环节让学生带着感悟去面对自己的人生缺憾,开始思考如何面对自己的人生缺憾。

老师:这堂课我们对我们的黑点和白纸做了很多的思考和探讨,现在请每位同学带着你的感悟写一句话给自己或者给自己的黑点。

学生在白纸上写下"致我的特别的黑点"。

学生分享自己写下的内容。

4. 结束语

设计思路:本环节总结全课,引导学生将本课内容延伸到自己的生活中。

老师:(拿出自己课前画好并处理过的黑点)最后,我也想和大家分享我的黑点以及我写给它的话。

我长大了,你依旧在那里,
只是越来越微小纤细。
我平静安宁地看着你,
心中涌起对你无尽的谢意,
感谢你陪我认清自己,
感谢你教我领悟珍惜。
我的人生越来越丰富绚丽,
而你一直在那里,
安静地伫立。

请每位同学把自己那张代表人生的白纸带回去,希望这堂课能够留有余味,给你以后的人生带去更多的思考和领悟。

【教学建议】

处于青春中后期的高中生,自我意识显著增强,在人际比较和各种压力下,他们常常感觉到现实自我和理想自我的差距。父母和老师在养育和教育中常常只给予他们有条件的爱,致使他们认为失败和不完美意味着无法得到爱。成长中难以避免的丧失和遗憾,如父母离异、亲人故去、朋友分离等,让阅历尚浅的高中生难以真正释怀。以上这些,都使高中生容易带着对自己的不满和失望成长,将大量宝贵的精力用于否认和拒绝自己,抑制了健康成长,导致无法更好地发挥潜能。

自我接纳是个体对自身以及自身特征所持的一种积极态度,是人健康成长的前提。自我接纳的人能理解自身的局限,集中精力发掘自己的优势;能以建设性的态度和方法去对待自己的弱点和错误,带着积极的情绪体验去改变自己、超越自我。

设计这堂课,希望学生能初步领悟对人生缺憾的接纳,并开始思考如何将缺憾转化为动力和正能量。这堂课里围绕一个黑点展开,用一个黑点来象征缺憾,白纸来象征人生,引导学生领悟对黑点不同的处理方式对于白纸和黑点会产生不同的影响。黑点引申为每个人人生中不可避免的缺憾,让学生去感受缺憾,领悟接纳缺憾、超越缺憾的人生哲理。带着感悟去面对自己的缺憾,提示学生带着本课的收获,思考"黑点"、处理"黑点"。

但在上课时,有两个值得思考的问题。第一,在这样并不具有保密性质的团体心理辅导活动课上,让学生去画自己人生的那个黑点是否符合伦理?在公开场合让学生画自己人生的黑点是否合适,是否会让学生陷入不安全的境地?我建议教师在课前备课时要明确一些限定,活动的重点不是关注学生画了什么,而在于通过这个环节的设置,让学生从被要求去思考到愿意主动去思考自己面对缺憾的态度;活动中不要求学生具体表达黑点所指的内容,而更关注学生面对黑点时的感受;分享时尊重学生的意愿,避免可能对学生产生的伤害。第二,在课堂上我们可能关注不到那些不会处理黑点的学生,而无法真正帮助他们。这是本课的最难点。心理课理应关注每一位学生,但事实上我们常常做不到,而最致命的是我们常常关注不到那些最需要关注的学生。所以在课后,教师应该尽可能利用课余时间去特别关注一些课堂上寡言或者表现特别的学生。

遇见自己　从心出发

甘志筠　上海理工大学附属中学

【教学目标】

1. 引导学生增进对自我发展的觉察。

2. 指导学生体会生命经验对于个人成长的影响,并通过自我对话增加积极的自我体验。

【教学对象】

高中学生。

【课前准备】

1. 根据学生人数准备笔(每人一支)、纸(每人一张)。

2. 准备电影《扭转未来》,并截取片段。

3. 多媒体。

【教学过程】

1. 导入:心理侦探——通过截图猜人物关系

今天我想和大家分享一部我很喜欢、同时也给我很多启迪的电影。在告诉同学们电影名称之前,先向大家介绍这部电影的两个主人公。请大家来做一回心理侦探,通过一些电影截图来猜猜看两位主人公是什么关系。

第一位主人公

◎ 40 岁,未婚,职业为形象顾问,收入丰厚。

◎ 个性自大,认为自怜就是输家。

◎ 与人交流困难,经常被人叫作"怪物"。

◎ 情感压抑,每当紧张时眼睛就会不自觉的抽搐。

第二位主人公

◎ 年龄 8 岁,还是个小学生。

◎ 身材肥胖,个性纯真。

◎ 热情开朗,情感表达直接。

◎ 三大梦想:养狗,开飞机,结婚。

教师:你能猜到他们两个人是什么关系吗? 其实,他们是一个人。

介绍电影《扭转未来》。

电影讲述的就是这样一个故事,现年40岁的罗斯,有一天他在家里发现了一个男孩,而事实证明这个小男孩就是8岁时的自己,一个啼笑皆非,却又温暖人心的故事就此上演。让我们跟随罗斯一起遇见自己,从心出发。

2. 成长心镜:成长中的改变

(1) 关于电影内容的思考:小罗斯到大罗斯的改变

刚刚在我说到两个人就是一个人时,有同学露出了惊讶的表情,是不是觉得有些不可思议,一个人经过时间的洗礼竟然变成了看似完全不同的人。

提问1:从8岁到40岁,你看到罗斯在哪些方面发生了变化?

教师:如此不同的两人在生活中冲突不断,终于有一天,小罗斯问了未来的自己这样一个问题:我是怎样成为你的?

播放视频片段"对话"。

提问2:大罗斯对于自己的改变有怎样的感受? 小罗斯呢? 为什么? 对于40岁的大罗斯而言,是自己还是小罗斯的认识更为正确?

教师:原来不同的年龄可以对改变有着如此不同的认识,小罗斯的出现开始让大罗斯有机会从更多的角度来看看,自己32年以来究竟发生了哪些变化。

(2) 内在自我分享讨论:自我发展的觉察

教师:成长似乎总是在不经意间已经发生了,有时连我们都没有留意。前几日我在公交车上看到一对母子,儿子就如小罗斯般大,问妈妈刚刚经过幼儿园时为什么会听到那么多小朋友哭,妈妈向儿子解释,因为他们离开家去上幼儿园还没有完全适应,儿子就说,他们怎么那么傻啊,幼儿园可开心了,小学才苦呢。我看到同学们也笑了,想说小学可开心了,现在才苦呢。你有没有发现我们正在不经意间一点一滴地发生着变化。如果现在8岁的你出现在你面前,你最想告诉他你发生了哪些变化?

① 自我觉察

让我们照一照成长心镜,看看自己的成长与改变。在3分钟时间内,每位学生写下觉察到的自身改变,能写几条就写几条。

写下觉察到自身变化超过3条的同学请举手示意,并请愿意的同学进行分享。

教师:当站在成长心镜面前,你有没有留意到这是一面多面镜。我们经历了大大小小的变化,如身体的变化、心理与人际的变化、成就的变化,当我们在有限的时间里写下这些变化时,有没有留意到还有其他方面我们也发生着变化? 在我们有意识地想要变得更美丽更帅、成绩更好时,也要有意识地改善着自己的性格、情绪管理能力、意志品质,同时要学习如何与各种各样的人打交道哦。

② 分享对于改变的感受

每个人在小组的缤纷感受卡上挑选1~2幅作为写完后的感受。挑选2~3个小组分享感受及其原因。各有不同还是比较趋同? 或者小组中最多的感受是什么? 为什么? (深感不易、百感交集依旧是比较多的感受，原因多是因为会有许多经历，可以将其作为关键词点出。）

教师：有人满怀期待，有人深感不易，即使有不少同学有着相同的感受，每个人的理解与体验也是不同的。因为我们有着不同的经历，对于经历也有着不同的理解。但不管怎样，我们都在以自己的方式向着自己定义的成熟出发，但究竟什么是真正的成熟呢？小罗斯面对这样的成长感到迷茫，所以他给罗斯的职业这样的定义，你就是帮助别人掩盖真正的自己，然后变成另一个人。你觉得呢？难道这就是成长吗？

3. 成长心语

大罗斯也开始思考起这个问题来，他想了解自己的现状与过去的关联。于是他决定与小罗斯合作，寻找过去究竟发生了什么事。两人一起回到8岁那年。生日当天，小罗斯为了救助一条小狗而被同学欺负，经过大罗斯的拳击特训，小罗斯终于打赢了那些欺负他的坏蛋，但没有想到真正的伤痛的核心并非输赢，而是重病的母亲被请到了学校，为此父亲大发雷霆，直言小罗斯这么做是要杀了母亲。在父亲不停地推搡他，要他快长大时，他第一次出现了眼角抽搐的症状。目睹一切的大罗斯似乎找到了问题的答案。

播放视频片段“释怀”（缩减至只有两人对话的部分）。

教师：小罗斯怎样看待这件事，大罗斯呢？所以他做了什么？他已经无法改变过去发生的事情了，这么做还有帮助吗？

改变不了过去，但觉察到经历对于自己的影响，改变过去对自己的意义，安慰小罗斯就是拥抱了过去的自己，接纳了自我，由此改变了生活的态度。

教师：回顾过去并不是为了对过去进行其他假设，而是为了从过去的经历中获得启发，学习选择自己的生活态度，当我们不断成长，时间、空间、心境都发生改变时，我们收获了更多的经历，对于成长，自己也会有不同的看法及感受，所以回顾过去是为了更好地正视自己的现在与未来。

现在你能回答，小罗斯在第一段视频中的迷茫吗？究竟什么是成长呢？我们又该怎样面对呢？

请学生完成造句及分享：

成长就是____________________，所以我要____________________。

教师：成长没有确定的定义，我们每个人可以选择给出属于自己的定义，认真地经历与思考必会带来意义，从生活中有所发现。

4. 尾声

教师结束语：你们想知道结局吗？

在这里我就卖个关子，有兴趣的同学可以在课后去寻找答案。在这里，我可以告诉大家影片最后出现了一位神秘人物，至于他是谁，我就不透露了。

有一天当我们垂垂老矣，回望过去，会发现原来人生的每个历程都有意义，生命的精彩，值得我们每个人和罗斯一样，于过去获得省思，于未来获得希望，于现在尽情努力。当我们越来越了解自己，越来越能与自己在一起，从心出发，我们想要的未来就在不经意间到来了。

【教学建议】

曾经在自己读书的时候做过一篇语文阅读，文章大意是一个老人在回忆自己的过去，感叹过去种种的事件，后悔自己有许多事错过了没有去完成，而现在已经没有机会了。当时阅读的时候就有非常深的代入感，觉得自己就像那个老人，因为自身的懈怠而正在错过这样和那样的机会。文章到最后一刻才揭晓这原来是一个少年做的梦，原来一切都还来得及。读到这里的时候，心中那些惆怅、懊悔的感觉有部分立刻变成了一些希望。

这节心理课的主干是一部具有穿越色彩的电影，通过视频中不同年龄却又同时出现的主人公的鲜明对比，引导学生对自我的成长经历进行觉察和思考。

本课重点主要在两个部分，第一是“成长中的改变”，这里需要教师通过关于电影内容的思考——小罗斯和大罗斯的改变，来引导学生对人生的成长进行反思。一个小孩子是如何变成另一个大人的。孩子的观念与成人的观念孰是孰非？本课的第一次讨论就在这里开始了，需要注意的是教师需要充分尊重学生的表达，允许他们发表自己的意见。虽然看起来小罗斯的观点更加吸引人，但是在这里不适合有过多的偏向，教师应尽量保持中立态度。

第二部分是“自我觉察”，让学生自己完成类似的心理历程对比，看看自己的成长与改变。对于高中生来说，这样的课堂分享有一些难度，需要最初在课堂上营造出足够安全的氛围。在鼓励学生表达的同时，教师也需要适当地进行主流价值观的引导。

总之这是一堂没有绝对答案的课，在自我意识、自我成长的领域，没有人可以规定别人要怎样成长。成长是自己的事情，也需要自己对自己负责。

参考资料

一、共享资源

（一）音乐

《You are Beautiful》

（二）绘本

1.《我的32个脸孔》
2.《爷爷一定有办法》
3.《我不知道我是谁》
4.《田鼠阿佛》
5.《自己的颜色》
6.《独一无二的你》
7.《失落的一角》

（三）电影

1.《扭转未来》

2.《回到未来》

3.《生之爱》

(四) 心理游戏活动

我的名字、我的印记、给自己的贺卡、人格拼盘、核桃游戏、人格盾牌、给自己的一封信、生命线等。

二、推荐阅读

《我是谁:意象对话解读自我》,朱建军著,安徽人民出版社,2009

《心理画外音:跨越 10 年的心理咨询个案》,严文华著, 华东师范大学出版社,2012

《认识自己,接纳自己》,(美)马丁 · 塞利格曼著,任俊译,万卷出版公司,2011

《当下的力量》,(德)埃克哈特 · 托利著,曹植译,中信出版社,2009

《重遇未知的自己——爱上生命中的不完美》,张德芬著,湖南文艺出版社,2011

参 考 文 献

［1］ 上海中小学课程教材改革委员会.心理健康学本(初中)［M］.上海:华东师范大学出版社,2005.

第十章

生 涯 发 展

第一节　专 题 解 读

一、知识链接

（一）关于生涯

生涯的早期内涵与范围大都以职业为核心，以如何选择职业、准备及安置就业后的适应与发展为重点。随着时代的变更与发展，学者们对于生涯的定义有不同的理解。不过基本遵循从“工作”到“职业”再到“终生全面发展”这样一个规律。生涯概念的变革，是人们对生涯内涵的理解逐渐加深的体现。

唐纳德·舒伯是生涯研究领域中的标志性人物，早在20世纪50年代，他便提出人的生涯是一个不断发展的历程。他认为，个体在青春期中的自我觉察程度、职业知识等与未来的职业选择和生涯成熟度有很大的相关性。此外，他还认为除了关注个体职业发展的需求之外，同时也应关注职业发展过程中，职业前和职业后的需求。可以看出舒伯对于生涯的研究还是着重于职业。

中国台湾学者林幸台在1976提出，生涯不应只局限于谋生糊口的工作或职业，而应将人的生活乃至整个生命的志向、抱负、理想也包含在内。沈之菲于2000年也指出，生涯是指个人终身所从事的工作或职业等有关活动的过程，生涯是永无止境的学习、成长、发展的创造历程。麦克丹尼尔斯在2007年提出，生涯是指一个人终其一生所从事的工作与休闲活动的整体生命形态。

综合以上观点，现代的生涯内涵应包括以下几个方面的内容：①全面性：它包括个人在家庭、学校、社会与工作有关的活动经验；②广泛性：生涯的内涵要比个人的工作或职业更为广泛，是指个人终其一生所从事的工作与休闲活动的整体生命形态；③发展性：生涯是一个人职业、社会与人际关系的总和，也就是说是一个人终生发展的历程。

（二）关于生涯发展

“生涯发展”（Career Development）是一个心理学名词，它是由美国著名心理学家哈维格斯特在1953年提出的。他认为个体成长的每一阶段都有相对应的需要去达成或发展的事项或任务。如果个体能成功完成他的发展任务，则可以获得愉快和舒畅的体验，并且有利于下一阶段的发展；反之，则会感到不愉快和遇到了屏障，并对下一阶段的发展产生阻碍。

关于生涯辅导的目标，从个体角度看，是促进个体的生涯成熟。从所要解决的问题看，最初目标是帮助学生实现就业；中级目标是帮助学生寻求匹配度较高的专业学习、选择职业；最高目标是培养学生自主择业发展生涯的意识、理念及能力。

我国学者研究发现，目前生涯辅导总的说来可分为社会导向、个体导向和综合导向三种观点。社会导向者认为生涯辅导的目的要依据我国教育方针，即“促使学生全面发展，成为中国特色社会主义事业的建设者和接班人”。个体导向者认为“生涯辅导的目的不仅是确定某个职业或职业发展的目标，而且是帮助他们实现自身价值，使其在未来能拥有更加愉快、幸福的生活”。综合导向者认为“生涯辅导的目的在于引导个体以更加广阔的视野来审视个人的职业选择与人生发展之间的内在联系，并在此前提下对个体所拥有的各种发展资源进行评估，学会选择与规划，通过促进个体自主有序的发展，来实现个人与社会之间最积极有效的互动”。

就目前的情况而言，个体导向的生涯辅导概念比较符合基础教育高中学段的现状。首先从环境因素来看，在基础教育高中阶段学生的主要任务还是学习基础学科知识和备战高考，通过展示开发自身的学习能力和了解职业取向，思考和选择能够发展自身价值的专业，所以高中生不像大学生或职校生那样有时间和精力来更多地了解整个社会的职业体系和变化。其次从课程设置来看，高中阶段主要以课堂学习为主，学校可以开发建构职业生涯辅导课程，并将生涯辅导课程融合在学校“三类”课程中，有意识、有针对性地向学生进行系统的专业介绍，并传授职业发展的知识技能，从而促进学生自主思考终生发展。

（三）国外现状

美国在 20 世纪 70 年代开始实行 K－12 生涯教育实践（K－12 教育是美国基础教育的总称），把高中阶段 10～12 年级作为学生的生涯准备期，学校要求学生根据相关生涯群集（以相关生涯探索目的排列而成的职业）去体验职业课程，进一步发展较为专业的知识与技能课程。在英国，对中学生进行职业指导的主要途径就是开设系统的生涯教育课。生涯教育课和其他学科一样，设有全国性的和地区性的统一规定和课程标准，许多学校把它规定为必修科目。

（四）我国现状

在我国台湾、香港地区，生涯辅导本土化是一个一直在努力探讨的课题，并建设有比较完善的本土化生涯辅导课程。相比较而言，我国大陆地区的中学生涯教育发展起步较晚，大多数省份在基础教育阶段的生涯辅导基本处于“缺席”状态。这种被冷落的情况有社会发展的原因，更有教育体制的原因，它不仅忽视了学生职业潜能的开发，还因片面追求学习成绩和升学率而扭曲了学生的个性特长和专业的选择，成为阻碍青少年社会化人格形成与发展的一种障碍，成为学生将来拥有职业成就感和幸福感的阻碍。目前，仅在我国一些发达的省市地区，如北京、上海、广州、深圳等地，对中学生职业生涯规划的研究进行开展，但仍旧处于研究探索阶段，教育行政部门还没有建立起系统的中学生涯教育体系，还没有比较成熟的生涯辅导课程。中国大陆地区的学生生涯发展辅导只是停留在解决学生报考大学、专业填报、就业选择的程度。然而我们知道，职业选择并不是一个人生涯发展的全部，人本发展理论的核心是追求人潜能的最大开发,追求人个性的最大实现,获得能力与职业匹配下的成就与幸福。它不是短期的行为,而是个体在生命的各阶段不断学习、积累、调整的一个长期规划。加强学校与社会之间的交流合作,加深基础教育到高等教育乃至择业之间的衔接已刻不容缓、势在必行。

二、学情分析

(一)小学阶段

根据舒伯的生涯发展理论,小学阶段属于生涯发展的“成长阶段”,这一阶段主要表现为以下特点:

生涯意识:很多小学生认为生涯发展离自己很遥远,职业选择是在大学时期或者大学毕业后才要做的事情,在小学阶段就开始考虑为时尚早。小学生普遍缺乏生涯意识,这与该阶段学生的自我意识发展尚处于发展过程中有关。

职业认知:小学生在生活和学习中,受家长、老师和媒体的影响,对职业世界有了初步了解,但对职业的认识还比较模糊,存在不少误区。他们对职业的概念认识不明确,会把某一职业具体做的事情理解为职业本身,对于职业的作用、职业分工、职业与社会的关系,以及职业所必备的知识技能了解不多。

生涯规划:小学生对未来生涯发展的规划是建立在自己的幻想和兴趣基础上的。小学中低年级学生以“需要”为主要考虑因素,通过幻想和角色扮演进行生涯探索;小学高年级学生则开始以“喜好”作为主要考虑因素,从个人兴趣出发来进行生涯探索。

(二)初中阶段

舒伯根据自己“生涯发展型态研究”的结果,参照布勒的分类,将生涯发展阶段划分为成长、试探、决定、保持与衰退五个阶段。成长阶段(0~14 岁)作为生涯发展的第一阶段,孩童开始发展自我概念,开始以各种不同的方式来表达自己的需要,且经过在现实世界中不断的尝试,修饰自己的角色。这个阶段发展的任务是:发展自我形象,发展对工作世界的正确态度,并了解工作的意义。这个阶段共包括三个时期:一是幻想期(4~10 岁),它以“需要”为主要考虑因素,在这个时期,幻想中的角色扮演很重要;二是兴趣期(11~12 岁),它以“喜好”为主要考虑因素,喜好是个体抱负的主要决定因素;三是能力期(13~14 岁),它以“能力”为主要考虑因素,能力逐渐具有重要作用。

英国于 2003 年颁发了“7~19 岁生涯教育法定框架”,并建立了完善的生涯教育体系,生涯教育课和其他学科一样,设有全国性的和地区性的统一规定和课程标准。在美国,生涯发展贯穿小学、中学和大学。学生从小学开始就在为自己长大后要从事的职业做知识、技能、综合素质上的准备,并为提高综合素质而参加各种各样的志愿者活动、职业体验、兼职工作。德国 13~15 岁的学生每周接受 5~7 课时的职业生涯辅导。我国大陆地区的职业生涯规划教育在高校已经普遍展开,而在中小学,尤其是小学和初中,则几乎没有系统的职业生涯规划教育。

在我国现行的教育体制中，初中毕业生面临着生涯发展的第一次抉择。选择艺术类招生、自荐生招生，还是裸考？选择普通高中、中等职业学校、中高职贯通，还是直接就业？2014年，上海中招出台面向沪籍应届生的“中本贯通”政策，并将逐年增加招生名额。“3+4”学制比以往“中高职贯通”再“专升本”的“3+3+2”学制，缩短整一年。这种打通中职和本科“任督二脉”的试点，在引起了众多家长和学生的关注和追捧的同时，却也引发了众人的顾虑——在生涯发展的成长阶段就选定专业和大学，是否有利于学生的终身发展？学生和家长应根据什么标准进行生涯决策？对于考入普通高中的学生而言，随着英语一年两考、走班制提供多样化的课程服务、取消录取批次注重专业选择、综合素质评价强调社会参与、多元化的高招标准和录取机制破解唯分数论等高考改革政策的出台，步入高一的学生就要面临着课程、社团、考试科目、社会志愿活动等生涯发展选择。因此，生涯规划不再只是高中教育的议程，应该受到初中生、家长以及学校的重视。

（三）高中阶段

1. 重视学业，忽视生涯

高中阶段是学生人生观、价值观、个性发展、自主发展的关键时期，也是学生生涯发展探索和选择成为社会人的准备期。而当前的现状是：学生、家长、教师和社会往往只注重学业成绩，忽视了学生能力发现与良好个性的培养，导致学生只是单一地为了考大学而学习，自主选择能力和自主发展意识薄弱。许多高中毕业生第一目标就是考上一所名牌的大学，将来可以有钱，有稳定的工作。因为这样的意识导致盲目选择的情况不是个案，而是一个普遍存在的现象。高中生面临着升学压力，始终体验着学习压力带来的烦恼、困惑和焦虑，绝大多数学生产生学习动机消退、行为被动、厌学等行为。就是很多学习良好的学生，也会对未来迷茫，不知道怎么兼顾学习和生活，怎么才能胜任学习，怎么发展自己。在选择大学及其专业的过程中，表现得不知所措，不知道如何选择专业，什么专业才能发挥自己最大的潜能和价值，任凭家长替代自己作出决定。

总而言之，大部分高中生重视学业发展而忽视生涯发展，忽视生涯发展会导致缺乏足够的学习动机，学业差便更加无暇顾及自己的生涯发展，从此陷入一个恶性循环。

2. 生涯意识狭隘

部分高中学生有一定的生涯发展意识，不过他们对于生涯发展的认识比较狭隘。有许多学生单纯地认为生涯发展就是知道自己将来考什么大学就行了，稍微好一些的学生顶多再想想考什么专业。而且这些想法大部分发生在刚进高中的时候，学生对于高校和高考没太多概念的情况下。到了高三，当面对着自己的成绩和高考的压力之下，许多学生很难坚持他们当初的选择。

高中生对于自己未来的发展规划过于理想，不切实际。一般情况下，高中学生知道自己想考和能够考什么大学已经算是挺有生涯发展的意识了。上海的高中生一般只知道比较有名的几所知名大学，不幸的是他们对于这些大学的认识都还只是建立在家人同学的口碑之上，很少有学生会自己去搜集一些自己感兴趣的大学的资料，或者实地去那里考察一下。笔者曾经在课堂上做过一次小调查，看看高一学生未来的目标大学和专业是什么。没想到交上来的问卷回复清一色是复旦、交大，专业也都围绕在时下热门的医学、金融、计算机等专业。

首先学生从小到大缺少生涯规划意识，其次缺少机会和渠道去规划生涯。很少有政府或学校组织的活动会涉及这一块内容，学生基本没有机会接触社会上的大多数职业，只是对自己家人的职业和几个常见的职业有所了解。造成这一切的原因在知识链接部分已经有所阐述，我国的教育体系本身便不太重视生涯发展，缺乏完善齐全的制度和课程。

3. 生涯发展规划过于功利，不考虑自身情况

许多高中生只重视学校不重视专业。他们知道要考名校，因为名校的毕业生可以找到一份收入高的职业。于是在填报志愿的时候，不论自己适合与否，一味地瞄准好大学填报志愿，其中有些专业自己压根都不了解。学生的脑子里总觉得一流大学的三流专业要好过三流大学的一流专业。另一方面，在选择专业的时候也大多选择当下热门的、便于日后就业的。至于自己到底适不适合、喜不喜欢这个专业，也只有等到读了才知道。于是我国高校毕业生专业和职业高度不对口，很多人到了社会职场才开始反思自己到底喜欢干什么，白白浪费4年大学时光。所以，高中生应该尽早了解自己的发展方向，较好地把握未来。学生应结合自己实际情况（性格、能力等）和社会需求作出较佳的选择、规划与准备。

三、目标与内容

（一）中小学阶段生涯发展辅导的教学目标

国家教育部颁发的《中小学心理健康教育指导纲要（2012年修订）》，在心理健康教育的具体目标和主要内容中都提到了中学生要培养职业规划意识，确立职业志向，培养职业道德意识，进行升学择业的选择和准备等内容，但在具体教学过程中，针对不同学段，教学目标的设定要各有侧重，体现出小、初、高的衔接与发展的特点。

各学段生涯发展辅导的教学目标如下表：

学段 目标	小学	初中	高中
了解生涯、有生涯发展意识	树立基本的生涯发展意识；知道生涯规划要从现在开始。	理解生涯，增进生涯规划意识；了解生涯发展与个人成长的关系。	激发生涯探索的意识，理解生涯发展与规划的重要性，明白自己的人生目标。
职业认知与职业规划意识培养	了解社会职业与分工，初步知道不同职业的内容与所需能力要求。	了解兴趣探索在生涯抉择上的重要性，知道人格与生涯的关系；了解外部世界，知道职业与行业，学习有效运用决策技巧，确定阶段性的生涯发展目标，学习选择与行动。	了解自己的职业兴趣与职业价值观，了解和探索各高校和专业的理论与实践，初步规划自己的生涯发展，确立职业志向，培养职业道德。

（二）中小学阶段生涯发展辅导的教学内容

1. 小学阶段

根据舒伯的生涯发展理论，处于“成长阶段”的小学生，其生涯发展的主要任务是发展自我形象，发展对工作世界的正确态度，并了解工作的意义。小学阶段可以选择以下内容开展教学：

（1）丰富多彩的世界

通过多种方式呈现内容，引导学生认识社会上的多种职业，包括传统职业和新兴职业。了解职业分工，了解职业与社会需求和社会功能之间的关系，以及各种职业对社会的作用。通过参与校内外活动等多种途径，尽可能收集不同职业信息，初步探索不同职业的工作内容和所需能力要求。

（2）家庭成员的职业

通过课前的家庭访谈等方式收集信息，分享与了解家庭成员所从事的职业名称及具体工作内容。

（3）职业全透析

以某个学生感兴趣的职业为例，了解从事该职业所需要的各种能力以及与现在学习的关系，需要个人发挥的优势特长，也需要互相合作配合，并学习做出简单的职业规划。

需要提醒的是，小学阶段进行生涯发展教育，除了心理课课堂教学之外，还应开展各种生涯体验活动，如职业访谈、职业调查、职业信息搜索等，将活动与课程结合，会起到更大作用。

2. 初中阶段

（1）走进生涯规划

通过实例或故事形式，引导学生了解生涯规划的意义，增进生涯探索的意识；了解生涯发展阶段，明确初中阶段的生涯发展任务；了解影响生涯发展的因素，明晰生涯规划的步骤。

（2）我的成长之路

可以通过学生的故事，帮助学生了解个人成长历程与生涯发展的关系，同时让学生回顾自己的成长过程，理解成长经历与重要事件对自我的影响；通过采访家庭成员或其他身边的重要的人，理解他们对自我的影响。

（3）兴趣海岛揭秘

通过学生介绍自己的兴趣爱好，认识兴趣的含义；通过活动，了解兴趣探索在生涯抉择上的重要性。

（4）心中那杆秤

借助生活中的实例，帮助学生了解价值观的含义，认识价值观与生活方式以及职业选择的关系。通过“我的自画像”或设计表格填写，让学生汇总自己的成长历程，探索兴趣、性格、能力以及自我价值观的发展，整合自我认识，知道人格的含义与类型，了解自己的人格特质，进一步增进自我了解，知道人格与生涯的关系，为生涯规划打好基础。

(5) 职业大观园

通过调查采访和查阅资料,了解职业与行业;借助游戏活动,让学生对职场有初步的体验,了解和体验感兴趣的职业的工作状况和要求;设计"升学八通达"活动,了解高中、中职校、中本贯通等升学途径,把握升学选择的方向,培养职业规划意识。

(6) 决策进行时

探索与了解个人的决策风格,学习运用决策的技巧,确定阶段性生涯发展目标;通过"规划在书中"活动,指导学生制定生涯规划书,让学生有初步的职业规划感受;设计"成长在路上"等活动,让学生学习面对环境的转变,评估和调整自己的生涯目标,不断改进适合自己的升学及就业计划,增进生涯探索与发展的信心。

3. 高中阶段

(1) 梦想与生命线

通过活动与分享,引导学生叩问自己的人生目标,体会理想和生命交融时的紧迫感,激发生涯探索意识,明白生涯发展与规划的重要性。

(2) 我的职业兴趣

借助霍兰德职业测试量表,让学生进一步了解自己,明白自己的职业兴趣;运用 MBTI 人格测试,让学生进一步明白人格与职业志向、生涯规划的关系;组织"价值大拍卖"游戏,引起学生思考并了解自身的价值观,了解自己的职业价值观与职业兴趣,与未来相约,为未来的发展和规划作准备。

(3) 美丽的象牙塔

针对高中学生要参加高考的特点,可组织学生了解各类高校的招生和发展情况,以小组为单位,课余分别走访或收集高校资料,并根据自己的了解,在课堂作"大学备忘录"的演讲;开展"专业备忘录"活动,了解高校的专业,搜集相关专业信息,理解专业是什么,为升学就业选择作准备。

(4) 生涯蓝图

通过采访家人或身边人的职业及发展,作"职业采访"的课堂演讲;有条件的学校可组织学生走出课堂,体验某些职业,并在课堂共同分享职业体验。在这些探索和实践的基础上,引导学生初步规划自己的生涯法案蓝图,确立自己的职业志向,并培养职业道德。

四、温馨提示

(一) 理论和实践并存

生涯发展辅导与其他心理辅导活动课板块不同的是,它不仅需要教师在课堂上传授理念和技术,更加需要教师在课外组织一些生涯实践的活动。我国目前的中小学生涯辅导欠缺系统的生涯实践课程,教师可以在自己条件允许的范围内,尽可能地去安排学生进行一些生涯实践活动,并且在课堂或者校内进行分享。例如利用家长资源进行讲座、安排职业体验，利用社区资源组织参观体验，或者安排学生自发进行探索实践。另外，目前上海市实行的社会素质拓展活动也是一个不错的平台，高中教师可以利用这个平台与学校的德育工作结合起来进行学生生涯发展实践的尝试。

（二）教师需时刻关注社会变化

随着生产力的发展，在不同时期社会分工会逐渐发生变化，不同时期的热门专业是不同的。教师需要时刻注意更新自己的职业和专业相关知识，让自己的专业知识和时代接轨，以便设计出更适合学生的生涯发展辅导课程。

第二节　教案分享

小学阶段

我的老爸是个“神话”

赵晓英　上海市嘉定区马陆小学

【教学目标】

1. 了解父亲的职业，对社会职业分工的多样化有初步的了解。
2. 通过吹气球的活动，体验职业分工的重要性。
3. 尊重父亲的职业，继而尊重社会中的每一个职业。

【教学对象】

小学三年级学生。

【课前准备】

1. 制作课件。
2. 准备板贴（树叶形状的贴纸）和活动道具（气球、丝带、衣架、剪刀、心愿卡）。

【教学过程】

1. 活动导入——星爸集结号

呈现《爸爸去哪儿》中的5位小主人公和老爸的照片和名字，播放节目主题曲，出示课题。

老师提问：你知道这些明星老爸的职业是什么吗？

学生回答，教师粘贴写有职业名称的树叶板贴。

过渡：如果生活就像一棵树，爸爸们的职业就是这一片片树叶。此时，这棵大树上的树叶显然太少了，怎么办？

2. 职业分享 ——缤纷职业树

学生将自己老爸的职业写在树叶卡片上，然后贴到黑板上，丰富“缤纷职业树”。

交流分享职业树上老爸们的职业，体会职业的多样性。

3. 小组活动——吹气球比赛

过渡:正值父亲节,准备组织活动,对爸爸的辛苦工作表示感激,需要同学们帮忙准备气球。

(1) 第一轮活动

教师呈现实物样例,明确活动要求:将气球吹到规定大小后,用丝带扎好,并系在衣架上,每个衣架上系一个气球。

以小组为单位进行吹气球活动。统计各小组的完成数量。

教师提问:活动过程中,你们遇到了什么困难?(一般情况是,大家都去吹气球,各自进行,在规定时间里甚至无法完成一个气球作品。)要完成这个任务,小组要怎么做?需要哪些不同的分工?

小组讨论,由一名代表交流讨论结果,将小组分工贴在“缤纷职业树”上(如,吹气工、系线工、绑球工等)。

小结:要顺利完成任务,各种分工都不能少。

(2) 第二轮活动

小组讨论决定分工,再次进行吹气球比赛。统计各小组的完成数量。

教师提问:这次活动中,为了解决遇到的困难,你们是如何分工的?为什么决定进行这样的分工?(引导学生思考可以根据优势和特长进行分工)这样的分工给我们小组带来什么效果?(引导学生思考合理分工有助于更快完成任务)

小结:要顺利完成任务,还需要合理分工。

4. 活动结束——夸夸我老爸

回顾日常生活中老爸的职业,再次强调社会上职业分工的重要性。

教师示范,学生制作心愿卡片,贴在气球上,作为父亲节礼物送给辛勤工作的爸爸。

【教学建议】

1. 教师在课前要通过调查、访谈等方式,对学生的家庭环境、家庭经济情况,特别是父亲所从事的职业有一定的了解,这些因素都影响着学生对职业世界的认知。另外,学生家长的职业肯定或多或少存在差异,活动中要对那些觉得自己父亲工作比较不起眼不重要的学生给予关注,希望他们通过活动能够尊重自己父亲的职业。而对于父亲工作相当忙碌的学生来说,希望他们通过活动能够理解父亲的辛苦付出。

2. 本节课中小组吹气球比赛是一个关键环节,也是生成性内容最多的环节。为了保证课程的顺利进行,需要教师在课前作好充分预设,最好是通过亲身参与活动来预想学生可能遇到的各种困难,从而尽可能规避可能出现的各种意外影响活动效果。

3. 吹气球这一活动的目的不在于小组比赛,而在于通过参与小组活动,让学生体验到,要更快更好地完成任务,需要进行任务分工,分工时还需要考虑个人的优势和特长。小学生在完成活动时,往往特别在意比赛输赢的结果,反而忽视了对活动的体验和反思,这就需要教师在设计提问和学生交流时,加以适当引导,把重点放在“分工”这一要点上,以便更好地达成这一环节的教学目标。

初中阶段

同学，去哪儿

秦青　上海市虹口区教育学院附属中学

【教学目标】

1. 初步探索自己的职业方向。

2. 开始有意识为未来的职业目标作准备。

【教学对象】

初中二年级学生。

【课前准备】

1. 相关视频准备。

2. 准备职业卡、标有类型特点的6张指示牌、探索单、音乐、海报纸等。

【教学过程】

1. 活动导入

观看有关职业的视频。(设计意图：通过观看视频，了解别人的职业梦想，启发学生思考未来要从事的职业。)

2. 主题活动

(1) 第一轮探索：我想从事的职业

在探索单上写出未来最想从事的职业，根据职业卡进行第一轮选择。

(2) 第二轮探索：与职业相关的我的特点

在探索单上写出"与职业相关的我的特点"，根据"指示牌"上呈现的职业特征进行第二轮的选择。

(3) 第三轮探索：讨论分享

同组的学生进行讨论，共同制作小组画，讨论内容为：给小组起名，一个能体现小组特点的名称；为了实现未来的职业目标，现在可以作哪些准备；5分钟之后，将小组作品进行全班分享。

(4) 探索小结

无论我们要去哪儿，心动就要行动，脚踏实地，一步一个脚印地朝着自己的职业目标去努力。

3. 活动总结

由于这节课只是初步探索我们的职业方向，如果同学们想继续探索，可以参加职业体验日活动，还有暑期的职业小达人活动，还可以去其他非盈利性教育机构参加志愿者活动，或者做个职业访谈。

职业探索之路就是自我成长之路。随着你对自己探索的越多，对外部的职业世界就更加了解，也许你会更清楚你要去哪儿，作哪些准备可以帮助我们去那儿，也许你会调整职业的方向，找到更适合自己的道路。

【教学建议】

1. 对教学对象的建议

由于在设计上需要学生对自己有一定的认识，对未来的职业也有一定的思考，在实施的过程中会有3次的探索,且层层深入,还要与同组的同学进行交流分享,所以对学生的思维深度与合作能力均有要求,建议在八年级(初中二年级)开展比较合适。

2. 对课堂氛围的建议

每个人都有自己未来想从事的职业方向,因此,职业的目标和路径都是不同的。所以教师在引导的过程中要强调每一次的探索都需要跟着自己的心走,而不是同伴去哪我去哪。同时,职业无好坏之分,故每个人的职业选择都是值得鼓励的,教师需要创造自由探索的课堂气氛,不加评判,而心理课的魅力也在于此。

3. 对课堂性质的建议

此次课程只是初次打开了职业探索的大门,未来还有很多的可能。可能有的学生会更加坚定自己的选择,也有学生可能会随着对自己和外部职业世界的了解而改变自己的职业方向,所以不要因为一节课就给学生定性,而是重在探索,重在行动,为将来的职业目标作准备。

【附件】

1. 职业卡

第一组职业卡:运动员、工程师、医生、记者、园艺师、汽车修理工、兽医、维修工。

第二组职业卡:实验员、生物学家、化学家、科研人员、大学老师。

第三组职业卡:作家、画家、音乐家、厨师、漫画家、导演、服装设计师、主持人。

第四组职业卡:教师、社会工作者、职业生涯规划师、心理咨询师、护士。

第五组职业卡:销售、市场、管理、公务员、律师、淘宝卖家。

第六组职业卡:银行职员、会计、秘书 、税务员、计算机操作员、消防员。

2. 指示牌

(1) 第一组:实际型

这个组自然生态保护得很好,保留有热带的原始植物林,也有相当规模的动物园、植物园、水族馆。组员很擅长手工,自己种植花果蔬菜、修缮房屋、打造器物、制作工具,喜欢户外运动。

(2) 第二组:研究型

这个组布满多处天文馆、科技馆和图书馆。组员喜好观察、学习,崇尚和追求真理,常有机会和来自各地的哲学家、科学家和心理学家交流心得。这是一个喜欢学习和思考的地方。

(3) 第三组:艺术型

这个组布满了美术馆、音乐厅,街头雕塑和街边艺人,弥漫着浓厚的艺术文化气息。组员保留了传统的舞蹈、音乐与绘画,许多文艺界的朋友都喜欢来这里寻找灵感。这是一个充满艺术气息的地方。

(4) 第四组:社会型

这个组的特点是组员个性温和、友善、乐于助人,社区均自成一个密切互动的服务网络,人们重视互助合作,重视教育,关怀他人,充满人文气息。这是一个充满人文气息的地方。

(5) 第五组:企业型

这个组的特点是组员善于企业经营和管理,能言善辩。经济高度发展,处处是高级酒店、俱乐部、高尔夫球场。来往者多是企业家、经理人、政治家和律师等。

(6) 第六组:常规型

这个组的建筑十分现代化,是进步的都市形态,有完善的户政管理、地政管理、金融管理。组员个性冷静保守,处事有条不紊,善于组织规划,细心高效。

3. 探索单

班级: 姓名:

一、我最想从事的2~3个职业:__________ __________ __________

二、写出与想从事职业相关的内容

1. 我的兴趣:____

2. 我的特长:____

3. 我的性格(关键词):____________________________________

三、其他小组让我心动的地方:

感受职业[1]

【教学目标】

1. 引导学生认识职业的丰富性,并初步发现自己的职业兴趣。

2. 引导学生关注身边的职业,了解职业背后的故事,为自己将来的职业作准备。

【教学对象】

初中学生。

【课前准备】

1. 提前一周布置学生走访身边的职业人物,了解职业信息。

2. 完成"职业搜索线"(附件1)和职业人物专访活动(附件2)。

【教学过程】

1. 游戏导入:我的名片(附件3)

(1) 我的名片:制作我的名片

《二十年后再相会》是一首经典歌曲,常常在毕业典礼上播放。畅想一下,20年后你多大了?在哪个单位、哪个岗位,做着什么样的工作呢?假如那时同学聚会,互换名片,你会希望自己的名片是什么样的呢?

(2) 交流分享:你愿意和大家分享你的名片吗?

(3) 教师小结:有些人做着自己喜欢、也适合自己的工作,过着自己喜欢的生活;有些人做着自己不喜欢、也不适合自己的工作,为了糊口而过着懵懵懂懂的生活。你更愿意成为什么样的人呢?

2. 职业大观园

(1) 学生活动一:看表演,猜职业

① 请几位同学上台。

② 给每个同学悄悄布置一种职业，请他按要求表演。(比如教师、银行职员、司机、职业运动员、导游，厨师等)

③ 学生依次表演这些职业，让其他同学进行猜测。

(2) 学生活动二：逛超市，找职业

逛大型超市是我们日常生活的重要部分。请学生思考，聪明的你，在关注琳琅满目的商品的同时，是否发现过超市里的各种职业?

教师：卖场管理、收银员、导购员、物流管理、搬运工、员工培训师、理货员、保安、保洁员、采购专员、电工、播音员、广告策划、咨询宣传……

分享交流：

◎ 这些职业是否需要很多体力活动?

◎ 某职业是否需要很多举起重物的活动?

◎ 某职业是否男性和女性都能承担? 为什么?

(3) 学生活动三：说说我的职业需要

① 学生两人一组讨论，自己喜欢需要很强体力的工作，还是喜欢需要很强脑力的工作? 为什么?

② 说说男生和女生在职业扮演中的角色可能有什么区别? 为什么?

③ 你在选择职业的时候，会看中这份职业的薪水高低、社会地位、工作时间、工作环境、人际关系、稳定性，还是其他什么? 为什么?

(4) 教师小结：职业大观园里，丰富多彩。现在的学科学习，将引领我们走向自己感兴趣的职业。正确的职业选择能造就我们健康、快乐、有价值的幸福人生。

3. 行行出状元

(1) 学生分享“职业搜索线”。

(2) 职业人物专访报告：学生交流分享采访成果和心得。

(3) 教师小结：了解身边某一自己感兴趣的职业从业人员的真实经历、感受，切实了解该职业的闪光点与背后的故事，能帮助我们更审慎地选择，走好人生每一步。

4. 教师总结

我们了解了丰富的职业，也初步探索了自己感兴趣的职业。但喜欢的未必是适合的。我们更适合怎样的职业，还需要我们了解自身的特长，发觉自己的特色，不走寻常路，只走适合路!

【教学建议】

1. 游戏导入中“我的名片”，可以让学生自由发挥，加入插图、颜色等元素。

2. “职业大观园”环节，在“看表演，猜职业”活动中，教师可以选择一些新颖的职业，增加活动难度和趣味性；“逛超市，找职业”活动也可以灵活替换其他场所；“说说我的职业需要”是对学生价值观的考察，教师不仅要启发学生去思考，更需对学生某些消极价值观给予正面引导，这也是本课非常重要的一个环节。

3. “职业搜索线”和“职业人物访谈”需在课前布置并完成，教师对学生需采访有关职业方面的哪些内容应给予指导，重点在了解职业人物的经历与工作感受。

4. 结束环节，课末应引导学生明确“喜欢的未必是适合的”，能通过接下来的课程了解自己,找到最适合自己的职业。

【附件】

1. 职业搜索线:在包罗万象的职业类别中,有哪些职业吸引你呢?又有哪些职业适合你呢?多元探索两项你比较喜欢的职业,要仔细了解它的工作内容及各项条件。

职业一		职业二	
职业名称		职业名称	
工作内容		工作内容	
雇佣条件		雇佣条件	
需要的资格及能力		需要的资格及能力	
工作地点		工作地点	
工作时间	每周________小时	工作时间	每周________小时
年薪资待遇	约________元	年薪资待遇	约________元
福利		福利	
行业领军人物		行业领军人物	
职业前景		职业前景	
其他		其他	

2. 职业人物专访报告

职业人物专访报告
采访职业人物后,记录对某个职业的认识、所属行业、职位、职责活动及任务、任职要求(知识、能力、技能、兴趣、工作态度)、工作环境、每周工时、福利待遇、从业人员年龄结构、社会地位、产业规模、工作前景等,写下采访成果和心得。

3. 我的名片

<table>
<tr><td>

××××公司

姓 名　　　　职 务

联系地址：
电　　话：
邮　　箱：

</td></tr>
</table>

▶▶高中阶段

与未来有约
——职业心理辅导篇

张晓冬　上海市建平中学

【教学目标】

1. 了解自己的职业兴趣与职业价值观，知道生涯规划需要考虑多方面因素。

2. 通过活动体验职业选择需要考虑的多种因素，初步进行多角度探索生涯准备。

3. 体验职业选择的过程及心态变化过程，形成生涯规划的自觉意识。

【教学对象】

高中学生（高二、高三更适合）。

【课前准备】

1. 职业卡片（约60张）。

2. 发给学生的“生涯轮”作业纸。

3. 宽敞的活动课教室。

4. 准备视频《人的一生》。

【教学过程】

1. 引入：人的一生

学生观看一分钟视频《人的一生》。

提问：视频给人什么感觉？

教师导入：人的一生既漫长又短暂，在这短暂的一生中，职业生涯占了最多的时间，因此为了我们的生命质量，我们要好好规划未来。

2. 未来准备

（1）建平中学戴维恩、陈仁慧等人的项目设计成果《建平中学学生生涯规划的实践与探讨》。

研究表明，39%的建平学生对未来职业不了解，33%的学生对自身的情况认知不足。

（2）前几天，“东广快讯”上“高考状元刘丁宁退学港大复读备考北大新闻系”的消息也

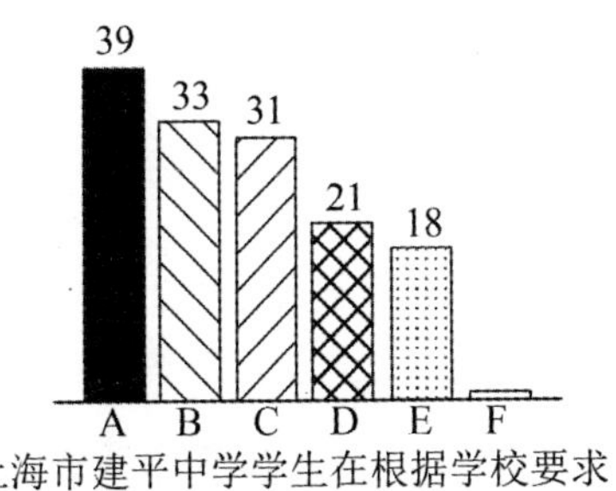

上海市建平中学学生在根据学校要求进行的生涯规划过程中遇到的困难的统计

引起了很大的社会反响。

(3) 很多已经走上工作岗位的人对自己的就业现状也不满意。

根据2012年6月12日公布的《2012年中国大学生就业报告》，在就业的2011届大学毕业生中，仅有47%对自己的就业现状表示满意，部分行业的就业满意率低至27%。而已经工作3年的大学毕业生中，也只有35%对就业现状满意。对现有工作不满意的原因主要集中在对工作性质及内容欠缺了解、薪金待遇比预期低、人际关系处理能力弱等几个方面。

教师提问：

◎ 对这些信息你怎么看，有什么想法？

◎ 这些信息对你现在的学习与未来的思考有没有什么影响？

◎ 如何规划我们的未来呢？需要考虑一些什么因素呢？

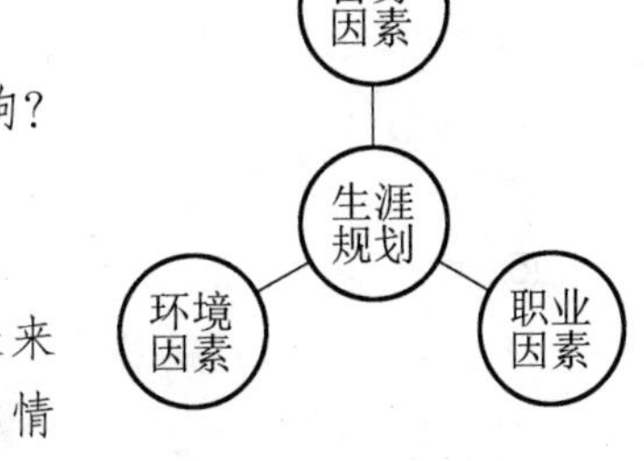

教师小结：

确实，现代的竞争已经不仅仅是学业成绩的竞争，关于未来规划我们也需要尽早考虑。在高中阶段如何针对自己实际情况，思考未来规划、考虑选什么学校，选什么专业、将来从事什么职业，是非常有必要的。

3. 职业大超市

(1) 未来冥想(轻音乐背景)

教师导语引导：请大家闭上眼睛，调整呼吸，跟着我一起穿越时光隧道。高三这一年的生活紧张而充实、忙碌而有序，你早就对未来生涯开始了探索，在高三心理辅导课中，也跟着老师一起对自己、对社会、对大学专业有了更多的了解，你填报了自己向往的大学和喜欢的专业。高考考场中，你镇定自如，奋笔疾书，正常发挥。金秋时节，你如愿进入自己向往的大学，在那里学习专业知识，与同学们畅想未来，也抓紧时间在各方面培养自己的多种能力，大学的时光是那么的美好。时光飞逝，临近毕业了，你和同学们在不同岗位上实习，寻找着可能的就业机会。这一天你和同学来到了人才市场的职业大超市，在这里，你发现了一份理想中的职业，这份工作符合你的期望，与你的专业相符，你真喜欢这份职业，你觉得自己一定可以在这份职业中发挥优势，大展宏图，你的心里充满了对未来的憧憬。这份职业的名称是？

(2) 我的职业我选择

请大家睁开眼睛，在白板上贴着的这些职业卡片中选一份你最喜欢的也是最适合你的职业。机会有限，先到先得，请抓紧选择。

活动：学生自由选择。

教师观察学生活动中的反应并提问：

◎ 找到自己喜欢的职业了吗？找到的时候心情如何？

◎ 为什么选这张职业卡片？选的过程如何？顺利吗？

◎ 有没有人和自己争夺这份职业？那时心情如何？

◎ 看到自己心仪的职业卡片被别人拿走了，心情如何？后来怎么办的？

◎ 我此刻的心情如何？我最看重这份职业的什么方面？

◎ 为什么不去选择？我的想法是？

◎ 对这个活动我的感想是？

(3) 我的职业价值观

很多同学选择职业时看重的内容不同，这就是我们的职业价值观。了解自己，除了了解自己的职业兴趣，更需要了解我们的职业价值观，请大家将自己在选择职业的时候看重的因素按顺序排序。

◎ 职位高，有面子

◎ 工资高

◎ 发展空间大

◎ 符合自己的兴趣

◎ 工作稳定

◎ 福利好

◎ 工作轻松

◎ 有社会意义

请学生分享自己的排序。

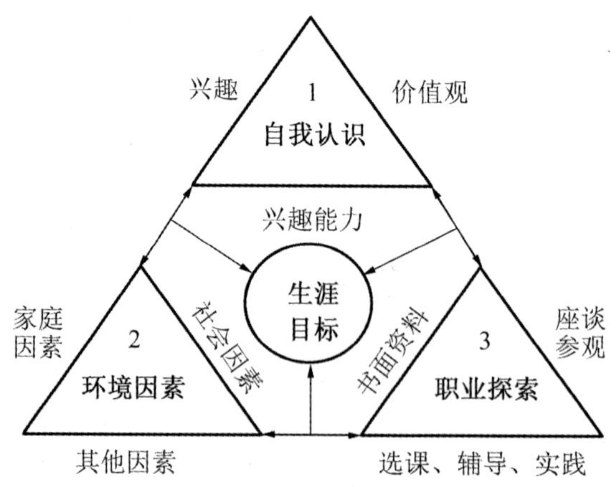

教师小结：我们每个人的职业价值观差别很大，这就是独特的我们，是我们不能忽视的因素和事实。

(4) 我选择的职业特征和我的职业价值观是否匹配？

不匹配，怎么办？（调整职业方向、再认识自我，了解自己的职业兴趣，培养和提高自己的职业能力。）

学生小组内交流。

4. 我的生涯轮

发放生涯轮作业纸，请学生在纸上完成自己的生涯轮。

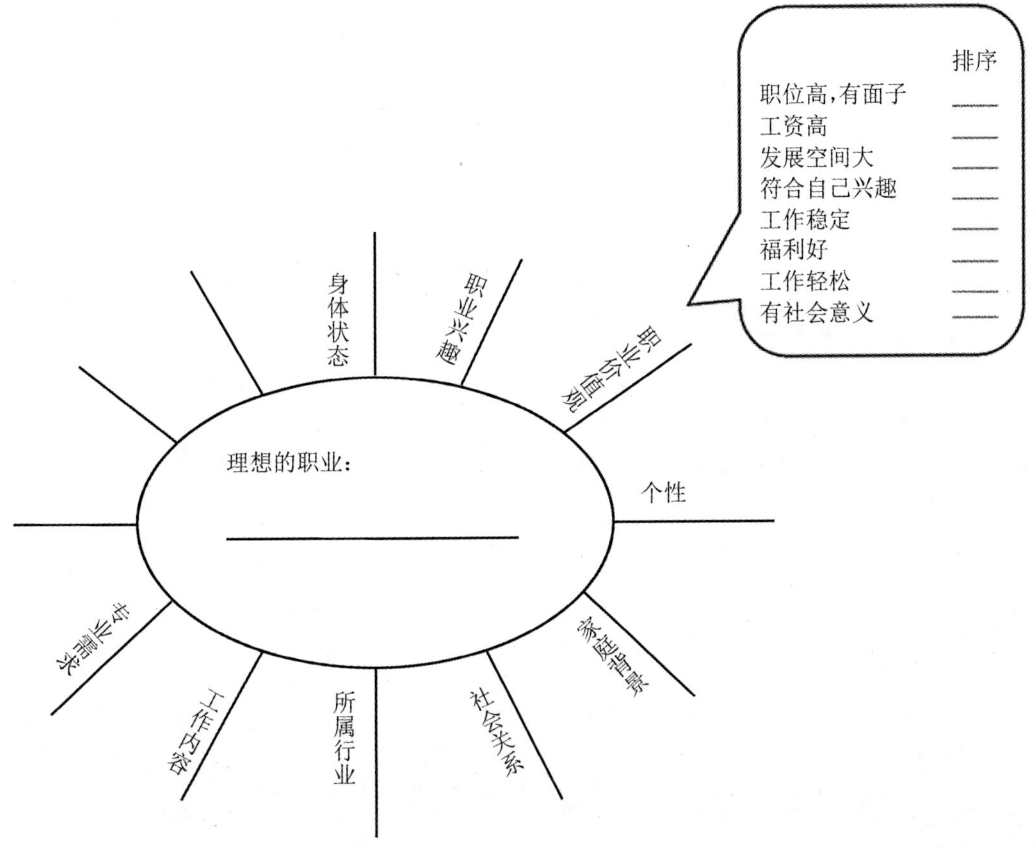

讨论分享：你是什么时候明确这个目标的？

已经做了哪些准备？

还需要做哪些准备？

5. 小结与拓展

让我们继续规划我们的未来人生，课后在网上完成霍兰德职业兴趣测试，将测试结果推荐的职业和自己的理想职业对照来看，探讨两个或者一个职业的岗位名称、所属行业、工作内容与职责以及岗位要求等。

我相信，我们每个人都希望自己前程似锦。有人说成功属于聪明的人，有人说成功属于勤奋的人，我要说成功属于有准备的人。

让我们在接下来的心理辅导课和日常学习生活中，更全面地了解自己、更多地了解社会职业，提升自己的综合能力，携手实现我们美好的未来！

【教学建议】

调查报告表明现在的高中生对未来很迷茫，而现代的社会竞争已经不是单纯学习成绩的竞争，只有尽早进行生涯规划的学生才能在未来具有更大的竞争力。从本校学生的教育来看,从高一开始就开展各种形式的生涯指导与体验活动,因此相对来说,学生对自己与社会有了一定的了解,有些人已经有了很明确的生涯发展方向,但是进入高三,学习成绩与目标的规划问题依然是他们最大的困扰,因此,在高三年级学生中,开设职业辅导心理课还是非常重要的,也是非常有必要。

建议在进行职业心理辅导时,要有一个系列,可以先引导学生开展再认识自我探索(通常用2课时),帮助学生对自己的生理、心理以及与他人关系等有了一定了解,然后进行职业心理辅导,让学生探讨如何针对自己的实际情况,深入探讨与未来生涯发展有关的问题。我们在进行辅导时有5课时内容,本课是第一课时,着重引导学生产生生涯探讨意识,认识生涯探索必须先了解自己的职业理想、职业兴趣与职业价值观,只有多角度考虑、合理进行生涯规划并在实践中探索,才可能更好发展。在本课之后的学习中,还要引导学生深入探索如何多角度考虑择业问题、探索了解社会职业与高校专业、合理匹配与填报志愿、求职与面试,逐步学习理性生涯规划与实践。为了后面的系列引导更有效和有针对性,本课结束后可让学生在课外完成如下内容:网上进行霍兰德职业兴趣测试和访谈探索自己喜欢的职业,访谈具体内容可包括岗位名称、所属行业、工作内容与职责、岗位要求、招聘要求(如年龄、学历、专业、经验、基本素养、特殊要求等),以帮助学生深入了解职业。

梦想与人生规划

姜企华　上海市崇明中学

【教学目标】

1. 通过活动,让学生感受梦想的价值与意义。

2. 通过活动,激发学生对未来美好人生的憧憬。

【教学对象】

高中一、二年级学生。

【课前准备】

1. 剪辑尼克·胡哲的视频资料《梦想的开始》。

2. 准备《人的一生》Flash。

3. 制作教学用PPT,准备好彩笔、白纸、许愿瓶。

【教学过程】

1. 导入

(1) 播放动画《人的一生》,让同学们在短短的一分钟里感悟漫漫人生路。

(2) 学生说一说看完短片以后的感触

教师引导:这个短片展示了生命的流程,却没有向我们展现生命精彩的过程,其实,不同的人赋予人生不同的内容,那么,你想拥有一个什么样的人生呢?

(3) 学生畅所欲言。

(4) 教师引出课题:每个人的心里,总有一个梦想,梦想的力量支撑起人生的信念,今天想和大家聊聊关于梦想的话题。

2. 主题活动:有梦想的人生

教师:今天老师想和大家分享一个人物,他的人生并不完美,甚至在他8岁的时候就开始怀疑自己人生的意义。在他10岁的时候，他觉得再也无法生活下去，想过结束生命，所幸没有成功。他天生没有四肢，但勇于面对身体残障，创造了生命的奇迹。后来他用自己的梦想去点燃了生命的火把。

下面就让我们一起来看这段视频，看看他是如何去诠释自己的人生梦想的，他又能给我们带来怎么样的力量呢？

(1) 学生欣赏视频

观看尼克·胡哲《梦想的开始》视频剪辑。

(2) 我思我悟

视频看完了，现在我想请大家回味并且和我们分享一下，在这样的一段视频中，让你印象最深的是哪句话？或者看过尼克·胡哲的演讲过后，你感触最深的是什么？好，谁愿意和我们一起分享一下？

(3) 学生们分享

学生分享的过程中，教师适时给予引导。（尼克·胡哲的梦想是什么？这个梦想对他成长过程的作用？是什么让他能坚持打了42个电话？）

(4) 教师分享自己感受

我也想和你们一起分享一下对我来说很有感触的几句话。

教师可以和学生交流自己深有感触的语言，并在分享中引导：你不能放弃梦想，但是可以改变方向，因为你不知道在人生的拐角处会遇到什么。

3. 主题活动：10年后的我

(1) 想象训练

教师：找个最舒服的姿势坐好，接下来我们做一次思想遨游。你的真身在教室里上心理课，而你的原神却在随我的声音在想象的世界中翱翔。如果有这样一个机会，你可以去看看10年以后的你会是什么样子。请想象你从事怎样的工作？过怎样的生活？取得了哪些成果？请描绘一个具体的生活场景，或是工作场景。越具体越好，越细致越好！

(2) 描绘“10年后的我”

你可以用文字、用图画来向你的同学描述10年后你的梦想生活。

(3) 全班同学以小组为单位交流“10年后的我”。

(4) 每小组派一位同学在全班交流自己10年后的人生。

4. 愿望角

教师：人生就像是一张图纸，上面的风景要靠我们自己去描绘，刚才，我们就在这张纸上画下了我们未来十年的基本蓝图，看到你们的蓝图，我很高兴。我建议把你们的生命蓝图放在我这个心愿瓶中，等你们十年后再相聚时，看一看当初自己的梦想是否都已实现？

每位学生将生命线左边的内容裁下，折好，放进心愿瓶。

心语心愿：我们说有梦想、有目标的人才会拥有现在，现在我很快乐，因为拥有自己的梦想。而仅仅这样是远远不够的，美丽的梦想还需要我们不断地为此着色，而我们的努力、我们的执着、我们的不断创新正是最斑斓的颜料。

【教学建议】

梦想既是一个人前进的方向、目标，也是一个人前进的精神力量和心理动力。舒伯根据自己“生涯发展型态研究”的结果，参照布勒的分类，也将生涯发展阶段划分为成长、探索、决定、保持与衰退五个阶段。其中，高中学生属于第二个阶段，即探索阶段(15~24岁)。这个阶段发展的任务是：使职业偏好逐渐具体化、特定化，并实现职业偏好。这阶段共包括三个时期：一是试探期(15~17岁)，考虑需要、兴趣、能力及机会，作暂时的决定，并在幻想、讨论、课业及工作中加以尝试；二是过渡期(18~21岁)，进入就业市场或专业训练，更重视现实，并力图实现自我观念，将一般性的选择转为特定的选择；三是试验并稍作承诺期(22~24岁)，生涯初步确定并试验其成为长期职业生活的可能性，若不适合则可能再经历上述各时期以确定方向。而高中学生一般都处在试探期，在这个阶段学生往往对未来的人生充满了好奇与憧憬，但还是处在朦胧迷茫的阶段。因此设计了这样的一堂课，希望可以通过活动，让学生感受到梦想对一个人成长的积极意义，激发学生对未来美好人生的憧憬，为后面的人生规划奠定基础。

这堂课主要是讲人生梦想的，很容易上得很空，学生不一定喜欢，因此在这堂课中，我选择了尼克·胡哲的视频，并让学生充分发表自己的想法与感受，教师也和学生一起谈感受，一起分享自己有感触的话，这样很容易引发学生的共鸣，让学生在尼克·胡哲的成长中，感受到拥有梦想并为此不懈努力是多么的重要。关于尼克·胡哲的视频网上有很多，但是并不是都适合用在梦想这个专题中的。所以我这里推荐的是一个关于梦想的访谈视频，建议我们的老师在上课以前多看一些关于尼克·胡哲的介绍和视频，并精心剪辑，把适合这堂课的内容剪辑好，在时间上我建议5分钟左右比较合适。另外，在学生用冥想法憧憬未来人生这个环节以后，建议给学生充分的时间，用文字或者图画描绘人生梦想，这个部分一方面有助于把冥想的内容再次呈现，同时也为后面的交流做好准备，这样交流的效果比较好。

参 考 资 料

一、共享资源

(一) 视频

1.《梦骑士》

2.《田埂上的梦》

讲述了一个普通的少年在一次偶然的情况下看见了迈克尔·杰克逊的舞蹈，从此便喜欢并开始学习跳舞。影片的主角卓君，在没有专业教师指导的情况下，抓住每一个时间的空隙，无视旁人的诋毁嘲笑，一遍遍重复练习，不断努力，最终以超凡的舞技赢得了大家的认可。

3.《求职胜经——面试秀出你的实力》

主讲人何芹，北京纽哈斯国际教育咨询有限公司资深培训师，图书《求职胜经》的作者之一，拥有在世界顶级公司成功求职及工作的丰富经验，北大、清华、人大、南开等一大批高校的学子通过她的面试辅导，最终顺利地进入了 IBM、惠普、宝洁、摩根斯坦利等世界 500 强企业。片子不仅详细讲解了许多世界著名企业在招聘过程中所采用的各种面试类型、求职者的应对策略、求职者面试礼仪等，更对传统面试过程中应聘者所遇到的 37 个常见问题及解决方法作了深入细致的分析，以帮助你在求职过程中做到知己知彼，从容应对。通过面试秀出你的实力，顺利地找到你心目中理想的工作。

（二）音乐

范玮琪演唱的《最初的梦想》。

（三）电影

1.《华尔街》

2.《毕业生》

3.《风雨哈佛路》

莉斯，一位生长在纽约的女孩。经历人生的艰辛和辛酸，凭借自己的努力，最终走进了世界高等学府——哈佛大学的殿堂，她的事迹足以让每个人动容。

拥有金色头发的女孩，童年在贫穷和饥饿中度过。莉斯生长在一个不幸的家庭，母亲吸毒染上了艾滋病而精神崩溃，父亲酗酒最后进入了收容所，外公又不肯收留她，她只好流浪街头。

不久，母亲因艾滋病去世了。下葬那一天，只有棺木，连简单的葬礼仪式都没有。一个普通的弱小的女孩，一个不奢求其他、只渴望亲情围绕的弱小女孩，当她最后的一丝希望都破灭的时候，留给她的，除了伤心，只有伤心。

如果沉沦下去，她将会和母亲的结局一样悲惨。她决心告别伤心，她要开始全新的生活。她用自己的真诚最终争取到参加进入中学的考试机会。

她以非凡的毅力开始了刻苦的学习。17~19 岁，两年的时光，她学习掌握了高中四年的课程，每门学科的成绩都在 A 以上。作为奖励，她以全学校第一的成绩和其他 9 名同学获得了免费到哈佛大学参观的机会。

一个美丽的秋天，金黄色铺满整个大地的季节。在写满辉煌的树下，一个女孩站在哈佛学府的门前仰望。面对大学的殿堂，她决心实现自己的又一个愿望——她要成为这所大学学府中的一员，她要证明给自己和世人看，人生其实是可以改变的。

1996 年，上帝让一个付出努力和艰辛的女孩收获喜悦，她的经历、她的真诚、她的论文深深打动每一位评委。纽约时报一等奖学金的 12000 美金，让她获得了进入哈佛大学的通行证——她成功了。梦寐以求的哈佛大学向她敞开了双臂。凭借着对信念的执着追求和对改变生活困境的强烈愿望，她实现了自己的诺言。

同样一个金色的季节，作为哈佛大学——世界高等学府的一员，她安静地坐在了校园的教室中。也许只有她自己明白，她实现了自己的诺言，一个贫穷苦难的女孩用她的执着信念和顽强的毅力改变了她自己，改变了她的人生。

4.《三傻大闹宝莱坞》

故事以两个好朋友在寻找消失多年不见的好兄弟兰彻（兰彻的真名叫冯查·旺度，原是一个富人家的仆人)的过程中展开回忆:讲述10年前兰彻顶替他人来到皇家工程学院的故事。这是一所印度传统的名校,这里检验学生的唯一标准只有第一(指成绩)!成绩不好就意味着没有未来!而兰彻却不愿意随波逐流,他用自己的善良、开朗、幽默和智慧影响着周围的人。他用所学的物理知识来教训野蛮的学长,他用智慧打破了学院墨守成规的传统教育观念。最后他用智慧成为了印度科学界的一位天才科学家,他实现了自己的梦想,也做回了真正的自己。

(四)电视

1.《职来职往》

是由江苏卫视和中国教育频道联合打造的,帮助求职者正确对待自己与职场,为多样的职场精英提供就业机会的国内首档职场类娱乐真人秀节目。节目囊括各行各业、人生百态,通过行业达人和求职者之间的对话,反映当下最热点的行业话题,并产生观点的碰撞。通过不同行业职位的人群,不同的思维与视角,展示社会的本来面目,通过理性、客观、全面、真实的分析,展示真正的职场。

2.《非你莫属》

由天视卫星公司顶尖团队臻金打造,专业性和娱乐性兼具,为受众树立健康积极的求职观,引导正确价值观,并在节目中制造最大限度的良性精彩冲突!每期12名一流企业高管组成波士团现场招聘,具有不凡身世背景及奋斗经历的他们,将对应聘者进行最犀利的评判和最严格的挑选!每期5位真实应聘者来自全国各地,他们敢于挑战,敢于展示,拥有难以想象的特长,同时每个人都希望能从事自己喜欢的工作。节目中的2名国内资深职场人士及心理专家,用专业知识给应聘者真实的就业指导意见、心理把握和职场忠告。

二、推荐阅读

《高中生职业生涯规划八讲》,熊丙奇著,华东师范大学出版社,2014

《中学生职业生涯规划教学设计》,张纪元著,北京师范大学出版社,2012

《生涯心理辅导》,沈之菲著,上海教育出版社,2004

《未来在你手中——小学生职业启蒙与职业规划教育读本》(适合小学高年级学生),刘华主编,华东师范大学出版社,2013

《你的降落伞是什么颜色》,(美)理查德·尼尔森·鲍利斯著,中信出版社,2002

《我的价值观》,潘石屹著,江苏文艺出版社,2013

《我的生涯手册》,吴芝仪著,经济日报出版社,2008

《中学生职业规划》,吴志兰著,中国市场出版社,2010

《中学生生涯规划教师用书(初中版)》,赵世俊、莫晔、胡娜编著,江苏科学技术出版社,2012

《高考资讯——大学专业全新评点(上下册)》,龚文、张勇燕编著,西藏人民出版社,2012

参 考 文 献

[1] 赵世俊,莫晔,胡娜.中学生生涯规划教师用书(初中版)[M].江苏:江苏科学技术出版社,2012.

教案索引